Couvertures supérieure et inférieure
manquantes

LETTRES

DE

HORACE WALPOLE

PARIS. — IMP. SIMON RAÇON ET COMP., RUE D'ERFURTH.

LETTRES
DE
HORACE WALPOLE

ÉCRITES A SES AMIS

PENDANT SES VOYAGES EN FRANCE

(1739-1775)

Traduites et précédées d'une Introduction

PAR LE COMTE DE BAILLON

PARIS
LIBRAIRIE ACADÉMIQUE
DIDIER ET Cie, LIBRAIRES-ÉDITEURS
35, QUAI DES AUGUSTINS

1872

Tous droits réservés

INTRODUCTION

I

« Horace Walpole, a dit le dernier éditeur de la correspondance de madame Du Deffand[1], n'est guère connu en France que par les lettres de la célèbre aveugle et tant qu'une traduction digne de ce nom n'aura pas popularisé chez nous les *Mémoires* et les *Lettres* de l'homme qui, dans toute l'Angleterre du dix-huitième siècle, a eu incontestablement le plus d'esprit et le plus de goût, il devra se contenter de ce maigre et fâcheux rayon de célébrité. »

Nous irons plus loin, nous dirons que ce rayon n'est guère qu'un reflet sous lequel Walpole ne nous apparaît qu'incidemment, tout exprès pour donner

---

[1] M. de Lescure, *Madame Du Deffand, sa vie, son salon, ses amis, ses lettres,* page cxvii.

la réplique à son illustre amie ; et pourtant cet homme, d'une nature si originale, et tellement luimême, mérite bien qu'on le laisse vivre de sa vie individuelle et qu'on écoute ce qu'il dit de nous, afin de savoir au juste ce que nous devons penser de lui.

Nous avons donc tenté de combler, du moins en partie, la lacune que signale M. de Lescure, car « un Français qui ouvre la correspondance de Walpole doit courir à ses Lettres de Paris [1]. » C'est ce que nous avons fait. Nous n'avons pas voulu le séparer de cette société française qui lui était devenue si chère et nous nous sommes contenté de recueillir dans sa volumineuse correspondance celles de ses lettres qu'il écrivait de France à ses amis, pendant les six voyages qu'il y a faits. Notre histoire est toujours celle qui nous intéresse le plus. Avons-nous trop présumé de nos forces ? avons-nous failli à notre tâche, d'autant plus ardue que dans une lettre l'expression est souvent tout et que nous avions affaire à l'un des esprits les plus vifs, les plus caustiques et en même temps les plus capricieux qui furent jamais ? Les lecteurs en décideront, mais nous ne pouvons dissimuler tout le plaisir que nous avons trouvé à suivre jour par jour les impressions de cet étranger, homme du monde par excellence, sur les mœurs de

---

[1] Charles de Rémusat, *l'Angleterre au* xviiie *siècle*, t. II, p. 70.

notre bonne compagnie d'alors. Ces impressions sont quelquefois injustes ou au moins trop sévères : il faut faire la part des préjugés, mais elles sont toujours fines et spirituelles et souvent on y rencontre des jugements sérieux, qui surprennent dans le sceptique et le railleur de profession.

En résumé, ces lettres nous semblent une des peintures les plus variées et les plus vivantes de ce xviiie siècle, dont nous sommes aujourd'hui séparés par un abîme, mais qui a laissé derrière lui un parfum de grâce et d'élégance qui nous captive toujours. Walpole, avec ses qualités et ses défauts, en était bien un des types les plus complets ; on se le figurerait difficilement à une autre époque et dans un autre milieu. Ses lettres sont aussi pour nous une sorte d'examen de conscience rétrospectif, où nous pouvons reconnaître de loin plus d'un de nos défauts et de nos ridicules d'aujourd'hui, car le peuple français, malgré toutes ses vicissitudes, est encore un de ceux dont le caractère a le moins changé depuis son origine.

Walpole a beaucoup écrit et sur une foule de sujets. Il a été romancier, auteur dramatique, historien, pamphlétaire ; il a écrit sur les arts, sur la littérature et sur les jardins [1], mais ce n'était pas un

---

[1] Voici la liste de ses principaux ouvrages, avec leurs dates : *Ædes Walpolianæ*, ou *Description des Collections de Houghton* (1747). *Catalogue of noble and Royal Authors* (1757). *Anecdotes of paint-*

savant dans toute l'acception de ce mot. Il n'en avait pas la prétention, et, en vrai *gentilhomme de lettres*, il ne se faisait pas faute d'avouer qu'il n'avait rien étudié depuis sa sortie du collége. Il avait cependant beaucoup vu et beaucoup lu, et son amour pour l'archéologie l'avait conduit à certaines recherches historiques, mais il était avant tout *épistolier* : c'était là son goût et son occupation favorite de chaque jour : « Ma vie n'est qu'une longue lettre[1], » écrivait-il à son ami George Montagu. L'art d'écrire des lettres était alors florissant en France et en Angleterre ; la presse quotidienne ne l'avait pas encore tué, on s'écrivait pour le plaisir de s'écrire et d'être lu dans le présent et quelquefois dans l'avenir, on se passait ainsi les cancans et les nouvelles du jour ; maintenant on ne s'écrit plus que des lettres nécessaires, dont le jargon étrange de la télégraphie électrique nous semble devoir être la dernière expression. Où trouver désormais les Guy Patin et les Sévigné, les Chesterfield et les Montague de l'avenir ?

---

ing in England (1760). *Catalogue of Engravers* (1762). *The Castle of Otranto* (1762). *Historic doubts on Richard the Third* (1768). *The Mysterious Mother*, tragédie (1768). *Memoirs of the reign of King George the Third* (1772). *Nature will prevail*, comédie (1773). *Essay on modern Gardening*, imprimé à Strawberry-Hill, avec une traduction française du duc de Nivernois, en 1785. *Reminiscences* (1788). Nous ne mentionnons pas ici une foule de pièces légères de tout genre, ni de nombreuses préfaces pour des ouvrages écrits par d'autres et souvent édités par sa presse.

[1] *Mine is a life of letter-writing.*

INTRODUCTION.

On s'est souvent occupé d'Horace Walpole, il n'est pas de ceux qui se laissent oublier, et il a rencontré en Angleterre des détracteurs et des admirateurs également passionnés. On l'a accusé d'inhumanité ; on a été jusqu'à lui faire un crime de la catastrophe de Chatterton, à laquelle il était tout à fait étranger ; mais si Macaulay et d'autres se sont montrés cruellement sévères pour lui, Walter Scott et Byron ont peut-être trop exalté son mérite de romancier et d'auteur dramatique. Comme nous l'avons dit, il s'était essayé dans tous les genres, mais malgré des qualités incontestables de style, de fine critique et souvent de goût, ces essais n'auraient pas suffi pour le faire sortir du rang des littérateurs distingués. Ce sont ses lettres, ses *incomparables lettres*, comme les appelait lord Byron, auxquelles il faut ajouter ses *Réminiscences* dédiées aux misses Berry, ses amies des derniers jours, et certaines parties des mémoires sur le règne de Georges III, qui lui ont créé une place à part et hors ligne parmi ses contemporains.

N'oublions cependant pas que Walpole était avant tout un homme du monde, en même temps qu'un homme de beaucoup d'esprit ; c'est surtout sous ce double point de vue que nous allons le présenter à nos lecteurs.

II

Horace Walpole, né en 1717, était le troisième fils du célèbre ministre Robert Walpole et de sa première femme Catherine Shorter [1]. Il était neveu de son homonyme, l'ambassadeur en France. On a dit [2], et la physionomie physique et morale de notre auteur, si différente du reste de sa famille, a servi à accréditer ce bruit, que sa mère n'avait pas toujours été fidèle à son mari et qu'Horace était réellement le fils de Carr lord Hervey, frère de celui qui a laissé de si curieux mémoires. Il est certain que la tournure d'esprit et les goûts d'Horace présentent une analogie frappante avec cette famille des Hervey si élégante, si lettrée, si délicate de corps et d'esprit : il diffère essentiellement des Walpole, race vigoureuse, remplie d'in-

---

[1] Sir Robert Walpole avait épousé en secondes noces Maria Skerret, qui avait été sa maîtresse et dont il avait eu une fille qui devint plus tard lady Mary Churchill.

[2] « The story rests on the authority of lady Louisa Stuart, daughter of the minister earl of Bute, and grand-daughter of lady Mary Wortley Montague. She has related it in print in the Introductory Anecdotes to lady Mary's Works, and there is too much reason to believe that what she tells is true. » P. Cunningham's *Preface to the letters of Horace Walpole.*

telligence, de finesse et d'énergie, mais tenace dans ses idées, avec une teinte prononcée de vulgarité dans ses habitudes : le type exact enfin des gentilhommes campagnards de l'ancien temps en Angleterre. Si Horace n'est point un Hervey par le sang, il est certainement de leur espèce [1].

Quoi qu'il en soit, sir Robert Walpole montra toujours une vive affection pour notre auteur et celui-ci, sans sympathiser avec le genre de vie ni avec les mœurs des principaux membres de sa famille [2], a toujours témoigné autant d'attachement que d'admiration mêlée d'orgueil pour la mémoire de son père, et ses ennemis ont de tout temps été les siens. Il entra de bonne heure au collége d'Eton, où il se lia avec toute une pléiade de jeunes gens intelligents et studieux, dont quelques-uns méritèrent plus

[1] Lady Montague disait que le monde entier était divisé en trois espèces : les hommes, les femmes et les Hervey.

[2] Les deux frères d'Horace n'occupaient qu'une place fort insignifiante dans son affection. L'aîné, l'héritier de la pairie, n'était qu'un niais, insouciant et de mœurs dissolues : le second, sir Edward, était d'une indolence extrême, aimant un peu les arts, mais beaucoup plus sa maîtresse, une marchande de modes, nommée Mary Clément. Il en avait eu trois filles, toutes d'une beauté remarquable et qu'Horace a toujours beaucoup aimées. Mary, l'aînée, devenue veuve du comte de Waldegrave, épousa, le 4 septembre 1766, William Henry, duc de Gloucester, l'un des frères de George III. Ce mariage ne fut notifié au roi que le 16 septembre 1772. « Cette union ne flatte pas médiocrement H. Walpole écrivait Gilly Williams à Selwyn, quoiqu'il ait la prétention qu'elle lui déplaise. » Il avait aussi beaucoup d'affection pour sa demi-sœur lady Mary Churchill.

tard des positions importantes dans la politique et dans les lettres. Nous citerons entre autres Richard West, le poëte Gray, George Montagu et enfin son cousin Henry Seymour Conway, le futur maréchal et secrétaire d'État. Ce furent là ses premiers et ses plus actifs correspondants, jusqu'à ce que la mort vint plus ou moins tard briser ces amitiés d'enfance; Conway seul survécut à Walpole.

Les premières lettres qui nous ont été conservées datent de Cambridge, et celle que nous trouvons en tête de sa correspondance est adressée à Richard West, le 9 novembre 1735. En 1739, Walpole partait pour la France en compagnie de Thomas Gray et c'est là que, pour nous, il commence à entrer en scène. Au début de ce recueil, il est à Paris et à Reims: quelques mois après, il continuait son voyage vers l'Italie, où il fit un assez long séjour. Ce fut là qu'il se brouilla momentanément avec le poëte Gray, son compagnon de route, à la suite d'une discussion sans grande importance et dont plus tard il se reconnut presque tous les torts. Ils se séparèrent, mais à Florence où il passa plusieurs mois, Walpole s'acquit un ami sincère avec lequel il entama une correspondance qui dura sans interruption jusqu'à la mort de ce dernier en 1786, c'est-à-dire, pendant quarante-cinq ans, sans qu'ils se fussent jamais revus: exemple à peu près unique d'une pareille constance épistolaire!

Cet ami était sir Horace Mann, ministre plénipotentiaire d'Angleterre à la cour de Toscane, qui, depuis sa nomination à ce poste, ne remit jamais le pied sur le sol natal.

III

Walpole était encore en Italie, lorsque l'influence de son père le fit nommer membre du parlement pour Kellington en Cornouailles ; il revint donc pour prendre sa part des affaires publiques, mais peu de temps après, en 1742, sir Robert s'étant vu forcé de quitter le ministère, Horace passa dans les rangs de l'opposition, et il ne cessa de se montrer hostile à tous les cabinets qui succédèrent à celui de son père. Ce fut en cette même année 1742, qu'il fit son premier discours à la Chambre : « Son début, comme orateur, dit M. de Rémusat dans la remarquable étude qu'il lui a consacrée, lui laissa un bon souvenir, mais peu d'envie de recommencer. Son tour d'esprit et peut-être sa constitution délicate ne lui permettaient pas les succès de la tribune et l'on dit qu'il ne parla que deux ou trois fois pendant les vingt-sept ans qu'il siégea sur les bancs parlementaires. Il n'avait rien de cette force et de cette égalité de tempérament, de ce fonds de bonne humeur, qui s'unissaient chez son père à l'activité ardente d'une infatigable ambition; il faut qu'un homme d'État ait à la fois de grandes passions et une grande indifférence[1]. »

Walpole ne s'était donc jamais senti l'étoffe d'un homme politique; telle n'était pas sa vocation. La fatigue de la lutte, peut-être sa vanité peu satisfaite, et il en avait beaucoup, la défiance et l'aversion pour les hommes qui composaient l'administration d'alors, sa passion croissante pour sa résidence de Strawberry-Hill, qu'il avait achetée en 1747[2], son amour pour les arts et la littérature, tout enfin contribuait à l'éloigner de ce champ clos où se débattaient bruyamment tant d'ambitions rivales. Sa place n'était pas là. Disons cependant que, durant la période où notre auteur prit une part plus ou moins active aux luttes du parlement, de graves événements avaient assailli l'Angleterre. Il y avait eu la rébellion de 1745, les péripéties de la guerre contre la France et contre l'Espagne, la mort de George II et l'avénement de

[1] *L'Angleterre au xviiie siècle*, t. II, p. 38.
[2] Horace Walpole n'était pas riche par lui-même : la fortune dérangée de son père au moment de sa mort et sa position de troisième fils l'auraient même laissé pauvre, si plusieurs places du gouvernement qui étaient de véritables sinécures et qui lui avaient été conférées par *lettres patentes* ne lui avaient pas assuré un revenu assez considérable pour être vraiment de la richesse.

son fils; Walpole fut loin de s'y montrer indifférent, et ses lettres si intéressantes à sir Horace Mann, dont la politique du moment fait tous les frais, nous rendent merveilleusement la vivacité de ses impressions sur tout ce qui s'agitait autour de lui[1]. Il s'y montre sincèrement patriote, mais nous l'avons dit, l'indulgence n'est pas sa vertu favorite, et les jugements qu'il porte sur ceux qui ne partagent pas ses idées sont rarement impartiaux; ils gardent en général l'empreinte d'une sévérité mordante, qui tourne souvent à l'amertume. L'ironie entre ses mains devient une arme qui perce et qui déchire. « Le gouvernement et l'opposition me tourmentent également avec leurs affaires, écrivait-il en 1762 à George Montagu, quoiqu'il soit évident que je m'en soucie comme d'un fétu de paille. Je voudrais être assez grand pour leur dire, comme cet officier français au théâtre à Paris, en se retournant vers le parterre qui le provoquait : « *Accordez-vous, canailles!* »

Enfin ce fut le tour pour les whigs ses amis d'ar-

---

[1] Une fois entre autres, il s'écrie, le 4 juin 1745 : « J'aime les Génois vendant la Corse! Je crois que nous pourrions suivre leur exemple et vendre la France; nous y avons autant de droits et nous l'occupons à peu près de même! A combien peuvent-ils estimer la Corse? du prix courant des îles, cela ne doit pas monter bien haut. Charles II a vendu l'Angleterre et l'Irlande à Louis XIV pour trois cent mille livres sterling par an, et on a reconnu que c'était d'une cherté extravagante. Lord Bolingbroke s'est contenté pour cela de cent mille livres une fois payées et ces deux pays étaient en bien meilleur état. »

river aux affaires : George Grenville cédait le ministère au marquis de Rockingham en 1765, et le cousin de Walpole, le général Conway, son ancien condisciple et son plus cher ami, y entrait en qualité de secrétaire d'État. On aurait pu supposer que l'entrée au pouvoir de ses amis de l'opposition, qu'il avait si longtemps appuyés de ses conseils et de ses votes, allait triompher de ses dégoûts politiques, en le rattachant aux affaires par les liens de l'affection et peut-être de l'intérêt. Walpole n'avait pas encore cinquante ans : on pouvait lui supposer une ambition cachée et d'ailleurs une question pleine d'orages le préoccupait vivement : c'était les premiers brandons de discorde que la fiscalité anglaise avait allumés en Amérique ; l'idée de s'employer à les éteindre pouvait le tenter. Il avait, disons-le, déclaré d'avance qu'il n'accepterait jamais aucune place : en tout cas, ni son ambition ni son patriotisme ne furent mis à l'épreuve. Ses amis prirent trop à la lettre, au gré de son amour-propre, ses protestations de désintéressement ; il aurait voulu avoir au moins le mérite du refus, mais on ne lui en laissa pas le choix et aucune offre ne lui fut faite : « Je fus assez mortifié, nous dit-il, lorsque M. Conway apporta près de mon lit, où j'étais retenu par la goutte, les plans proposés pour la nouvelle combinaison ministérielle, de voir que mon nom n'avait pas même été mentionné. On savait bien, il est vrai, que je ne voulais rien accepter et je n'avais guère de motifs pour compter sur des attentions particulières. Aussi, quoique tous les hommes estimés d'un parti aient droit à certains égards, je trouvai les nouveaux ministres fort excusables de n'avoir pas pensé à moi, puisque rien n'avait été demandé en ma faveur par mon plus intime ami et mon plus proche parent. On devait supposer que c'était lui qui connaissait le mieux mes plus secrètes pensées ; s'il se taisait, qui aurait pu exiger que les autres montrassent plus de sollicitude pour moi ? Mais que dire pour excuser la négligence de M. Conway ? Pour lui j'avais tout sacrifié, pour lui j'avais subi les injures, l'oppression, la calomnie[1] ! »

Cette blessure faite à sa vanité augmenta le dégoût qu'il avait pris de la politique et même de son pays et le décida à abdiquer toute participation aux affaires de près ou de loin ; il abandonna donc son parti et le ministère, sur l'avenir duquel il ne fondait pas d'ailleurs de longues espérances. Quant à Conway, c'était un caractère noble, honnête, mais sans grande consistance ; Walpole le connaissait bien, et rendu à la vie qu'il avait toujours rêvée, il ne lui garda pas longtemps rancune. Libre désormais de toute préoccupation sérieuse, il se hâta de mettre ses loisirs à

---

[1] *Memoirs of the reign of King George III*, t. II, p. 212.

profit ; il écrivit à ses électeurs pour repousser à l'avenir toute candidature, et le 9 septembre 1765, il partait pour Paris où le rappelaient des souvenirs déjà vieux de vingt-quatre ans.

IV

On a dit de Walpole que c'était le meilleur Français qui fût jamais né en Angleterre de race anglaise et qu'il se plaisait à passer pour un Français[1]. Nous ne devons donc pas nous étonner de l'attraction singulière que Paris et ses mœurs exerçaient de loin sur lui. Plusieurs années avant l'époque dont nous parlons et qui eut une si grande influence sur le reste de sa vie, il écrivait à l'un de ses amis : « Ce que j'entends dire de la galanterie française ne me donne pas une médiocre envie de visiter la France : on sait donc dans ce pays-là être poli sans gaucherie ! Vous n'ignorez pas que les hommes à la mode de ce siècle en Angleterre traitent les femmes avec autant de déférence que leurs chevaux et qu'ils n'ont pour elles que la moitié des soins qu'ils prennent pour

[1] Peter Cunningham. *Preface to the letters of Horace Walpole.*

eux-mêmes. Les petites libertés que nous nous donnons, nous autres Anglais, me direz-vous, diminuent la cérémonie : sans doute, mais en évitant une affectation ridicule, nous tombons dans un excès contraire plus barbare encore : la grossièreté ! »

Aussi, dans la disposition d'esprit où nous le trouvons, ne serons-nous pas surpris de le voir, quelques années avant son voyage, rechercher la connaissance et même l'amitié des Français du grand monde que la curiosité, les affaires ou les plaisirs appelèrent à Londres, dès que la paix le leur permit. De là son attachement, qui ne se démentit jamais, pour le duc de Nivernois envoyé en 1762 comme ministre plénipotentiaire en Angleterre, quoiqu'il soit arrivé quelquefois à Walpole d'exercer sur lui sa verve mordante ; mais c'est plus fort que lui. Il est de ceux qui, dans certains moments, aiment mieux dire du mal d'eux-mêmes que de n'en pas dire du tout.

Voici comment dans une lettre à sir Horace Mann en 1763, il parle de ses rapports avec cette députation du monde élégant de Paris : « Je m'étonne moi-même de pouvoir vous écrire deux pages de bon anglais ; je ne fais plus autre chose qu'écorcher le français. Nous avons ici depuis six semaines le comte d'Usson et sa femme ; samedi dernier est arrivée madame de Boufflers, *savante*, *galante*, grande amie du prince de Conti et admiratrice passionnée de *nous autres Anglais;* il me faut vivre avec *tout ça,* car ils sont continuellement chez mylady Hervey, et mylord Hertford part comme ambassadeur à Paris, où j'irai certainement lui faire une visite l'année prochaine. Il va aussi nous arriver le marquis de Fleury, qui doit m'être adressé en qualité de parent politique, à cause *de l'amitié entre le cardinal son oncle et feu monsieur mon père.* »

Malgré ses airs dégoûtés, Walpole, qui désire se faire bien voir en France, se met en frais pour madame de Boufflers; il veut lui faire les honneurs de son cher Strawberry-Hill[1] et il s'empresse de l'y recevoir avec autant d'élégance que de galanterie : il faut que cette fête ait son écho à Paris. Laissons-le en raconter lui-même les détails à son ami George Montagu, avec la secrète satisfaction d'un maître de maison, heureux de l'effet qu'il a dû produire sur ses hôtes :

[1] La mode était venue d'aller visiter en parties de plaisir cette habitation, moitié château, moitié couvent, dont Walpole s'intitulait lui-même tantôt le seigneur, tantôt l'abbé. Aussi n'est-ce pas sans un vrai chatouillement d'amour-propre, quoi qu'il en dise, qu'il écrit à George Montagu, le 15 août 1763 : « Il y a foule en ce moment à Strawberry, depuis mon déjeuner la galerie ne désemplit pas et j'attends encore du monde; enfin, je tiens auberge et mon enseigne est : *Au château gothique.* Je n'ai pas un quart d'heure à moi, tout mon temps se passe à donner des billets pour voir ma galerie et à me cacher pendant qu'on la visite. Ah! ne vous avisez jamais de bâtir une jolie maison pour vous entre Londres et Hampton-Court; tout le monde, excepté vous, viendrait y demeurer. »

« Strawberry-Hill, 17 mai 1763.

« *On vient de nous donner une très-jolie fête au château de Straberry : tout était tapissé de narcisses, de tulipes et de lilas : des cors de chasse, des clarinettes, des petits vers galants faits par des fées et qui se trouvaient sous la presse, des fruits à la glace, du thé, du café, des biscuits et force rôties chaudes*[1]. »

« Ce n'est pas là le début d'une lettre pour vous, mais celui d'une autre qui, je le présume, pourra bien partir cette nuit pour Paris, ou plutôt qui pourra bien ne pas partir d'ici, car si ce compte rendu est véridique de tout point, je ne crois pas les acteurs assez satisfaits de la mise en scène, pour en faire un rapport aussi favorable. Les Français ne viennent point ici pour voir : *à l'Anglaise* se trouve être le mot à la mode et une demi-douzaine de personnes du meilleur ton en ont été les dupes. Je tiens pour assuré que leur prochaine mode sera *à l'Iroquoise*, afin de n'être pas obligés de mettre leurs prétentions en pratique. Madame de Boufflers, je le crains, mourra martyre d'un goût qu'elle croyait avoir et qu'elle découvre n'avoir point du tout. Comme elle ne s'était jamais éloignée de Paris de plus de dix

---

[1] Tout ce commencement de lettre est en français dans l'original.

milles, accoutumée d'ailleurs à se faire rouler d'un hôtel à un autre, dans un bon carrosse et sur un pavé coulant, elle est déjà éreintée à force de courir d'une curiosité à une autre. Elle se lève chaque matin si excédée des fatigues de la veille, qu'elle n'aurait pas la force, si elle en avait le goût, d'observer le fort et le faible de tout ce qu'elle voit. Elle est venue ici aujourd'hui à un grand déjeuner que j'avais organisé pour elle, avec les yeux renfoncés d'un pied dans la tête et les mains pendantes, à peine en état de porter son sac. Madame d'Usson, qui est bâtie à la hollandaise et dont les muscles sont à l'épreuve du plaisir, est arrivée avec elle : il y avait aussi lady Mary Coke, lord et lady Holdernesse, le duc et la duchesse de Grafton, lord Hertford, lord Villiers, Offley et MM. de Fleury, d'Eon[1] et Duclos. Ce dernier est l'auteur de la Vie de Louis XI : il s'habille comme un ministre dissident, ce qui est sans doute la livrée du *bel esprit* et il a beaucoup plus de brusquerie que d'agrément.

« Nous avons déjeuné dans le grand parloir et j'avais rempli le grand cloître de cors de chasse et de clarinettes, qui jouaient alternativement. Les dames françaises n'ayant jamais vu une imprimerie, je les ai menées dans la mienne : on venait de tirer une

---

[1] Le chevalier ou la chevalière d'Éon était alors secrétaire de l'ambassade du duc de Nivernois.

épreuve, elles eurent la curiosité de la voir et voici ce que c'était (c'est la presse qui parle) :

FOR MADAME DE BOUFFLERS.

The graceful fair, who loves to know,
Nor dreads the North's inclement snow,
Who bids her polish'd accent wear
The British diction 's harsher air,
Shall read her praise in every clime,
Where types can speak or poets rhyme.

FOR MADAME D'USSON.

Feign not an ignorance of what I speak,
You could not miss my meaning, were it Greek,
'Tis the same language Belgium utter 'd first,
The same which from admiring Gallia burst.
True sentiment a like expression pours;
Each country says the same to eyes like yours.

« Il vous est facile de comprendre que la première de ces dames parle anglais et que la seconde n'en dit pas un mot, que cette seconde est belle et que l'autre ne l'est pas, qu'enfin cette seconde est née en Hollande. Cette petite gentillesse a eu du succès et m'a fait pardonner le *papisme* de ma maison, qui n'était pas assez sérieux pour madame de Boufflers, née Montmorency et *du sang du premier chrétien* et qui l'était trop pour madame d'Usson, calviniste de Hollande. Son mari et Drumgold[1] n'étaient pas venus, empêchés tous deux par la fièvre ; le duc de Nivernois avait été obligé de dîner à Claremont. La galerie n'est pas assez avancée pour leur donner la moindre idée de ce qu'elle doit être, car ils ne peuvent rien comprendre à ce qui n'est pas dans leurs habitudes ; mais le cabinet, avec la *gloire* en verre jaune du plafond, que faisait étinceler un soleil admirable, a d'autant mieux triomphé de leur indifférence, qu'ils étaient excités à l'enthousiasme par la duchesse de Grafton, qui n'était encore jamais venue ici. Elle s'était pénétrée à merveille de l'air d'enchantement et de féerie, qui est le caractère propre de cet endroit-ci, et qui l'était aujourd'hui surtout[2]. »

Walpole n'avait pas fermé la lettre, et le lendemain il décrivait à son ami une nouvelle fête du même genre, offerte aux Français à Esher par miss

---

[1] Secrétaire du duc de Nivernois.

[2] « Walpole avait du goût, plutôt qu'un excellent goût, » dit M. de Rémusat, et Strawberry-Hill semble en être la preuve. Ce gothique en plâtre, j'allais dire en carton, doré et pomponné, cette fantaisie bâtarde n'avait pas grand'chose à faire avec l'art. Il faut pourtant reconnaître que le succès de ce pastiche médiocre d'une architecture délaissée depuis longtemps a eu l'heureux résultat d'en faire revivre le goût et l'étude. On a peut-être abusé du gothique en Angleterre, mais nous devons au moins nous féliciter des habiles restaurations que cette nouvelle mode a values à tant de monuments anciens de ce style, aussi intéressants au point de vue de l'histoire que de l'art. Malheureusement Walpole aimait les colifichets, et dans ses collections de Strawberry-Hill, des objets de premier ordre se coudoyaient avec des bagatelles

Pelham, avec accompagnement d'illuminations et de feux d'artifice, mais l'héroïne de celle de Strawberry-Hill n'avait pu y figurer; madame de Boufflers s'était trouvée trop fatiguée des plaisirs de la veille. Cette fois, le duc de Nivernois était de la partie, et il passa son temps sous les ombrages du parc à rimer pour les dames et à traduire en vers français l'*improvisation* de la presse de Walpole. Voici ces vers :

A MADAME DE BOUFFLERS.

Boufflers qu'embellissent les grâces
Et qui plairait sans le vouloir,
Elle à qui l'amour du sçavoir
Fit braver le Nord et les glaces,
Boufflers se plaît en nos vergers
Et veut à nos sons étrangers
Plier sa voix enchanteresse.
Répétons son nom mille fois;
Sur tous les cœurs Boufflers aura des droits,
Partout où la rime et la presse
A l'amour prêteront leur voix.

plus qu'insignifiantes. Cette erreur de goût a fait école et il n'est pas rare de rencontrer dans les plus magnifiques habitations d'Angleterre, ces étranges disparates, dont Strawberry-Hill avait fourni le premier spécimen. Aussi madame de Boufflers, en quittant cette villa à transparents et à surprises, déclarait-elle « *qu'elle n'était pas digne de la solidité anglaise.* » Walpole le sut ; il en rit beaucoup, mais elle n'avait pas tort.

A MADAME D'USSON.

Ne feignez point, Iris, de ne pas nous entendre,
Ce que vous inspirez en grec doit se comprendre.
   On vous l'a dit d'abord en hollandais,
       Et dans un langage plus tendre,
       Paris vous l'a répété mille fois.
C'est de nos cœurs l'expression sincère
En tout climat, Iris, à toute heure, en tous lieux,
       Partout où brilleront vos yeux,
Vous apprendrez combien ils sçavent plaire.

V

Voilà la part des petits vers et des galanteries, c'est à présent le tour de la critique : Walpole pouvait-il y manquer ? Il écrivait deux jours après à son cousin Conway : « Vous avez vu maintenant la célèbre madame de Boufflers; je suis sûr que dans cette courte entrevue, vous avez dû comprendre qu'elle est agréable, mais je suis sûr aussi que vous êtes de mon avis, en ne trouvant pas que la vivacité soit le *partage* des Français. Si l'on en excepte *l'étourderie des mousquetaires* et de deux ou trois *petits-maîtres* assez impertinents, ils me semblent plus inanimés que les Allemands. Je ne puis comprendre comment ils se sont fait une réputation de vivacité. Charles

Townshend a en lui plus de *sel volatil* que toute cette nation. Son roi (Louis XV) est la taciturnité même; Mirepoix est une momie ambulante; Nivernois a autant de vitalité qu'un enfant gâté malade, et d'Usson n'est qu'un gentilhomme campagnard de bonne humeur, qui s'est grisé la veille et qui cherche à se bien tenir. Si j'ai la goutte l'année prochaine, et qu'elle me mette tout à fait à bas, j'irai à Paris pour me trouver à leur niveau. A présent je suis trop fou pour leur tenir compagnie. »

Ce reproche d'*anémie* (le mot n'existait pas encore) que Walpole jette à la société française et sur lequel il insiste avec plus de connaissance de cause dans ses lettres de Paris, ne manquait ni de justesse ni de fondement. L'atmosphère de la France s'était singulièrement alourdie depuis quelques années ; elle pesait sur les cœurs et sur les âmes : l'engourdissement et la torpeur avaient gagné toute la nation. Dans cette organisation sociale, où tout était symétrisé et prévu, sauf les faveurs de la cour, il n'y avait plus de place pour les grandes ambitions ; elles avaient dégénéré en petites intrigues et tout le talent consistait à se glisser par les portes entre-bâillées de la faveur, en faisant le moins de bruit possible. Le physique en était venu à se mettre à l'unisson du moral : « On sent l'excès du poli et dessous l'épuisement, dit M. Sainte-Beuve dans son article sur le duc de Nivernois; messieurs de la Régence et des années qui ont suivi, nous en avons trop fait et plus encore par genre et par *bel air* que par tempérament et par nature et c'est ce qui tue ; nous ne sommes plus gaillards et drus d'humeur, comme l'était, par exemple, un Vivonne aux belles années de Louis XIV. *Intemperans adolescentia effetum corpus tradit senectuti :* le duc de Nivernois m'a remis en mémoire cette moralité et c'est l'histoire de presque toute sa génération [1]. »

Quoi qu'il en dît, Walpole, qui ne voulait pas avoir perdu ses frais d'amabilité pour ses hôtes étrangers et qui tenait fort à leur bonne opinion, était très-anxieux de connaître l'impression que madame de Boufflers emportait de tout ce qu'on avait fait pour elle en Angleterre. Six semaines après la fête de Strawberry-Hill, il écrivait à sir Horace Mann : « Vous dites que je suis le patron des Français, je crains qu'ils ne soient pas de votre avis; il n'y a qu'un petit nombre d'entre eux qui m'aient frappé. La peine que donne la nécessité de s'exprimer dans une langue qui n'est pas la sienne et la difficulté de rendre ses idées comme on le voudrait m'ont découragé [2].

---

[1] *Causeries du lundi*, tome XIII, p. 330.

[2] Walpole fait ici de la modestie exagérée ; il avait appris le français à Eton, et depuis il l'avait étudié sans relâche dans nos meilleurs auteurs. Il saisissait toutes les finesses de la langue, et ce qui nous reste de ses lettres à madame Du Deffand prouve la facilité avec laquelle il pouvait l'écrire et à plus forte raison la parler.

Madame de Boufflers m'a beaucoup plu : c'est elle qui nous comprend le mieux, mais je doute fort qu'elle soit repartie, en nous aimant autant qu'à son arrivée. Elle m'a dit un jour : « *Dans ce pays-ci, c'est un effort perpétuel pour se divertir.* » Et je crains bien qu'elle ne trouve que nous n'y réussissons guère ! »

Au moment où notre auteur s'embarquait pour la France, il n'était donc pas tout à fait un inconnu pour elle. Comme nous l'avons vu, il s'était mis en relation avec plusieurs voyageurs de distinction ; il s'était lié avec le corps diplomatique français, dans lequel avait figuré le maréchal de Mirepoix, le duc de Nivernois, le prince de Beauvau, le comte de Guerchy ; enfin il connaissait quelques-unes de ces dames dont l'opinion faisait loi à Paris, telles que la maréchale de Mirepoix, madame de Boufflers et d'autres. Il emportait aussi des lettres de recommandation de son amie lady Hervey, une vraie Française d'Angleterre, qui devaient l'introduire de plain-pied chez la duchesse douairière d'Aiguillon et dans le cénacle de madame Geoffrin : c'était tout ce qu'il lui fallait.

VI

Walpole débarque donc à Paris le 12 septembre 1765, mais tout le monde est à la campagne. Sa cousine lady Hertford, l'ambassadrice d'Angleterre profite de ces jours de loisir pour le livrer à tous les bons faiseurs et l'ajuster à la dernière mode; car, en fait de goût et d'élégance, Paris donne le ton, et si l'Anglomanie s'y fait sentir, la *Francomanie* fleurit à Londres. On s'y arrache les tabatières, les porcelaines, l'argenterie et les toilettes de Paris. Madame Geoffrin, à peine de retour, se montre pour notre auteur pleine d'attentions, d'amitié même, et lui, qui n'est ni complimenteur, ni enthousiaste par nature, il ne tarit pas en éloges sur ce type du *bon sens parlé* et de la vive intelligence en toutes choses; en un mot, il ne peut dissimuler combien son amour-propre est flatté de cet accueil si cordial d'une femme, juge ordinairement si sévère du mérite des hommes qui l'entourent.

Nous ne pouvons nous empêcher d'adresser ici à Walpole un véritable reproche d'ingratitude; lorsque, plus tard, il est passé avec armes et bagages dans le camp de madame Du Deffand, la *grande ennemie de madame Geoffrin*, il n'est plus question qu'une seule fois de cette dernière dans ses lettres; c'est lorsqu'il écrit en 1774 au général Conway, alors à Paris. Il l'engage fort à ne pas mettre les pieds dans cette maison, où il serait bientôt dégouté des *prétendus beaux-esprits et des faux savants* qui s'y donnent rendez-vous : même coup de boutoir pour mademoiselle de Lespinasse. C'est là une dette qu'il paye à sa vieille amie; mais il paraît qu'avec madame Geoffrin la rupture avait été complète, si bien qu'à l'époque de sa mort, le 6 octobre 1777, nous ne trouvons dans la correspondance de Walpole ni un mot, ni un souvenir, pas même l'allusion la plus éloignée à l'adresse de celle qui lui avait fait si gracieusement les premiers honneurs de Paris.

Voilà donc Walpole installé au cœur même de la société la plus élégante, la plus spirituelle et la plus lettrée; il s'y établit à son aise et bientôt il obtient ses lettres de naturalisation. Il est choyé par les femmes du goût le plus difficile; certaines différences d'épiderme, certaines originalités de langage font de lui une recrue précieuse pour leur salon : c'est un fruit nouveau d'une saveur *sui generis*, bien faite pour réveiller ces appétits blasés jusqu'à l'ennui. Les hommes, jaloux sans doute des succès d'esprit de l'étranger, se montrent envers lui guindés et froids :

lui, il les trouve à son tour vides, prétentieux et monotones. Il a ses idées à lui et il ne se gêne pas pour les exprimer, sous une forme souvent ironique et toujours piquante : « ce que madame Du Deffand avait d'abord aimé dans Walpole, c'était sa liberté de penser et de juger. Elle aimait le vrai avant tout et qu'on fût bien soi-même [1]. »

Il fronde les modes du jour et on ne lui en veut pas pour cela ; l'historien Hume, le whist et *Clarisse Harlowe*, trois importations anglaises, font fureur à Paris, et il ne veut pas en entendre parler. Il va à la cour et il est presque en coquetterie avec la reine Marie Leczinska, au théâtre, et il se passionne pour mademoiselle Dumesnil ; il visite les églises, les collections d'objets d'art et de tableaux et il déclare que nous ne nous doutons pas des trésors inestimables que nous possédons en ce genre. Il s'amuse de tout, se moque de tout ; il nous peint en quelques coups de pinceau, à la façon des maîtres, la plupart des acteurs de ces petites comédies intimes, qui se jouent autour de la table de souper de madame Du Deffand : il souligne de sa griffe leurs grâces et leurs défauts, leur esprit et leurs faiblesses ; au fond, il est flatté des prévenances dont il est l'objet. « Quant à la frivolité dont il fait profession, dit très-bien le marquis de Sainte-Au-

[1] Sainte-Beuve, *Causeries du lundi*, article de madame Du Deffand.

laire, Paris était bien dès lors sa vraie capitale. La frivolité, en effet, c'est moins l'aversion pour les choses sérieuses, que la disposition à s'en amuser. Son caractère essentiel, c'est l'envahissement de l'esprit, son débordement, pour ainsi dire, et sa tendance à s'exercer indistinctement sur tous les sujets, même ceux qui ne sont pas de son domaine. Arts, science, politique, religion même, l'*esprit* avait alors tout absorbé en France, se substituant avec une fatuité merveilleuse, comme ces hommes de qualité de la comédie, qui prétendaient tout savoir, sans avoir rien appris, au goût, à l'érudition, à la tradition, à la foi [1]. »

VII

Walpole était venu à Paris pour se distraire de l'Angleterre et de cette société si froide, si compassée, où les hommes sont tout, et où les femmes, à quelques rares exceptions près, se tiennent modestement au second rang. Ici, comme il nous le dit, tout se passe au rebours de son pays : de l'autre côté du détroit, liberté politique, mais rigidité et

---

[1] Préface de la *Correspondance inédite* de madame Du Deffand.

esclavage dans les mœurs : à Paris, despotisme et servilité dans le gouvernement, liberté pleine et entière dans les usages du monde. Les femmes y tiennent le sceptre sans contestation. La loi salique, inscrite dans notre code par la prudence de nos pères, est singulièrement éludée en France au xviiie siècle : les femmes règnent à Versailles sur Louis XV et sur ses ministres ; à Paris, elles sont les arbitres reconnues de la mode, de la littérature et des arts. « Les femmes, dit un contemporain, ont tellement pris le dessus chez les Français ; elles les ont tellement subjugués, qu'ils ne pensent et ne sentent plus que d'après elles[1]. » L'âge même n'y fait rien ; ce n'est que de l'expérience de plus : on ne vieillit pas à Paris. « En Angleterre, écrivait lady Hertford à son cousin Horace en 1764, l'âge entre trente et quarante ans n'est pas précisément celui où les femmes ont le plus d'admirateurs, mais, ici, vous verrez qu'à cet âge, elles sont beaucoup plus à la mode que les très-jeunes femmes. »

Walpole, tout frondeur et difficile à contenter qu'il soit, n'hésite pas à reconnaître la légitimité de ce pouvoir absolu : les femmes en France l'emportent à ses yeux par l'esprit et l'agrément sur toute la société polie de l'Europe. « Les Allemands, écrit-il à

---

[1] *Mémoires de Collé*, année 1770, t. III, p. 437.

Conway qui revenait d'Allemagne, sont assurément un peuple poli et obligeant et je les crois une des nations les moins corrompues ; ils ne me paraissent pas très-agréables, mais quels sont ceux qui me semblent tels ? *Un grand nombre de Françaises*, quelques Anglais, peu d'Anglaises et extrêmement peu de Français. Les Italiennes sont les plus épaisses et les plus vulgaires de leur sexe, et si un Italien possède un grain d'esprit, c'est un bouffon [1]. »

N'y avait-il pas d'ailleurs une Française à laquelle Walpole avait voué dès longtemps un véritable culte ? Je veux parler de madame de Sévigné, *sa notre dame de Livry*, et il faut voir avec quel pieux recueillement il fait le pèlerinage de cette célèbre abbaye. L'hôtel de Carnavalet, le couvent des filles Sainte-Marie, tous les lieux qu'elle avait habités ou décrits, sont sacrés pour lui : il la cite sans cesse ; ce sont à tout moment des allusions aux anecdotes ou aux personnages que sa plume magique évoque et fait revivre pour nous. Cette passion rétrospective suggéra à madame Du Deffand l'idée de faire une surprise à notre auteur, quelque temps après son retour en Angleterre, en 1766 : elle lui envoya par madame de Guerchy, sans en indiquer l'origine, une tabatière ornée d'un portrait en miniature de madame de Sévigné, avec

[1] Strawberry-Hill, 24 septembre 1774.

une lettre écrite en son nom[1]. Walpole fort intrigué ne devina point le véritable auteur du présent et il crut pouvoir l'attribuer à la duchesse de Choiseul; mais bientôt une lettre de madame Du Deffand vint le tirer de son erreur, et un peu confus de la méprise, il s'empressa de rendre à sa vieille amie l'hommage qui lui était dû : « Quoi qu'on puisse imputer à ma vanité, écrivait-il à lady Hervey le 28 juin, d'avoir montré la boîte, comme étant un cadeau de madame

---

[1] Voici cette lettre qui ne se trouve point dans la correspondance complète de madame Du Deffand : elle est rapportée dans une note de miss Berry.

« Des Champs-Élysées.

« Point de succession de temps, point de date.

« Je connais votre folle passion pour moi, votre enthousiasme pour mes lettres, votre vénération pour les lieux que j'ai habités; j'ai appris le culte que vous m'y avez rendu : j'en suis si pénétrée que j'ai sollicité et obtenu la permission de mes souverains de vous venir trouver pour ne vous quitter jamais. J'abandonne sans regret ces lieux fortunés; je vous préfère à tous ses habitants : jouissez du plaisir de me voir; ne vous plaignez point que ce ne soit qu'en peinture; c'est la seule existence que puissent avoir les ombres. J'ai été maîtresse de choisir l'âge où je voulais reparaître; j'ai pris celui de vingt-cinq ans pour m'assurer d'être toujours pour vous un objet agréable. Ne craignez aucun changement; c'est un singulier avantage des ombres; quoique légères, elles sont immuables.

J'ai pris la plus petite figure qu'il m'a été possible, pour n'être jamais séparée de vous. Je veux vous accompagner partout, sur terre, sur mer, à la ville, aux champs; mais ce que j'exige de vous, c'est de me mener incessamment en France, de me faire revoir ma patrie, la ville de Paris et d'y choisir pour votre habitation le faubourg Saint-Germain. C'était là qu'habitaient mes meilleures amies, c'est

de Choiseul, je renonce à une telle gloire et je me soumets avec grand plaisir à mon humiliation. Je n'ai nul chagrin que ce présent me vienne de madame Du Deffand et je dois avouer que c'est une vraie satisfaction pour moi, de reconnaître que nulle autre qu'elle n'aurait pu écrire la plus charmante de toutes les lettres. Je crois que votre ami M. Hume sera forcé de convenir que personne, pas plus madame de Boufflers que Voltaire lui-même, ne pourrait écrire aussi bien. Quand je sacrifie madame de Sévigné *elle-même*, il me semble qu'un pareil aveu ne devrait pas lui coûter beaucoup ! »

Walpole se trouve donc à Paris dans son élément ; sa prétendue lettre de Frédéric II à Rousseau qu'il déteste, obtient un succès fou et le met décidément à la mode : ce n'est plus du goût qu'on a pour lui, c'est un véritable engoûment. Il raconte lui-même que les femmes les plus distinguées ne peuvent plus se passer de lui ; il ne sait plus à laquelle entendre, et la princesse de Talmont, qui ne peut sortir de chez elle, se le fait amener de force. Tout cela le fait rire, mais il est intérieurement flatté ; le rire est une question de tempérament pour lui, il fait partie de

le séjour des vôtres ; vous me ferez faire connaissance avec elles : je serai bien aise de juger si elles sont dignes de vous, et d'être les rivales de Rabutin de Sévigné. »

La boîte et la lettre ont été adjugées, à la vente des collections de Strawberry-Hill, pour la somme de vingt-huit livre 7 sh.

son hygiène. Aussi se plaint-il de trouver aux Français une mine si refrognée : ils affectent la philosophie, l'irréligion et le sérieux, mais l'incrédule étranger n'admet rien de toute cette mise en scène : pour lui, les philosophes ne sont que des pédants lourds et mal élevés, l'irréligion qu'une mode du moment, et le sérieux qu'un ennui prétentieux. Qu'a-t-on fait de l'ancienne gaieté française ? Ce n'est plus pour la nation qu'un souvenir de jeunesse. « Chaque jour prouve que le Français est devenu triste. M. l'abbé Terray, actuellement contrôleur général, nous rendra peut-être notre gaieté, en nous ruinant tous : quand le luxe sera tombé, nous en reviendrons à rire. Après la banqueroute de l'État en 1721, nous en fûmes plus légers et plus gaillards, je m'en souviens. Ce fut un effet très-prompt de la chute du luxe. Il est vrai que, dans ce temps-là, la manie du raisonnement, l'esprit de discussion, ce cruel esprit philosophique ne s'était point encore emparé de nos cervelles. Cette ténébreuse folie est un puissant obstacle au retour de notre gaieté[1]. »

Le corps social était trop vieux pour rire encore et ne savait plus être sérieux : la décrépitude perçait sous le brillant vernis de l'élégance des mœurs ; le scandale n'existait plus, la corruption était passée

---

[1] *Mémoires de Collé*, t. III, p. 448.

à l'état tranquille. On ne se donnait même plus la peine de ridiculiser la piété ni la vertu ; la duchesse de Nivernois et sa fille la comtesse de Gisors sont des *fagots d'Église*, et tout est dit, on ne s'en occupe plus. Point de procès retentissants comme celui de la duchesse de Kingston, en Angleterre, mais madame de Boufflers, l'*idole du Temple*, fait les honneurs de la maison du prince de Conti[1], conjointement avec mademoiselle Auguste, la danseuse de l'Opéra ; la belle princesse de Monaco est établie chez le prince de Condé, et la maréchale de Mirepoix figure sur le devant du carrosse de madame de Pompadour et plus tard de madame du Barry[2].

[1] Mylady Hertford écrivait de Paris à Walpole le 18 décembre 1764 : « Madame de Boufflers vit dans la retraite, parce que son mari vient de mourir, mais le bruit de Paris est qu'elle deviendra bientôt princesse de Conti. Elle est avec le prince chez madame d'Arthy (sœur de madame de la Touche), qui a été sa première maîtresse. Dans tout autre pays que celui-ci, cette circonstance empêcherait ces dames de vivre ensemble, mais ici cela ne fait pas la moindre difficulté et madame d'Arthy, dit-on, a la plus vive amitié pour madame de Boufflers. »

[2] Le premier fruit de cette dernière complaisance fut un don du roi de cent mille livres. Un jour la maréchale essayait d'expliquer à sa nièce, madame de Bussy, la cause de cette générosité : « On me l'avait promise il y a un an, disait-elle, et le désordre des finances n'avait pas permis de me le donner plus tôt, mais ce n'est point en considération de mes soins pour madame du Barry. — Je le crois bien, répliqua l'autre, ce ne serait pas assez payé. » *Memoirs of the reign of King George III*, t. IV, p. 19.

VIII

Nous ne sommes cependant pas de ceux qui pensent qu'une époque quelconque a la spécialité du mal et que l'âge d'or l'a précédée et suivie ; nous croyons que la somme du mal est à peu près égale dans tous les temps. Au dix-huitième siècle, il venait d'en haut, on l'avait mis sur un piédestal : il semblait être l'apanage des privilégiés d'alors ; nous craignons que de nos jours, où toutes les cimes ont été aplanies, le mal n'ait gagné en profondeur et en superficie ce qu'il a perdu en hauteur.

Déjà à l'époque dont nous parlons, on pouvait sentir qu'une révolution était au bout de tout cela : dès son premier voyage en 1765, Walpole, observateur sagace, la découvrait s'agitant au pied du vieil arbre imposant encore par sa forme, mais qui ne végétait plus que par l'écorce. Il constate l'existence d'une secte qui étend ses ramifications dans toutes les couches sociales et jusque dans l'armée, et dont l'unique pensée est la destruction absolue de la religion et du trône. Les révolutionnaires de tous les temps ne s'y sont point trompés ; ils ont compris qu'il fallait, avant tout, arracher du cœur des malheureux les croyances religieuses et les priver ainsi de toute consolation dans le présent et dans l'avenir. Les passions mauvaises, qu'on flatte et qu'on irrite, s'emparent alors de ces âmes désespérées : elles deviennent les instruments dociles de l'ambition de quelques-uns et on peut les jeter pleines d'envie et de haine à l'assaut de la société.

Notre auteur est sceptique en religion et il a peu de souci, nous dit-il, de ce qui touche à la royauté; il aime la liberté et il ne se fait pas faute de décocher ses traits satiriques contre le régime du bon plaisir, qui était alors à son apogée en France ; mais le gentilhomme anglais, l'hôte favori de ces grandes dames, ne peut envisager sans un serrement de cœur ce nuage noir qui s'amasse à l'horizon, en menaçant ceux qu'il a appris à aimer. Aussi c'est avec bonheur qu'à son dernier voyage à Paris en 1775, il ressent l'influence des premiers beaux jours du règne de Louis XVI. Il envie pour son pays MM. de Malesherbes et Turgot, ces ministres *bien pensants* et *bien agissants*, et la nation française lui paraît appelée à une ère de félicité inconnue pour elle jusqu'à ce jour.

A peine de retour en Angleterre, il écrit à sir Horace Mann, le 28 octobre 1775 : « Si la France a le bon sens de garder ses ministres actuels, elle sera bientôt plus grande que jamais ; je n'aurais pas cru, si je ne l'avais vu de mes propres yeux, combien elle est florissante, en comparaison de ce qu'elle était il y a quatre ans. Il est bien juste, en effet, de donner au peuple de ce pays l'abondance, le bien-être et la liberté, car, ayant eu le courage d'admirer même Louis XIV, ils adorent Henri IV. » Opposant alors à ces heureux débuts l'incapacité du ministère de lord North et les désastres probables de la guerre d'Amérique, il prédit un avenir de bonheur à la France, et à l'Angleterre la perte de sa liberté et une déchéance prochaine. Il ne suffit pas d'être un homme d'esprit pour devenir un bon prophète !

Il est plus dans le vrai, lorsque laissant de côté ces sombres idées, il critique la magnificence si souvent *inconfortable* des grands hôtels de Paris et ce mélange d'ostentation et de négligence incroyable dans les détails de la vie de ce monde si raffiné. Les mémoires français de ce temps nous signalent en effet comme lui le laisser-aller, la malpropreté même qui souillaient les splendeurs de Versailles et qu'on ne rencontre plus aujourd'hui que dans certains palais de Rome. Cet amalgame d'une politesse excessive avec un *réalisme* plus que prosaïque se retrouvait encore, nous assure Walpole, dans la conversation des femmes les plus distinguées d'alors et choquait singulièrement ses oreilles anglaises. Il stigmatise avec sa verve habituelle les *indélicatesses* de langage de quelques-unes de celles qu'il savait d'ailleurs le mieux apprécier. L'observateur étranger doit avoir raison, car, sous ses saillies mordantes nous reconnaissons bien ce monde ambré et parfumé, pour lequel l'eau n'existait pas comme élément de propreté; les souvenirs en porcelaine qui nous restent de cette époque en sont la preuve palpable.

IX

Il nous faut maintenant revenir avec notre auteur auprès du fauteuil de madame Du Deffand, ce fauteuil magique, qui a eu le don de lui faire traverser la mer cinq fois en dix ans. Ce n'est pas que nous ayons la pensée de rouvrir le débat sur l'ingratitude plus ou moins réelle de Walpole envers sa vieille et enthousiaste amie. Nous croyons, nous aussi, que la crainte du ridicule — qui le faisait dépendant de l'opinion des sots, comme elle le lui reprochait, alors que les lettres comptaient parmi les marchandises visitées à la frontière — l'a rendu trop souvent dur et désobligeant pour elle. Nous nous garderons bien de l'excuser. Il avait des défauts et il les garda toujours, car on ne se corrige guère que des défauts que l'on n'aime pas ; nous l'avons dit, il était égoïste et sceptique et le scepticisme est une des formes de la vanité : on a si grand peur de passer pour un naïf, qu'on aime mieux paraître ne croire à rien, pas même à l'affection qu'on vous prouve. C'est là du respect humain, mais le cœur n'est pas mort pour cela et il a son tour. Écoutons là-dessus M. Sainte-Beuve et que dire après lui ? « Le jugement sérieux, profond, véritable sur madame Du Deffand, c'est dans les lettres de Walpole qu'il le faut chercher, car Walpole, malgré ses rigueurs plus apparentes que réelles, appréciait sa vieille amie à tout son prix et l'admirait extrêmement[1]. »

C'est donc aux lettres qu'on va lire que nous en appelons pour la solution définitive de la question et nous réclamons surtout l'attention du lecteur pour celle qu'il adressait de Paris à M. James Crawford, le 6 mars 1766. Cette lettre, inédite jusqu'au dernier recueil de la correspondance de Walpole donnée en 1866 par M. Cunningham, n'était pas connue de M. Sainte-Beuve, mais il l'avait devinée. On y verra quels étaient les sentiments sincères de l'auteur pour

[1] *Causeries du lundi*, article de madame Du Deffand.

celle dont l'âme et le cœur étaient si complétement à lui, lorsqu'il laissait son propre cœur parler en toute liberté à quelqu'un qui savait le comprendre. Plus tard, lorsqu'il apprend la mort de celle qui avait joué un si grand rôle dans la seconde moitié de sa vie, il sent le vide qui se fait dans sa pensée et il trouve des paroles émues pour annoncer cette perte à ses amis. Il écrivait à sir Horace Mann, le 9 octobre 1780 : « Depuis que je vous ai tracé ces lignes, j'ai appris la mort de ma chère vieille amie madame Du Deffand, que je suis allé voir si souvent à Paris. Ce malheur n'était pas complétement inattendu et il est un peu adouci par son grand âge, quatre-vingt-quatre ans, qui interdisait toute lointaine espérance et par une infirmité que je redoutais plus que la mort : une surdité croissante qui, pour elle déjà totalement aveugle, eût été la vie après la mort. Sa mémoire seule commençait à baisser : son étonnant esprit et sa facilité de compréhension n'avaient rien perdu. Je lui écrivais une fois par semaine depuis ces quinze dernières années, car les lettres et la conversation étaient son unique plaisir. Les réflexions banales sont interdites devant de semblables infortunes, mais si on les trouve banales, n'est-ce pas parce qu'elles sont naturelles ? Vous n'avez pas connu cette chère vieille femme ; c'est là le meilleur motif pour ne pas faire de vous la victime de mon chagrin. »

Il écrivait encore à lady Ossory, le 10 octobre 1780 : « Vous m'avez rendu justice, madame, en imputant mon silence à mon malheur ; ma chère vieille amie s'en est allée ! On m'avait averti de m'y attendre, mais le vent contraire m'a tenu douze jours dans une déplorable anxiété ; je ne pouvais m'empêcher d'avoir des instants d'espérance ; maintenant tout cela est brisé ! »

Dans une autre lettre à la même du 1ᵉʳ novembre, il revient sur ce triste sujet : « Sans entrer dans de trop pénibles détails, rappelez-vous, madame, que j'ai survécu à la plupart de celles qui faisaient ma société habituelle : lady Hervey, lady Suffolk, lady Blandford, enfin ma chère vieille amie que je n'aurais sans doute jamais revue et qui m'est pourtant la perte la plus cruelle ! Elle m'a légué tous ses manuscrits, c'était une convention entre nous : j'avais, sur sa demande réitérée, consenti à les accepter, mais à la condition expresse qu'elle ne me laisserait pas autre chose. Elle avait, en effet, l'intention de me léguer son petit avoir, mais je lui ai déclaré, il y a de cela dix ans, que je ne mettrais plus les pieds à Paris, si elle ne s'engageait pas à abandonner ce projet. A la fin, pour la satisfaire, j'avais consenti à accepter ses papiers et une mince boîte d'or avec le portrait de son chien. J'ai écrit pour réclamer le chien lui-même, qui a un si mauvais caractère que personne, j'en suis sûr, n'aurait eu soin de lui : j'ai aussi donné l'ordre à son serviteur, chargé de lire les lettres qu'on lui adressait, d'enlever toutes celles qui venaient de personnes encore vivantes et de les leur restituer sans que je les visse. »

Est-ce là le langage de l'oubli ou de l'indifférence?

X

En dehors de madame Du Deffand, deux femmes en France avaient surtout frappé l'imagination, assez peu inflammable pourtant, de Walpole. Pour l'une, c'est de l'admiration qu'il éprouve, pour l'autre, c'est un éblouissement. Ces impressions du reste lui font honneur et l'on comprend que, pour cette fois du moins, il ait pu sortir de son caractère : il s'agit de la duchesse de Choiseul et de la reine Marie-Antoinette. Il avait connu la première en 1765, l'autre lui est apparue à Versailles dans ses derniers voyages ; l'une est une fée, mais l'autre est une déesse. La duchesse de Choiseul, c'est un écrin de perfections ; c'est *la plus gentille, la plus aimable, la plus gracieuse petite créature qui soit sortie d'un œuf enchanté*;

ajoutez-y de l'esprit le plus fin et le plus sérieux[1] et du tact pour le rehausser, car si l'esprit est une pierre précieuse, c'est le tact qui en est la monture.

Qui était à même d'en juger mieux que Walpole! Les occasions de la voir ne lui manquaient pas; elle venait sans cesse chez sa cousine madame Du Deffand et notre auteur raconte que, en 1769, il passait la soirée avec la duchesse cinq fois par semaine : de là une sorte d'intimité qui s'était établie entre eux. « C'était dans les premiers temps de la faveur de madame du Barry : la duchesse de Gramont et la princesse de Beauvau, dont la réputation n'était pas sans tache, pressaient le duc de Choiseul de ne pas fléchir devant l'ignominie de cette nouvelle puissance, et elles mettaient à braver le roi et sa maîtresse une arrogance impérieuse et bruyante, que ne semblait pas autoriser leur vertu depuis longtemps compromise. Il y avait une troisième personne qui suivait la même ligne de conduite, mais avec la décence qui réglait toutes ses actions : c'était la duchesse de Choiseul, femme en qui la malignité la plus envenimée n'aurait pu découvrir la moindre imperfection, sauf celle, si charmante, de s'étudier à devenir un caractère accompli (*to be a complete character*). Trop vertueuse pour redouter le reproche ou la

---

[1] Nous en avons la preuve dans les charmantes lettres publiées par le marquis de Sainte-Aulaire, qui sont toute une révélation.

contagion, en se montrant polie pour la favorite, elle aurait pu laisser la duchesse et la princesse se donner des airs de prudes dédaigneuses, mais elle craignait avant tout que madame de Gramont, dont elle était jalouse, ne parût plus animée qu'elle contre les ennemis de son volage époux. Elle ne voulait pas montrer moins de zèle pour les intérêts ambitieux du duc, tandis que son plus vif désir était de vivre avec lui dans la retraite. Je lui ai dit à elle-même ce que j'en pensais. J'étais un jour assis près d'elle, à quelque distance du reste de la compagnie et nous parlions de la résistance organisée contre madame du Barry; la duchesse me demanda alors si cette opposition de la noblesse aux plaisirs du roi ne serait pas hautement approuvée en Angleterre : « Oui, madame, » lui répondis-je froidement : « Venez, me dit-elle, vous
« n'êtes pas pressé et je veux que vous me disiez sé-
« rieusement ce que vous en pensez. » Je lui répon-
« dis : Madame, si vous me l'ordonnez et si vous me
« promettez de ne pas m'en vouloir, je vous dirai
« franchement mon opinion. » Elle me le promit:
« Alors, lui dis-je, je pense que tout cela est à mer-
« veille pour mesdames de Beauvau et de Gramont,
« mais vous, madame, vous n'avez pas les mêmes
« raisons pour être si scrupuleuse. » Elle comprit le compliment et s'en montra satisfaite[1]. »

[1] *Memoirs of the reign of King George III*, t. I, p. 14.

Quant à la reine Marie-Antoinette, heureuse alors, fêtée et admirée de tous, il la voit à un bal de la cour, à Versailles, *dans la salle de spectacle la plus brillante de l'univers*, et il s'écrie : « On ne pouvait avoir des yeux que pour la reine : quand elle est debout ou assise, c'est la statue de la beauté ; quand elle se meut, c'est la grâce en personne. » Cette rayonnante apparition s'était gravée dans sa mémoire, qui lui retraçait souvent l'image de cette noble et charmante femme, dans cette auréole magnifique de Versailles, où tout semblait avoir été créé pour elle. En 1790, les temps étaient déjà bien changés, mais, à propos d'un livre de Burke, *sur la révolution française*, il écrivait, le 1er décembre, à la comtesse d'Ossory : « J'admire beaucoup la tirade sur la reine de France. Elle y est peinte exactement comme elle m'est apparue la première fois que je l'ai vue, n'étant encore que dauphine : elle marchait derrière le feu roi pour se rendre à la chapelle. Elle traversa le salon comme un être aérien, tout éclat et toute grâce, sans paraître toucher la terre : *vera incessu patuit Dea !* »

Quel effroyable contraste, lorsque, trois ans plus tard, toute cette splendeur s'éteignit dans de sanglantes ténèbres ! Walpole en fut profondément ému et, dans une lettre à miss Hannah More, du 28 mars 1793, il laissait échapper ce cri de l'honnête homme indigné : « Ah! les cinq dernières années ne nous ont-elles pas montré des haines si infernales et des crimes si monstrueux, que notre époque civilisée n'aurait pas voulu y croire, si elle avait lu quelque chose de semblable dans l'histoire des siècles passés? Catherine la czaricide[1] foule aux pieds la bonne et honnête Pologne; Louis XVI, le meilleur des hommes, périt sur l'échafaud, tandis que toute une assemblée de démons[2], qui se prétendent des hommes, méditent chaque jour de nouveaux tourments r son héroïque veuve : cette femme, à laquelle toute ceur puissance et toute leur méchanceté, ayant sous la main ses pages, ses laquais et ses femmes de chambre, n'ont pu parvenir à infliger la moindre souillure. Eh quoi! ne disent-ils pas que les preuves sont inutiles! Quelle autre vertu a jamais été soumise à de si rudes épreuves? Mais qui pourra s'en étonner, lorsque le Tout-Puissant lui-même a été traité par l'un de ces misérables de *soi-disant Dieu?* »

Quelques jours après, il s'adresse à miss Mary Berry : « La rage qui règne à Paris semble s'exaspérer chaque jour davantage ; les uns sont dans le désespoir ; les autres ne sont plus que des bandits fieffés. Je trem-

---

[1] *Slay Czar.* C'est ainsi qu'il désigne souvent l'impératrice Catherine II.

[2] Plus loin il joue sur les mots : la *democratie* pour lui, c'est la *démonocratie*.

ble tellement pour la plus grande et la plus torturée des victimes, la reine, que je ne saurais ressentir le malheur des autres aussi vivement peut-être qu'il le mérite. Jamais martyre n'a subi des tourments plus longs ni plus variés que ceux de cette princesse ; son courage et sa patience sont à la hauteur de son infortune. Ma pauvre vieille amie, la duchesse de la Vallière, qui a plus de quatre-vingt-dix ans et qui est sourde comme une pierre, est gardée à vue dans son propre hôtel. Sa fille, la duchesse de Châtillon, mère de la duchesse de la Trémouille, est arrêtée ; combien cette dernière, attachée comme elle l'est à la reine, doit se sentir profondément malheureuse ! »

« Si les rois de France, dit-il encore à lady Ossory, ont été des tyrans, qu'est donc le peuple français ? »

Nous pourrions multiplier les citations, mais celles que nous avons faites suffiront pour montrer de que douloureux regard Walpole contemplait l'abîme où venait de s'engloutir en France tout ce qu'il y avait aimé ou admiré. Ses idées politiques s'étaient d'ailleurs modifiées depuis quelques années : la révolution française en avait fait un tory. Plus il aimait la liberté, plus il en détestait la parodie sanguinaire qui se jouait à Paris. Ce renversement d'une organisation sociale, quelque défectueuse qu'elle fût dans beaucoup de ses parties, exécuté si brutalement par des mains inhabiles à en reconstruire une nouvelle révoltait tous ses instincts ; il ne pardonnait pas à la révolution de l'avoir si violemment séparé des charmes du passé, sans pouvoir du moins offrir au monde une compensation de vraie liberté. « Les républiques, disait-il, finissent ordinairement par la tyrannie d'un seul. Le peuple est incapable de gouverner et quand il est excité par les démocrates incendiaires, il fait plus de mal en une heure que n'en pourrait faire un roi dans une année entière. Dans quelle république n'avons-nous pas vu les meilleurs citoyens tomber victimes de l'ambition et de l'envie de ce qu'il y a de plus mauvais[1] ? »

Aussi avec quel empressement n'accueillit-il pas les débris de cette société qu'il avait connue si brillante jadis et que la tourmente jetait décimée et proscrite dans son pays? Les exilés ne trouvèrent point ailleurs un ami ni un protecteur plus dévoué : ces femmes, dont il avait tant apprécié la grâce et l'esprit dans leurs salons dorés, il sentait qu'il avait contracté envers elles une dette de reconnaissance et il l'acquittait fidèlement. Il parle souvent d'elles dans ses lettres d'alors et, si c'est quelquefois avec sa légèreté naturelle, sous le badinage on sent l'attendrissement[2].

[1] *Memoirs of the reign of King George III*, t. III, p. 178.
[2] On le reconnaîtra facilement dans ce fragment d'une lettre aux misses Berry : « Je suis allé faire une visite à la princesse d'Hénin,

Bien plus, l'incrédule, qu'on avait vu si souvent exercer sa verve plaisante sur les différentes religions, et sur leurs ministres, s'empressa d'inscrire son nom au bas de la souscription qu'on avait ouverte à Londres en faveur du clergé français. « Si l'horreur de l'athéisme, écrivait-il alors, implique le *papisme*, à mes yeux, c'est un compliment que d'être appelé *papiste*. »

XI

L'âge et les infirmités étaient survenues ; la goutte, la trop fidèle compagne de Walpole presque depuis sa jeunesse, ne lui laissait guère de répit et pourtant

qui est restée huit jours à Londres. Je l'ai trouvée seule et elle ne m'a pas paru répondre très-nettement sur le compte de ses deux chevaliers : le prince de Poix s'est logé en ville et elle parle de louer sa maison, si elle le peut. Bref, je lui ai trouvé un peu l'air d'une Ariane, mais ce n'est pas là ce que j'étais si pressé de vous dire ; elle m'a montré plusieurs passages de lettres que je crois venir de la duchesse de Bouillon. L'une dit que la pauvre duchesse de Biron a été arrêtée de nouveau et qu'elle est aux Jacobins ; avec elle se trouve *une jeune étourdie qui ne fait que chanter toute la journée*, et qui croyez-vous que ce soit? Rien que la jolie petite méchante duchesse de Fleury. Si elle chante et ne sanglote point, je suppose qu'elle était fatiguée de son Tircis et qu'elle est bien aise d'en être débarrassée. Je crains que ce nouveau coup ne bouleverse encore cette pauvre madame de Biron ! »

son humeur ne s'en était point altérée ; c'était toujours le même esprit vif, enjoué, plein de saillies et d'entrain : sa correspondance des derniers temps en fait foi. Il ne sortait presque plus de Strawberry-Hill, où il vivait heureux au milieu de ses collections et des souvenirs de toutes sortes, qu'il s'était plu à y rassembler : chacun de ces objets lui paraissait contenir une parcelle de sa vie. La plupart de ses anciens amis et de ses correspondants avaient disparu et le cercle de ses anciennes intimités s'était singulièrement resserré ; il lui restait pourtant la comtesse d'Ossory, autrefois duchesse de Grafton, pour laquelle il avait toujours gardé la plus vive affection et il lui écrivait presque tous les jours. A cette ancienne amie, il faut ajouter une connaissance plus nouvelle, une femme d'esprit et *une auteur*, miss Hannah More, avec laquelle il s'était lié en 1781, lorsqu'elle lui eut envoyé un poëme de sa façon intitulé : *le Bas bleu*. Enfin sa solitude à Strawberry-Hill était surtout égayée par deux jeunes filles, deux sœurs, Mary et Agnès Berry, dont les soins, l'instruction et la grâce furent les derniers rayons qui éclairèrent le couchant de sa vie. Après avoir longtemps voyagé sur le continent, elles s'étaient fixées avec leur père à Twickenham, dans le voisinage immédiat de Walpole. « Ce sont, écrivait-il à lady Ossory, les personnes de leur âge les plus instruites et les plus accomplies que j'aie vues. Elles sont extrêmement sensées, parfaitement naturelles, franches, sachant parler de tout. Rien d'aussi aisé ni d'aussi agréable que leur entretien, rien de plus à propos que leurs réponses et leurs observations. L'aînée, à ce que j'ai découvert par hasard, comprend le latin et parle le français absolument comme une Française; la plus jeune dessine d'une manière charmante... Leur figure a tout ce qui plaît. Mary, la plus âgée, a un visage doux avec de beaux yeux noirs qui s'animent quand elle parle, et la régularité de ses traits emprunte à sa pâleur quelque chose d'intéressant. Agnès, la cadette, a une physionomie agréable, intelligente, qu'on ne saurait dire belle, mais qui l'est presque... je ne sais laquelle j'aime le mieux. »

Walpole s'efforçait de répondre au dévouement de ses jeunes voisines par les attentions les plus empressées et les plus délicates; la reconnaissance suggéra même à ce célibataire endurci une idée qui ne lui était jamais venue pour personne dans ses plus belles années, celle d'une union avec Mary, qui aurait assuré à cette dernière des avantages considérables. Il avait, en effet, hérité de son neveu, mort dans un accès de folie en 1791, le titre de comte d'Orford et le reste de la fortune laissée à l'aîné de la famille. La proposition qu'il fit à miss Berry était toute paternelle et il insista fortement pour qu'elle consentît à accepter son nom et sa fortune; « mais, dit M. de Rémusat, il avait affaire à une âme élevée, sincère, qui ne voulut garder de lui qu'un souvenir reconnaissant, que plus d'un demi-siècle n'avait point affaibli. » Miss Berry ne fut donc point comtesse d'Orford et ne se maria jamais. Ce fut elle qui, en 1840, édita les lettres que sa sœur et elle avaient reçues de Walpole[1], et, dans l'avertissement qui précède ce recueil, elle rend le plus éclatant témoignage aux qualités de l'esprit et du cœur de son illustre correspondant. Elle y défend aussi sa mémoire contre les critiques, auxquels elle reproche de n'avoir pas compris cette individualité si complexe.

« On accuse lord Orford, dit-elle, de s'être moqué de tout. La moquerie n'était pas chez lui une marque d'aversion ni de mépris. Il avait de forts préjugés, quelquefois assez peu fondés, et il a souvent erré dans l'appréciation des caractères; quand il était sous l'influence de certaines impressions, il exprimait ses idées toujours avec franchise, mais souvent avec trop de violence. Peu de personnes obtinrent les affections de son cœur, parce que, dans sa première jeunesse, elles n'avaient point été cultivées, mais elles furent toujours singulièrement vives, pures et con-

[1] C'est aussi à miss Mary Berry que nous devons la première édition des lettres de madame Du Deffand, publiée à Londres en 1810.

stantes : ce n'était pas l'ardeur de la passion, mais la continuelle préoccupation d'un attachement véritable. »

XII

Ce jugement porté sur Walpole par une femme qui avait pu l'étudier de près nous ramène à une question que nous avons eu la curiosité de chercher à éclaircir : quel rôle l'amour a-t-il pu jouer dans cette existence dont *l'ardeur de la passion* était absente? quelle influence a-t-il exercée sur les différentes phases de cette vie si occupée? Nous avons consulté à ce sujet ses lettres de tous les âges, ses mémoires, ses biographes amis ou ennemis, et rien ne nous a répondu : pas un mot, pas une allusion n'a pu nous éclairer, ou plutôt la conclusion en est évidente pour nous. Walpole se plaisait avant tout dans la compagnie des femmes, mais il n'aimait pas *la femme* : il était *coquet* avec elles, mais c'est seulement par l'esprit qu'il tenait à les posséder. Il a pourtant vécu en France et en Angleterre dans l'intimité des femmes les plus charmantes et les mieux faites pour flatter au moins l'amour-propre de celui qui aurait pu toucher leur cœur ou leur imagination, et toutes n'étaient pas cruelles, mais avec lui tout se passe en gais propos et en aimables médisances. Il a de l'esprit en tout et sur tout, sans qu'à travers le badinage on découvre l'ami qui rêve de devenir l'amant. Il affecte lui-même de bonne heure de se proclamer un vieillard, peut-être pour qu'on lui pardonne de se montrer si peu exigeant. Voyons-le avec la duchesse de Grafton, depuis comtesse d'Ossory ; elle est belle et séduisante, et elle est loin d'être heureuse avec son premier mari : Walpole la voit tous les jours, il parle d'elle avec admiration, mais c'est tout, absolument tout. Son intimité même avec sa voisine de Twickenham, Kitty Clive, la charmante actrice de Covent Garden, n'a jamais dépassé les limites de sa partie de cartes de tous les soirs, quoiqu'il l'appelle souvent : *dimidium animæ meæ*. Même dans les lettres qui datent de ses plus belles années, on ne sent jamais passer une de ces ardentes aspirations de jeunesse, qui jaillissent d'ordinaire comme les fleurs au printemps.

Ne pouvant faire honneur de cette retenue habituelle à la rigidité de ses principes, il nous faut chercher ailleurs les causes d'une sagesse aussi persévérante. Était-ce désintéressement des sens, infirmités précoces ou crainte du ridicule ? lui qui avait tant ri des autres, avait-il peur de se trouver mauvais dans l'emploi d'amoureux ? sa vanité s'arrangeait-elle mieux de la neutralité que des chances d'une défaite? Peut-être trouverait-on de tout cela dans cette nature un peu trop délicate ; quoi qu'il en soit, nous pouvons constater que l'amour n'a pas eu d'action décisive sur la température toujours égale de ses sens et tout nous porte à croire qu'il n'est guère sorti envers aucune femme des bornes de la simple galanterie. C'est là, ce nous semble, un de ses traits caractéristiques.

XIII

Horace Walpole était arrivé à l'âge de près de quatre-vingts ans et il ne se sentait plus de force à continuer ses habitudes de chaque jour : ses doigts endoloris par la goutte se refusaient à tenir la plume et il se fatiguait à dicter. Il nous faut citer ici sa dernière lettre à lady Ossory, qui est aussi la dernière de sa correspondance : c'est à la fois un adieu mélancolique à toutes ses chères habitudes et une sorte de testament épistolaire.

15 janvier 1797.

« Chère madame,
« Vous me chagrinez infiniment en montrant mes futiles billets. Je ne puis concevoir qu'ils amusent

personne. Mon éducation à la vieille mode me pousse de temps à autre à répondre aux lettres que vous me faites l'honneur de m'écrire, mais, en vérité, c'est bien contre mon gré, car il est rare que j'aie quelque chose d'intéressant à dire. Je sors à peine de chez moi et seulement pour aller dans deux ou trois maisons particulières, où je ne vois personne qui sache réellement quelque chose. Ce que j'apprends vient des journaux, qui récoltent dans les cafés leurs nouvelles que, par conséquent, je ne crois ni ne répète : chez moi, je ne vois que quelques vieilles âmes charitables, à l'exception d'environ quatre-vingts neveux ou nièces qu'on m'amène à peu près une fois par an, pour admirer le Mathusalem de la famille ; ils ne peuvent parler que de leurs contemporains qui ne m'intéressent pas plus que s'ils m'entretenaient de leurs poupées, de leurs balles et de leurs raquettes. Le résultat de tout cela ne doit-il pas faire de moi un correspondant bien amusant? de pareilles lettres sont-elles dignes d'être montrées? puis-je avoir quelque esprit, vieux comme je le suis et réduit à dicter ?

« O ma bonne madame, dispensez-moi d'une pareille tâche et songez combien y doit ajouter la crainte qu'on ne montre mes lettres. Je vous en prie, ne m'envoyez plus de pareils lauriers; je ne les désire pas plus que leurs feuilles, quand elles sont couvertes de clinquant et plantées sur les gâteaux des rois dans la boutique des pâtissiers à Noël. Je serai parfaitement satisfait avec un brin de romarin jeté sur moi, quand le ministre de la paroisse rendra ma poussière à la poussière. Jusque-là, madame, acceptez la démission de votre

« Ancien serviteur.

« Orford. »

Voici comment sa mort nous est racontée par miss Berry, dont le dévouement se surpassa lui-même dans ces derniers instants : « Les attaques de goutte de plus en plus fréquentes et longues rendaient ceux qui vivaient avec lord Orford à Strawberry-Hill fort anxieux de le faire transporter dans Berkeley-Square, pour qu'il se trouvât plus près des secours, si une crise soudaine survenait. Comme ses correspondants habituels devaient, peu après son retour à Londres, venir s'y installer également, il ne devait plus y avoir d'échange de lettres avec lui. Quand il n'était pas sous le coup de la souffrance, son esprit conservait son calme et sa gaieté ; il était toujours susceptible d'amusement et il prenait volontiers part à la conversation ; mais, pendant les dernières semaines de sa vie, lorsque la fièvre vint s'ajouter à ses autres douleurs, son esprit subit la cruelle hallucination de se croire négligé et abandonné par les seules personnes auxquelles sa mémoire se rattachât et qu'il désirât voir toujours auprès de lui. En vain lui rappelaient-elles combien peu elles l'avaient quitté et combien leur absence avait été courte : il semblait satisfait pour un instant, mais la même préoccupation le reprenait, dès qu'il les avait perdues de vue. Enfin la nature, succombant à l'excès de la faiblesse, lui fit perdre toute autre notion que celle de l'existence et il s'éteignit sans lutte le 2 mars 1797. »

Walpole laissait par son testament la jouissance viagère de Strawberry-Hill à la fille du maréchal Conway, mistriss Damer, femme aussi distinguée par son intelligence que par son talent de sculpteur et pour laquelle il professait depuis longtemps le plus tendre attachement. Plus tard, la création favorite de notre auteur passa aux mains des héritiers de sa nièce la comtesse de Waldegrave, qui était devenue duchesse de Gloucester. Il y a une trentaine d'années, les collections réunies à Strawberry-Hill avec tant d'amour par son fondateur, furent vendues aux enchères et dispersées ; l'habitation elle-même tomba alors dans le plus triste délabrement. Ce fut la comtesse de Waldegrave actuelle qui la restaura à grands frais et avec une véritable magnificence, mais les objets d'art qui avaient fait sa gloire dans le siècle précédent n'y revinrent point et aujourd'hui les traces de son premier propriétaire y sont à peine visibles. Le reste de ses biens, parmi lesquels figurait Houghton, la terre patrimoniale de la branche aînée de la famille, passa aux Cholmondeley, ses cousins. C'est la branche cadette descendant d'Horace Walpole le diplomate, frère de sir Robert, qui a hérité le titre de comte d'Orford et la pairie.

XIV

« Quand le grand mérite d'un homme consiste dans ses goûts et ses idées, quand sa vie se compose des événements de son esprit, il faut n'en point parler ou pénétrer dans son intimité et le faire, autant qu'on le peut, causer avec le public[1]. » Avant donc de laisser la parole à Horace Walpole, nous allons emprunter au dernier éditeur de ses lettres quelques uns des traits qui reproduisent le mieux l'ensemble de sa physionomie et qui pourront servir à le mettre en communication personnelle avec le lecteur. Il est bon de regarder celui qui nous parle.

« Horace Walpole était petit et mince, mais solide et bien fait : quand on le voyait par derrière, la sim-

[1] Ch. de Rémusat, *l'Angleterre au* xviiie *siècle.*

plicité habituelle de son costume lui donnait un peu l'air d'un jeune garçon ; son front était haut et pâle, ses yeux remarquablement brillants et pénétrants; son rire était étrange et forcé ; son sourire n'avait rien de fort agréable. La goutte, pendant plus de la moitié de sa vie, lui rendait la marche difficile ; elle s'était aussi attaquée à ses mains ; plus tard ses doigts enflèrent et se déformèrent. Il prétendait lui-même qu'ils contenaient plus de craie que de muscles; voici ce qu'il écrivait à lady Ossory, le 16 janvier 1785 : « Je sais maintenant exactement comment je finirai. Comme je ne suis plus qu'une statue de craie, je m'émietterai en poussière ; alors le vent dispersera toute ma personne du haut de ma terrasse et la vieille Marguerite, à la tête blanchie, pourra dire aux personnes qui viendront visiter la maison[1] :

> Un matin nous l'avons perdu
> Sur la colline accoutumée.

« Lorsqu'il entrait dans un salon, ce n'était pas sans une certaine affectation de délicatesse, que le monde lui avait rendue presque naturelle, serrant son chapeau entre les deux mains, comme s'il eût voulu l'écraser, ou le tenant sous le bras, les genoux ployés et marchant sur la pointe des pieds,

[1] « One morn we miss'd him on the custom'd hill! » Gray.

comme s'il eût craint l'humidité du sol. Son habit de cérémonie pour l'été consistait ordinairement en un costume complet couleur de lavande, la veste brodée avec un mince filet d'argent ou de soie blanche travaillée au tambour, des bas de soie œil de perdrix, des boucles d'or, des manchettes et un jabot de dentelles. Il ne mettait de la poudre qu'en hiver. Détestant les chapeaux, même dans la mauvaise saison, il n'en portait pas pour se promener dans ses jardins de Strawberry-Hill.

« Son arrivée à table pour le déjeuner était hautement proclamée par un petit chien gras son favori, qui lui avait été légué par madame Du Deffand; un écureuil apprivoisé et ce même Tonton partageaient son repas. Ordinairement, il ne dînait pas tard : « Je suis assez suranné, écrivait-il en 1789, pour dîner encore à quatre heures, quoique j'en sois souvent empêché par des visiteurs aimables, qui trouvent qu'il est trop tôt pour rentrer chez soi à pareille heure et qui ne peuvent s'habiller aussi matin. » Son dîner était sobre, mais recherché, et il ne soupait jamais en Angleterre. L'eau glacée était sa boisson favorite; il la considérait comme un préservatif contre toutes les maladies.

« Après une soirée passée à dire des médisances vieilles de cinquante ans avec la comtesse de Suffolk et lady Blandford, ou à jouer aux cartes avec sa voisine Mrs Clive, il rentrait chez lui et s'établissait dans son cabinet pendant plusieurs heures, pour écrire et prendre des notes sur différents auteurs : il ne se couchait qu'à deux heures du matin..... Chose étrange! il n'a jamais dissimulé son antipathie pour les écrivains de profession et pourtant toute son ambition a été celle d'un auteur, mais il réussissait à cacher ses secrètes aspirations. On retrouvait là l'orgueil du gentilhomme qui, ayant toujours la plume à la main, n'aurait pas souffert qu'il restât une seule tache d'encre sur ses manchettes. Il écrivait à lord Harcourt le 1ᵉʳ septembre 1787 : « J'ai été assez fou pour être un auteur (ce dont je me repens du fond de l'âme), ce n'est pas là seulement s'exposer soi-même, c'est encore donner aux autres l'occasion de vous exposer ; étant donc l'un des sujets de cette grande espèce de fous, je me soucie fort peu de me voir classer ou non dans une catégorie particulière. J'ai arraché mon nom de la liste de la Société des antiquaires, ai-je bien fait? Lord Buchan m'a choisi pour être de la congrégation des *Wiseacres* (prétendus sages) à Édimbourg. On m'a donné une foule de noms ; j'ai été gratifié dans les *magazines* de celui d'*ingénieux et savant auteur ;* maintenant je suis sur le point de devenir membre d'une académie d'Allemagne. J'espère ne pas vivre assez pour faire partie d'un *Beefsteak club* dans Rose-Mary Lane.

Mais ce ne sont là que d'insignifiantes misères! »

« Il écrivait du reste avec une extrême facilité, ayant du monde dans son cabinet et leur adressant la parole de temps à autre. Cependant il prenait parfois de courtes notes dont il usait pour ses lettres; souvent une facilité apparente n'est que le résultat d'un travail adroitement dissimulé [1].

« La correspondance était son occupation assidue et son vrai plaisir : on aime à faire ce que l'on fait bien. Lady Ossory racontait que, tandis qu'ils étaient proches voisins à Londres, Walpole allait la voir presque tous les jours, mais que, s'il trouvait un sujet qui pût prêter à une lettre agréable, il s'abstenait ce jour-là de lui faire sa visite habituelle. Il nous dit lui-même qu'il faut envisager ses lettres sous leur vrai jour, comme de simples journaux et que si elles possèdent quelques qualités de style, elles ne les doivent qu'à son étude constante des lettres de madame de Sévigné et de celles de son ami Gray : « J'écris presque toujours en hâte, s'écrie-t-il ailleurs, et je dis tout ce qui me passe par la tête..... Je ne puis me mettre à composer des lettres comme Pline et Pope. Rien n'est si agréable dans une correspondance que les cancans du monde et j'ai toujours regretté de ne

---

[1] Ce travail se laisse quelquefois apercevoir dans ses lettres : l'esprit y est un peu cherché, par moments, mais hâtons-nous d'ajouter que bien rarement il n'arrive pas à le trouver.

pouvoir m'en servir dans mes lettres à madame Du Deffand et à sir Horace Mann : la première n'étant jamais venue en Angleterre et l'autre n'y ayant pas reparu depuis cinquante ans ; aussi mes anecdotes particulières auraient-elles besoin d'être annotées comme celles de Pétrone[1]. »

Il nous faut pourtant ajouter que l'inconvénient qu'il signale pour sa correspondance avec sir Horace Mann ne refroidissait pas trop sa verve, car les lettres qu'il lui avait adressées et que les héritiers de ce diplomate lui rendirent sur sa demande, sont au nombre de plus de huit cents! Walpole les avait réunies et annotées avec soin; il y avait même ajouté une courte préface. Ses correspondants, du reste, n'étaient guère pour lui que des prétextes à lettres : il mettait lui-même au feu la plupart des réponses qu'il recevait et son éditeur prétend que la perte n'était pas grande. « C'étaient, dit-il, si l'on en excepte West et Gray, d'assez tristes maîtres dans l'art épistolaire. Les lettres de Mann sont absolument illisibles. Quant à Montagu, Walpole l'appelait un abominable correspondant, qui n'écrivait que pour obtenir des lettres. Cole, quoique notre auteur ait conservé les siennes, n'était guère qu'un assez lourd antiquaire. Mason faisait exception à la règle qui dit qu'un bon

[1] P. Cunningham, *Preface to the letters of Horace Walpole.*

poëte écrit en bonne prose. Le peu que lord Hertford avait à dire, il l'exprimait sans vivacité et sans goût. Son frère Conway appartenait à la même espèce et sa correspondance était pesante et insipide. Madame Du Deffand n'était pas madame de Sévigné, ni la comtesse d'Ossory, lady Mary Wortley Montague[1]. »

XV

Les lettres de Walpole ont été publiées partiellement à diverses époques et par différents éditeurs : celles qui sont adressées à lord Hertford ont paru en 1825, avec une préface de M. Croker; lord Dover a édité en 1833 les lettres à sir Horace Mann; en 1840, M. Wright a fait imprimer une collection de celles que Walpole avait écrites à plusieurs de ses amis; dans la même année, miss Mary Berry a réuni les lettres que sa sœur et elle avaient reçues de lui. Enfin celles qui étaient adressées à lady Ossory ont été publiées en 1848 par M. Vernon Smith. Il a paru depuis quelques nouveaux recueils de lettres écrites à ces mêmes personnes et qui n'avaient pas encore été retrouvées. La seule édition vraiment complète

[1] P. Cunningham.

que nous ayons, est celle qui a été imprimée à Londres en 1866 par les soins de M. P. Cunningham ; elle est ornée de nombreux portraits et ne renferme pas moins de deux mille six cent soixante-cinq lettres, qui forment neuf forts volumes in-8°. C'est de cette édition que nous nous sommes servi.

Quelques-unes des lettres qu'on va lire ont déjà été traduites en totalité ou en partie ; plusieurs de ceux qui se sont occupés de notre auteur en ont cité des fragments : nous avons indiqué en note celles qui ont déjà paru en français. En 1818, M. Charles Malo avait aussi publié un volume in-8°, qui est la traduction des lettres de Walpole à Montagu, si toutefois on peut appeler traduction un amalgame de fragments tronqués et recousus ensemble, sans aucun égard pour l'ordre ni pour les dates et où les noms propres, on ne sait pourquoi, ne sont indiqués que par des initiales.

Comme nous l'avons déjà dit, nous nous sommes borné à reproduire les lettres que Walpole écrivait de France à ses amis ; nous avons cru cependant pouvoir y joindre trois de celles qu'il avait adressées d'Angleterre en 1774 au général Conway, qui était alors en France. Elles ne nous ont pas paru déplacées dans ce recueil, parce qu'elles sont écrites sinon de Paris, au moins sur Paris, et nous les avons mises en tête du sixième voyage.

A la suite des lettres de 1766 et de celles de 1771, nous avons ajouté quelques pages tirées des *Mémoires du règne de Georges III* : c'est le résumé des informations que notre auteur avait pu prendre dans le salon de madame Du Deffand, pendant ces deux voyages et des appréciations qu'il en avait rapportées sur les hommes et sur les affaires de France.

Nous avons pensé que ces aperçus pris sur le vif, dans le milieu le plus intelligent et le mieux informé de cette époque, par un esprit aussi fin que pénétrant, ne seraient pas sans intérêt pour nos lecteurs. Ils ne sortaient pas d'ailleurs de notre cadre : c'est bien toujours la France envisagée par le côté de l'Angleterre.

Chissay, décembre 1871.

LETTRES
D'HORACE WALPOLE

PENDANT SES VOYAGES EN FRANCE

PREMIER VOYAGE

I

A RICHARD WEST, ESQ.[1]

Paris, 21 avril 1739.

Cher West,

Vous nous imaginez au milieu d'une série de joies que nous n'avons pas trouvées, croyez-le bien : jouer et manger sont tellement la grande affaire de tout le monde, qu'elle exclut la variété dans les plaisirs. Il est vrai qu'on va beaucoup à l'Opéra, trois fois par semaine, mais pour moi, ce serait une plus rude pénitence que de manger

---

[1] Richard West, fils unique de Richard West, lord chancelier d'Irlande, avait été le camarade d'Horace Walpole à Eton. Il mourut le 1er janvier 1742, à l'âge de 26 ans. C'était un jeune homme plein de talent et d'avenir, dont Gray, son ancien condisciple, a déploré la fin prématurée dans un de ses meilleurs sonnets. « West, dit M. Cunningham, le dernier éditeur des Lettres de Walpole, était celui de nos jeunes poètes qui promettait le plus, à l'exception peut-être de Chatterton. »

maigre : leur musique ressemble autant à une tarte aux groseilles qu'à une harmonie quelconque. Nous n'avons pas encore été au Théâtre-Italien, mais presque personne n'y va. Leur véritable divertissement, qui, à certains égards, est supérieur aux nôtres, c'est la comédie : trois ou quatre acteurs l'emportent sur tout ce que nous avons en ce genre, mais on n'y va pas, à moins que ce ne soit *la soirée élégante*[1]; alors, que le spectacle soit bon ou mauvais, tout le monde y est, excepté quand on joue du Molière, sur lequel on est ici complétement blasé[2]. Gray et moi, nous sommes allés ce soir à *l'Avare*: mais je ne suis nullement satisfait de la manière dont il a été joué.

La nuit dernière, j'étais sur la place Louis-le-Grand[3] (un octogone régulier et uniforme avec de belles maisons, mais moins vaste que Golden-Square) pour voir les plus magnifiques funérailles, assurait-on, qu'il y ait jamais eu en France ; c'étaient celles du duc de Tresmes, gouverneur de Paris et maréchal de France[4]. On a com-

[1] Tous les mots en italiques sont en français dans le texte original.

[2] Cette froideur du public envers les chefs-d'œuvre du répertoire du Théâtre-Français durait encore en 1770. Elle suggérait à Collé les étranges appréciations que nous trouvons à cette date dans son *Journal* et qui ne prouvent guère en faveur de notre goût national : « Si l'on ne rajeunit pas nos anciens chefs-d'œuvre, nos plus excellentes comédies, je dis même celles du sublime Molière, il m'est démontré qu'elles seront perdues pour le théâtre de la nation, tandisque, traduites ou non traduites, ces anciennes pièces seront jouées sur tous les autres théâtres de l'Europe éclairée. Les étrangers ne sont pas sujets, comme nous, à une perpétuelle variation de modes, de manières et de langage, etc., et ce sont de continuelles révolutions qui font une *nécessité indispensable* de rétablir d'âge en âge, à peu près tous les cinquante ans, et de rafraîchir nos anciennes comédies. » (*Journal de Collé*, tome III, p. 465.) Molière rajeuni tous les cinquante ans ! que nous en resterait-il ?

[3] Aujourd'hui place Vendôme, au milieu de laquelle s'élevait alors la statue de Louis XIV.

[4] Il était mort à Saint-Ouen à l'âge de 84 ans : « L'enterrement de M. de Tresmes s'est fait avant-hier, 20 avril ; on dit qu'il coûtera vingt mille

mencé par le porter à pied de son hôtel [1] à la paroisse ; et de là en voiture à l'autre extrémité de Paris, pour l'enterrer dans l'église des Célestins [2], où se trouve la sépulture de sa famille. Nous avions vu par hasard creuser sa tombe il y a huit jours, en visitant cette église, qui est ancienne et petite, mais qui ne le cède qu'à Saint-Denis, que nous avons visité sur notre route, pour le nombre et la beauté de ses vieux monuments : elle l'emporte sur Westminster, car les fenêtres ont toutes des vitraux peints et les tombeaux sont aussi frais et aussi bien conservés que s'ils étaient faits d'hier. Dans cette église des Célestins on voit une colonne dédiée à François II, dont l'inscription lui décerne un brevet d'immortalité pour avoir été l'époux de Marie-Stuart, la martyre. Après cette longue digression, je reviens aux funérailles, qui n'étaient qu'une pitoyable chose : une procession interminable de torches et de moines ; ni plumes, ni trophées, ni bannières, ni chevaux de main, ni écussons, ni chars découverts, rien que :

Moines blancs, noirs et gris et toute leur défroque.

Cette pieuse cérémonie a commencé à neuf heures du

écus au moins à M. le duc de Gesvres, en comptant la perte peu considérable arrivée par le feu qui prit il y a huit jours dans la pièce où était le corps. Tout s'est passé avec la plus grande magnificence. Tout le monde, hommes et femmes, jetaient de l'eau bénite, et on les annonçait dans la chambre du corps comme on annonce une visite. Un des gardes de M. de Tresmes, qui portait le corps, mourut subitement dans l'église de Saint-Roch. Demain il y a des messes en cérémonie aux Célestins, où il y a la sépulture de MM. de Gesvres. » (*Mémoires du duc de Luynes*, tome II, page 413.)

[1] L'hôtel de Gesvres ou de Tresmes, bâti sur les dessins de le Pautre, était situé rue Neuve-Saint-Augustin.

[2] Ce couvent et cette église, bâtis sur le quai qui porte encore leur nom, servent maintenant de caserne à la garde de Paris ; ils sont situés tout près de la bibliothèque de l'Arsenal.

soir et n'a fini qu'à trois heures du matin, car, en passant devant chaque église, on s'arrêtait pour chanter une hymne et donner de l'eau bénite. Par parenthèse, quelques-uns des moines choisis pour veiller le corps, pendant qu'il restait exposé, se sont endormis une nuit et ils ont laissé les cierges mettre le feu au riche manteau de velours bordé d'hermine et semé de fleurs de lis d'or qui couvrait le cercueil de plomb; les pieds du mort étaient déjà brûlés quand ils se sont réveillés. Les Français aiment la pompe et l'ostentation, mais il règne, au travers de tout cela, une véritable mesquinerie. Dans l'hôtel d'où je regardais la procession, l'appartement était tendu de damas cramoisi et or, mais les carreaux des fenêtres étaient, dans une douzaine d'endroits, raccommodés avec du papier. A dîner, on vous offre trois services, mais le tiers des plats est rapetassé avec de la salade, du beurre, de la pâte feuilletée, enfin avec tout ce qui est le contraire de la bonne cuisine. Il n'y a ici que les Allemands qui portent du beau linge, mais en revanche les carrosses sont assez pimpants pour avoir pu servir aux noces de Psyché et de Cupidon. Vous ririez trop si vous voyiez les enseignes des maisons. On loge à *l'Y grec*, *à la Toilette de Vénus* ou *au Chat qui tette*. Vous ne comprendriez pas aisément non plus les notions qu'on a de l'honneur; par exemple; il est déshonorant pour un gentilhomme de n'être pas militaire, *au service du roi*, comme l'on dit ici, et il n'y a point de déshonneur à tenir une maison de jeux publique. Il y a au moins à Paris cent cinquante personnes de la première qualité qui ne vivent que de cela. Vous pouvez aller dans leurs hôtels à toutes les heures de la nuit, et vous y trouverez toujours des jeux de hasard, le pharaon, etc. Les banquiers du jeu chez le duc de Gesvres lui payent leur privilége douze guinées par nuit. Il n'y a pas jusqu'aux princesses du sang qui ne soient assez peu scrupuleuses pour prendre une part dans les banques qui se tiennent chez elles. Nous avons vu deux ou trois de ces princesses, mais elles ne sont pas jeunes et on ne les remarquerait pas si elles ne portaient leur rouge d'une nuance plus foncée que les autres femmes, bien qu'elles en fassent toutes un usage extravagant.

Le temps est jusqu'à présent si mauvais, que nous n'avons pu faire encore aucune excursion pour voir Versailles et les environs, ni même nous promener aux Tuileries, mais nous avons visité à peu près tout ce qui mérite d'être vu à Paris, quoique ce fût là une rude entreprise. Nous sommes battus complétement par le nombre et la magnificence des monuments : le tombeau de Richelieu à la Sorbonne et celui de Mazarin, au collége des Quatre-Nations, sont admirables, surtout le premier. Nous n'avons encore vu que fort peu de monde du pays ; on y est peu disposé en faveur des étrangers, surtout lorsqu'ils ne jouent pas et qu'ils ne parlent pas facilement la langue. Il y a beaucoup d'Anglais ici ; lord Holderness, Conway, Clinton et lord George Bentinck : MM. Brand, Offley, Frederick, Frampton, Bonfoy, etc. Le fils de sir John Cotton et M. Vernon, de Cambridge, sont passés par Paris la semaine dernière.

Nous resterons ici une quinzaine de jours, et ensuite nous irons passer deux ou trois mois à Reims avec M. Conway. Quand vous n'aurez rien de mieux à faire, nous serons charmés d'avoir de vos nouvelles et d'autres encore. Si nous ne nous rappelions pas qu'il existe un pays qu'on nomme l'Angleterre, rien ne pourrait nous apprendre ici ce détail géographique. Les Français n'y font jamais allusion, à moins que ce ne soit par hasard dans un de leurs proverbes. Adieu.

Toujours à vous.

Demain nous allons au *Cid*; on ne joue pas de farces, mais des *petites pièces* dans le genre de notre *Devil to pay*[1].

II

AU MÊME

Paris, 1739.

Cher West,

Rangez-vous, débarrassez le chemin, faites place à la pompeuse apparition du grand Versailles! Mais non, il a si mal répondu à l'idée que je m'en étais faite, que j'ai abandonné à Gray la charge d'écrire son panégyrique : il lui plait. On m'assure que j'en serai plus satisfait dimanche prochain, où le soleil *doit* briller, où le roi *doit* être magnifique, où les grandes eaux *doivent* jouer et où les nouveaux chevaliers du Saint-Esprit *doivent* être reçus. Depuis mercredi dernier, jour où nous sommes allés à Versailles, nous n'avons fait que nous disputer à son sujet. On dit que nous ne l'avons pas vu à son avantage, que

---

[1] Ballade-opéra par Coffey, représenté pour la première fois à Drury-Lane, 6 avril 1730.

nous avons *couru* à travers les appartements, que nous n'avons vu les jardins qu'*en passant* et sauté par-dessus Trianon. Soit! nous n'avons rien vu. Cependant nous avons eu le temps de reconnaître que la grande façade est un amas de constructions mesquines bâties en briques noires, plaquées partout de méchants vieux bustes et garnies de balcons dorés. Les appartements sont tous petits, à l'exception de la grande galerie, qui est majestueuse mais entièrement lambrissée de glaces. Le jardin est comble de statues et de fontaines, dont chacune a sa divinité tutélaire. Dans l'une, par exemple, le dieu élémentaire du feu se rafraîchit avec délices : dans une autre, Encelade, au lieu d'une montagne, reçoit sur la tête une douche d'eau froide. Il y a des avenues de *pots à l'eau* qui s'amusent à seringuer en l'air de minces filets retombant en cascades. Bref, c'est le jardin d'un grand enfant : tel était bien Louis XIV, qu'on voit ici sous son vrai jour, commandant en personne, sans le secours de ses armées et de ses généraux, et livré tout seul à la poursuite de ses puériles idées de gloire.

Nous avons vu la semaine dernière un endroit d'un genre tout différent et qui a plus qu'aucun autre l'air qu'il doit avoir : c'est le couvent des Chartreux [1]. Là, sont réunies toutes les convenances que peuvent souhaiter la mélancolie, la méditation, la dévotion égoïste et le déses-

---

[1] Ce couvent était situé rue d'Enfer. Il contenait, outre la galerie de saint Bruno, par Lesueur, plusieurs autres tableaux de grand mérite et entre autres une *Apparition de Notre-Seigneur à la Madeleine*, par le même Lesueur, la *Résurrection de Lazare* par Bon Boulogne, *Jésus-Christ au milieu des docteurs*, par Philippe de Champagne, et un grand Crucifix par le même peintre, qui le regardait comme son chef-d'œuvre et qui l'avait légué par son testament aux Chartreux.

poir. Cependant on s'y plaît. Adoucissez les termes, modérez quelque peu l'étrange impression d'épouvante qui règne ici et vous aurez une charmante solitude. Le couvent, ancien et irrégulier, s'étend sur un vaste terrain plat. La chapelle est sombre : derrière elle, par d'obscurs passages, on pénètre dans une grande pièce peu éclairée, qui ressemble à la salle du conseil de quelque ligue infernale. Le cimetière est entouré par le grand cloître; les autres cloîtres sont étroits, mais fort longs et donnent accès aux cellules, qui sont bâties en forme de petites huttes, isolées l'une de l'autre. On nous a conduits dans l'une d'elles, habitée par un homme entre deux âges, assez nouvellement entré dans l'ordre. Il se nomme dom Victor et il nous a reçus avec une politesse extrême. Nous lui avons promis de revenir souvent le voir. Son habit était entièrement blanc et un air de propreté parfaite respirait dans toute sa personne; son appartement et son jardin qu'il soigne et cultive lui seul, étaient admirablement entretenus; il a quatre petites pièces très-joliment meublées et tapissées de bonnes gravures. L'une de ces pièces est la bibliothèque, une autre la galerie : plusieurs cages, agréablement disposées, logeaient toute une famille de serins. Dans le jardin brillait une plate-bande de tulipes dans tout leur éclat; il y avait encore d'autres fleurs et des arbres fruitiers : tout cela tenu à merveille. On leur permet à certaines heures de parler aux étrangers, mais ils ne peuvent jamais causer entre eux ni sortir de leur couvent. Ce qui attirait surtout notre curiosité, c'était le petit cloître qui contient l'Histoire de saint Bruno, fondateur des chartreux, peinte par Lesueur : ce sont vingt-deux tableaux avec les figures sensiblement moins grandes que nature, mais d'une beauté vraiment surprenante. Je ne sais ce que Raphaël peut être à Rome, mais ces tableaux l'emportent sur tout ce que j'ai vu à Paris et en Angleterre. La figure du mort, qui parle au milieu de son enterrement, renferme l'idée la plus énergique et la plus saisissante de l'horreur, de l'hypocrisie démasquée, de la damnation profonde, de la souffrance et du blasphème. Un moine bénédictin, qui se trouvait là, me dit en parlant de cette peinture : *C'est une fable, mais on la croyait autrefois.* Un autre, qui me montrait des reliques dans une de leurs églises, m'a parlé d'elles avec le même dédain. Les tableaux dont il s'agit sont mal conservés et quelques-unes des plus belles têtes ont beaucoup souffert, ce qui a été d'abord l'œuvre d'un rival de Lesueur.

Adieu, cher West, prenez soin de votre santé et un jour ou l'autre, nous pourrons parler de toutes ces choses avec plus de plaisir que je n'en ai à les voir.

Toujours à vous.

III

AU MÊME

Reims[1], 18 juin 1739.

Comment pourrais-je remplir cette lettre? C'est ce qu'il ne m'est guère facile de deviner. J'ai laissé Gray

[1] De Paris, après un séjour de deux mois, nous sommes allés avec mon cousin Henri Conway à Reims en Champagne, où nous avons passé trois

vous rendre compte de notre situation et de nos faits et gestes et je me suis abandonné moi-même à la merci de mon imagination, une terrible ressource que je n'emploie guère que quand je ne puis pas faire autrement. J'avais préparé les ingrédients nécessaires pour vous servir la description d'un bal, et j'allais vous la présenter toute chaude, lorsque Gray me l'a arrachée des mains. J'étais cependant décidé à vous parler d'une certaine danse accompagnée par une chanson toute particulière ; je voulais vous en écrire les paroles et les chanter tout en pliant ma lettre, mais comme il y a dix à parier contre un qu'elle sera ouverte avant de vous arriver, je me vois forcé de planter là cette idée, qui était pourtant admirable. Bien ! Mais à présent que je vous l'ai mise dans la tête, vous n'aurez sans doute pas de repos avant de la savoir ; il faut pourtant vous dire que cette chanson-là ne signifie rien sans le chant et la danse. Pour remettre votre estomac, je vais vous envoyer un des vaudevilles ou ballades [1] qu'on chante ici à la comédie après les *petites pièces*.

Ne vous étonnez pas si mes lettres ressemblent à des dictionnaires français d'un côté, anglais de l'autre. Je ne m'occupe que de cela pour le moment et je dis alternativement deux mots de chaque langue, depuis le matin jusqu'au soir. Cela m'embrouille un peu la bouche et je tâche d'en retrouver l'usage, en lisant tout haut les journaux à déjeuner et en épelant les pages de titres de mes livres anglais. De plus, j'ai paraphrasé la moitié du pre-

---

mois. De là nous sommes allés en Italie par Genève, Lyon et Turin. Nous avons laissé Conway à Genève et nous avons continué avec Gray.— H. Walpole, *Short notes of my life.*

[1] Ce vaudeville n'a point été retrouvé.

mier acte de votre nouveau *Gustavus*[1] que nous avons reçu à Paris : morceau très-friand et tel que vous nous l'aviez dit. Bonsoir : je suis sûr que vous devez être fatigué, et si vous ne l'êtes pas, je le suis.

Toujours à vous.

IV

AU MÊME

Reims, 20 juillet 1739.

Gray me dit : « Vraiment vous devriez bien écrire à West. » — Mon Dieu ! mon enfant, je le ferais volontiers si je savais quoi lui dire. Supposons-nous à Londres et lui à Reims, je lui enverrais des volumes sur la guerre, sur les Espagnols, sur les camps, sur les conventions, mais croyez-vous qu'il se soucie pour six pence de savoir qui est allé à Compiègne et quand on en reviendra, ou qui a gagné ou perdu hier soir quatre livres, au quadrille, chez M. Cockbert ? — « Non, mais vous pouvez lui dire ce qu'on vous a raconté de Compiègne, qu'il y a bal deux fois par semaine après le spectacle, que le comte d'Eu a donné au roi un divertissement magnifique dans son camp, où le polygone était représenté par des arbustes en fleurs. — »

Cher West, voilà ce que je dois vous dire, je ne sais comment faire pour vous le rendre moins insignifiant, à

---

[1] *Gustave Wasa*, tragédie par Henri Brooke, l'auteur du *Fou de qualité*.

moins que vous ne consentiez à devenir Rémois pour un instant. Je m'étonne que vous restiez si longtemps hors de la ville, quand nous allons y avoir tous les genres de divertissements. Par exemple, les comédiens reviennent ici de Compiègne dans huit jours et dans peu de temps on espère le régiment du roi, trois bataillons et une centaine d'officiers, tous gens assez à la mode, fort aimables et connaissant leur monde. Nos femmes deviennent plus gaies, plus en train de jour en jour en les attendant ; mademoiselle la reine se compose une lotion d'une nuance plus douce et ses yeux deviennent plus brillants pour leur arrivée. La baronne compte déjà sur quinze d'entre eux et madame Lelu, trouvant que sa robe de toile cache trop de beautés, en a commandé une de gaze.

Je ne veux pas vous ennuyer plus longtemps de gens que vous ne connaissez pas[1] ; mais il faut absolument que je vous parle d'un Anglais qui a fait dernièrement son apparition à Reims. Il y a deux jours, vers les quatre heures du soir, c'était une heure après le dîner ; nous nous curions les dents autour d'une table couverte de débris, dans une chambre en désordre, Gray presque déshabillé, M. Conway en costume gris du matin

---

[1] La France se trouvait alors dans une véritable période de prospérité, sous le gouvernement économe et doux du cardinal de Fleury. Lady Montague écrivait de Dijon dans cette même année 1739 : « Toutes les routes sont refaites : elles sont pour la majeure partie, aussi bien pavées que les rues de la capitale, et plantées d'arbres des deux côtés comme les routes de la Hollande. On donne si soigneusement la chasse aux voleurs, que vous pourriez parcourir le royaume votre bourse à la main.... Les Français sont encore plus changés que leurs routes ; au lieu de figures maigres et blêmes, enveloppées de mauvaises couvertures, comme nous les avions vus, les villages sont peuplés de paysans forts et joufflus, vêtus de bons habits et de linge propre. On ne peut exprimer quel air d'abondance et de contentement est répandu sur toute la surface du royaume. »

et moi dans une robe de chambre blanche avec des pantoufles assez dépenaillées, lorsqu'on nous annonça soudain que M. More demandait à voir M. Walpole. Nous enjambâmes aussitôt l'escalier en grande confusion, mais sans autre désastre que deux ou trois verres jetés par terre et une pantoufle tombée en route. Après avoir donné l'ordre de nettoyer la chambre et fait répondre poliment à M. More, nous commençâmes à réfléchir sur le M. More que ce pouvait bien être. Était-ce M. More de Paris? Non, c'est M. More, le mari de mylady Teynham? Non, cela ne peut pas être. Est-ce plutôt M. More qui demeure dans la famille d'Halifax? Non. Bref, après avoir songé à dix mille autres MM. More, nous décidâmes que ce ne pouvait être aucun d'eux. Pendant ce temps-là survient M. More, mais quel M. More! Un *gentleman* échappé des parties les plus sauvages de l'Irlande, qui n'a jamais été en Angleterre, mais qui en a pris toute la vulgarité de langage, qui a passé deux ans à Paris, où il dînait à un ordinaire avec les réfugiés irlandais, qui a étudié la fortification à laquelle il n'entend rien du tout et c'est là encore la seule chose qu'il connaisse. En résumé, c'est une espèce de jeune paysan, à phrases bizarres à peine articulées, et sans une idée. Cet enfant plein d'avenir court la poste vers la Lorraine ou partout ailleurs : « Il ne le sait pas au juste, parce que s'il y a guerre, il retournera dans son pays : car il nous faut donner une autre volée à l'Espagne, vous le savez, et si la Hollande se joint à nous, nous ferons sauter tous les ports de l'Europe, car nos vaisseaux sont nos bastions, nos ravelins et nos ouvrages à corne, car ils ont un fossé diablement large à passer et ils auront de la peine à le combler avec des choses... » Ici M. Conway lui suggéra des fascines. Pendant ce temps-là, j'imagine que vous vous êtes moqué de lui comme nous et que vous en êtes aussi fatigué que nous l'étions quand il est parti.

C'est aujourd'hui que Gray et moi nous devions nous mettre en route pour le midi, mais comme M. Selwyn et George Montagu nous ont annoncé leur visite ici, nous retardons notre voyage de quelques semaines; quand nous serons un peu plus loin, j'espère que nos Mémoires deviendront plus intéressants; à présent, ils sont sots, mais sots comme votre humble serviteur.

DEUXIÈME VOYAGE

V

A L'HONORABLE H. S. CONWAY[1]

Amiens, mercredi 11 septembre 1765[2].

Beau cousin,

Mon voyage a été des plus heureux, jusqu'à mon entrée dans cette ville. J'ai échappé à un prince de Nassau à Douvres et au mal de mer pendant la traversée, quoiqu'elle ait duré sept heures et demie. J'ai retrouvé mes forces d'une manière surprenante pendant ce temps-là, bien qu'affamé par l'absence de toute nourriture mangeable et privé de la consolation du thé, du pain et du beurre. A un demi-mille d'ici, j'ai rencontré un carrosse à quatre

---

[1] Cousin maternel de Walpole et le plus cher de ses amis. Il était le second fils de lord Conway et de Charlotte Shorter, sœur de lady Walpole, femme du ministre. Après avoir rempli avec distinction plusieurs charges à la cour et à l'armée, il fut fait secrétaire d'État en 1765, général d'artillerie en 1770, et enfin feld-maréchal en 1793. Il avait épousé la comtesse douairière d'Aylesbury, dont il n'a eu qu'une fille, mistress Damer, à qui Walpole légua Strawberry-Hill.

[2] Le 30 août précédent, Walpole écrivait de Strawberry-Hill à George Montagu : « Je partirai de lundi en huit et je me force à croire que je suis enchanté de m'en aller . ce sera pourtant là ma vraie joie, car je ne me promets guère de plaisir en arrivant. Pouvez-vous me croire assez enfant pour aimer un nouveau monde à cette époque de ma vie ! Si je ne détestais pas le monde que je connais, je n'irais pas à la recherche d'un autre. Ce qui m'amusera le plus, ce sera de faire revivre de vieilles idées. Le souvenir des impressions de la jeunesse est dix fois plus cher que ne

chevaux dont les gens étaient Français; il contenait une dame en vert clair et argent avec un élégant chapeau à plumes et deux *suivantes*. Ma raison me disait que ce devait être la maîtresse de l'archevêque, mais heureusement mon cœur m'avertit tout bas que c'était lady Mary

peut l'être aucun plaisir nouveau. Je vous écrirai probablement souvent, car je ne me sens nulle envie de me communiquer à rien de ce que je n'ai pas connu depuis ces trente dernières années. Mon esprit est tellement imprégné de cette variété infinie de choses que j'ai vues, faites et poursuivies, qu'il m'en coûterait trop de peines pour me faire comprendre des jeunes gens, si j'avais la pensée de m'ouvrir à eux, et ils ne désirent assurément pas que je le fasse. Vous aimez mon bavardage avec vous, quoique vous ne me le rendiez pas souvent. Les bagatelles qui m'amusent, voilà les seules affaires dont je fasse cas à présent. J'ai vu la vanité de tout ce qui est sérieux et la fausseté de tout ce qui a la prétention de l'être. Je vais voir les théâtres français et acheter de la porcelaine française; non pas faire la connaissance des ministres, étudier le gouvernement, ni réfléchir sur les intérêts des nations. Bref, à l'inverse de beaucoup de gens qui vieillissent, je suis convaincu que rien n'est charmant que ce qui nous a semblé important dans notre jeunesse, et qui plus tard passe pour des folies. Oui, mais ces folies étaient sincères : si les préoccupations de l'âge le sont aussi, ce n'est qu'en vue de l'intérêt personnel. C'est là ce que je pense et mon seul souci est de ne pas pouvoir penser tout haut : je ne voudrais pas que d'estimables jeunes gens me prissent pour un vieux fou. Quant aux vieux *coquins*, ceux-là peuvent me compter parmi eux, si bon leur semble, je n'en serai jamais : en tout cas, ni les uns ni les autres ne sauront ce que je suis. J'en ai fini avec eux tous, je m'amuserai autant que je le pourrai et je penserai aussi peu que possible : c'est déjà là une tâche assez rude pour un esprit qui a de l'activité. . . . .
La *durée* de mon voyage n'est pas fixée : je voudrais m'y plaire assez pour rester jusqu'au mois de février, ce qui arrivera si je puis supporter mon premier *lancement* dans une nouvelle société. Je connais à Paris quatre ou cinq personnes agréables et spirituelles, telles que les Guerchy, madame de Mirepoix, madame de Boufflers et lady Mary Chabot, celle-là intimement : de plus, le duc de Nivernois et plusieurs autres, qui sont venus ici. Les Richmond doivent me rejoindre dans quinze jours ou trois semaines, et leur maison me sera une sorte de *chez moi*. J'y vais directement, jusqu'à ce que je puisse trouver à me loger, mais j'aurai soin de quitter la maison avant leur arrivée, quoiqu'ils soient en quelque sorte mes enfants, car je n'entends pas adopter le reste de mes compatriotes, ni, en quittant la meilleure compagnie d'ici, vivre à Paris dans la plus mauvaise, telle que les jeunes garçons qui voyagent, et ce qui est pis encore, les vieux garçons qui voyagent avec eux, c'est-à-dire leurs gouverneurs. »

Coke[1]. Je sautai hors de ma chaise ; oui, j'ai sauté, comme le dit d'elle-même mistress Nugent. Je tombai à genou et je récitai mon premier *Ave, Maria, gratia plena.* Nous échangeâmes en passant quelques mots de politique ; j'appris que madame de Mirepoix m'avait porté un toast l'autre jour avec sa tasse de thé ; je serrai la main, j'oubliai de pleurer, et nous nous séparâmes, elle pour aller chez la princesse héréditaire, et moi dans cette auberge où réside en ce moment la duchesse de Douglas. Nous n'aurons probablement aucun rapport ensemble, je me déclarerais plutôt moi-même un Hamilton[2].

Je trouve ce pays-ci prodigieusement enrichi depuis vingt-quatre ans, que je ne l'avais vu : Boulogne est devenue une ville drue et potelée, avec quantité de maisons neuves. Les moindres villages ont un air de prospérité et les sabots ont disparu. — M. Pitt et la Cité de Londres s'imagineront ce que bon leur semblera, mais la France ne viendra pas mendier à Mansion House d'ici à un an ou deux. En réalité, je nous accuse un peu nous-même de cet air d'opulence. Les miettes tombant des chaises de poste de cet essaim d'Anglais qui vont visiter Paris doivent avoir contribué à engraisser cette province. Il est clair que je ne dois pas entrer pour beaucoup en ligne de compte, mais voici mes observations : de Boulogne à Paris le voyage me coûtera près de dix guinées ; remarquez bien

---

[1] Cette dame, dont le nom revient souvent sous la plume satirique de Walpole, et qu'il appelle quelquefois en plaisantant *Marie à la Coque*, se nommait Mary Campbell : elle était fille du duc d'Argyll. Elle avait épousé Édouard vicomte Coke, fils unique du comte de Leicester, qui était mort en 1755 : elle lui survécut pendant cinquante-huit ans sans se remarier.

[2] Allusion à un procès fameux, qui divisait alors ces deux grandes familles.

que je voyage seul et que je fais la plus grande partie de la route avec Louis dans ma chaise. *Nous autres mylords anglais*, nous sommes rarement aussi simples ; l'année dernière, votre père a donné à dîner à quatre-vingt-dix-neuf Anglais pour le jour de naissance du roi : combien s'en trouvait-il parmi eux, dites-le-moi, qui n'eussent dépensé en route que ces dix guinées? Bref, c'est là pour vous une matière à calculs et, si vous l'arrosez avec un déluge de mots, il pourra y germer une dissertation qui vous rendra capable de lutter contre George Grenville[1] à la prochaine session, sur les plans d'économie nationale. Ayez soin seulement de ne pas établir une taxe sur les voyageurs avant que je ne sois revenu chargé d'acquisitions : jusque-là, gardez-vous de propager mes idées. J'aurai bien le temps d'être avare de l'argent de la nation, quand j'aurai dépensé tout le mien.

Clermont, 12.

Pendant qu'on apprête le dîner, je reprends mon journal. La duchesse de Douglas (les Anglais sont généralement les gens les plus extraordinaires que nous puissions rencontrer, même hors de l'Angleterre), la duchesse de Douglas, dis-je, a quitté Amiens avant moi pour retourner dans ses terres. Vous ne devineriez jamais ce qu'elle emporte avec elle. Oh ! rien qui puisse porter préjudice à nos manufactures, rien que George Grenville puisse saisir. Un de ses domestiques étant mort à Paris, elle l'a fait embaumer, et son corps est attaché

[1] George Grenville avait été premier ministre au commencement du règne de George III.

sur le devant de son carrosse. Étrange manière de mener un deuil !

Voici une absurdité française : j'ai remarqué qu'ici on plante des noyers le long des routes, mais qu'on a soin de les élaguer pour faire du feu ; cela me rappelle le hibou qui coupe les pattes des souris pour les empêcher de courir et les forcer à s'engraisser.

Au pied de cette colline, se trouve un château d'ancien style, avec *un parc en quinconce* et des haies tondues ; il appartient au duc de Fitz James[1]. Je l'ai vu se promener en veste et en cordon bleu, poudré à frimas ; une figure dans le genre de Guerchy. Quant à son chateau, je ne puis pas dire qu'il rivalise avec Goodwood ou Euston. Je coucherai à Chantilly cette nuit, et je ne partirai d'ici qu'à dix heures ce matin, non pas, comme vous pourriez m'en accuser, parce que je n'ai pas eu le courage de me lever plus tôt, mais parce que tous les chevaux du pays sont aux ordres de la reine, pour la mener à Nancy. J'ai aussi une certaine arrière-pensée de voir Chantilly et Saint-Denis en passant, ce que je ne pourrais faire la nuit ni en hiver, si je reviens à cette époque de l'année.

[1] Charles, duc de Fitz-James, était le quatrième fils du maréchal de Berwick. Cette terre et ce château, auquel le maréchal avait donné son nom de Fitz-James, avait été érigé en duché. Walpole compare assez dédaigneusement cette résidence à celles de Goodwood et d'Euston, qui appartenaient aux ducs de Richmond et de Grafton, descendants de Charles II, comme le duc de Fitz-James l'était de Jacques II.

Hôtel de feu mad. l'ambassadrice d'Angleterre, 13 sept. à 7 h.

J'arrive à l'instant; milady Hertford[1] n'est pas chez elle et lady Anne ne sortira pas de son terrier; j'ai donc juste le temps de finir cette lettre avant le retour de *madame*; Brian part cette nuit et l'emportera. Je vois que j'aurai beaucoup de choses à dire; autrefois je n'observais rien, et maintenant je remarque tout minutieusement. Je suis déjà tombé amoureux de vingt choses et j'en déteste quarante. Adieu.

Toujours à vous.

VI

A LA TRÈS-HONORABLE LADY HERVEY[2]

Paris, 14 septembre 1765.

Je n'ai encore vieilli que de deux jours à Paris, madame; je crois pourtant que je voudrais n'avoir en tout que cet âge et que ma vie fût à recommencer pour la passer ici. Vous

---

[1] Femme de Francis Conway, comte de Hertford, cousin de Walpole et ambassadeur à Paris, où il allait être remplacé par le duc de Richmond. Lady Anne Conway, sœur de lord Hertford, épousa depuis lord Drogheda. Le comte et la comtesse de Hertford demeuraient à Paris, rue de l'Université, hôtel de Brancas.

[2] Mary Lepel, baronne Hervey, l'une des correspondantes les plus assidues de Walpole, qui prisait fort son esprit caustique et sa parfaite connaissance du monde. Fort recherchée à la cour pour son esprit et sa beauté, elle y avait épousé lord Hervey, le brillant auteur des *Mémoires*, alors favori de la reine Caroline, femme de George II. Elle le perdit en 1743. Depuis elle

voyez combien je suis juste et toujours prêt à faire *amende honorable* à Votre Seigneurie. Je n'ai pourtant encore presque rien vu. Milady Hertford m'a découpé en morceaux et m'a précipité dans un chaudron avec des tailleurs, des perruquiers, des fabricants de tabatières, des marchandes de modes, etc., etc. Tout cela a été bientôt fait et j'en suis sorti complétement neuf, avec tout ce qu'il me fallait, excepté la jeunesse. Le voyage m'a remis comme par enchantement ; mes forces, si elles peuvent s'appeler ainsi, me sont revenues en entier et ma goutte s'en va sur un pas de menuet. Quant à mon entrain, je n'en dirai rien ; il est d'une jeunesse indécente et il convient aussi peu à mon âge qu'au pays où je suis, qui, permettez-moi de le dire, affecte une gravité exagérée. Ce n'est qu'en anglais que je me hasarde à rire et à débiter des folies.

Madame Geoffrin n'est revenue à Paris qu'hier soir et elle n'est pas visible le dimanche, mais j'espère pouvoir lui remettre demain votre lettre et le paquet. Mesdames d'Aiguillon, d'Egmont et de Chabot, ainsi que le duc de Nivernois sont à la campagne ; madame de Boufflers est à l'Isle-Adam[1], où milady Hertford est allée souper ce soir pour la première fois, n'étant plus enchaînée par l'impolitesse obligée du rôle d'ambassadrice. Elle revient après souper ; c'est une irrégularité qui m'épouvante, moi qui n'ai pas encore pu m'affranchir de tous mes barbarismes.

avait résidé longtemps à Paris, où elle vivait au milieu de la société élégante et lettrée de cette époque. Elle aimait beaucoup la France et elle avait donné des lettres de recommandation à Walpole, lorsqu'il partit pour Paris. Lady Hervey s'était fort liée entre autres avec la duchesse d'Aiguillon et avec madame Dupin, et on conserve encore au château de Chenonceaux son portrait, qu'elle lui avait donné. Elle mourut à Londres en 1768, à l'âge de 68 ans, en laissant un souvenir à Walpole dans son testament.

[1] Résidence du prince de Conti.

Il en est un, hélas! dont je ne pourrai jamais prendre mon parti, c'est la saleté de ce pays-ci, qui me paraît cruellement pénible après la pureté de Strawberry. L'étroitesse des rues, les arbres taillés en forme de balai et plantés dans des piédestaux de craie, quelques autres détails encore ne m'édifient nullement. L'opéra français, que j'ai entendu ce soir, m'a dégoûté comme toujours, d'autant plus qu'il était suivi du *Devin du village*, qui démontre qu'on peut chanter sans crever pour cela le tympan de nos oreilles. La mise en scène et les danses sont merveilleuses ; la comédie italienne est charmante. Je suis amoureux des *treillages* et des fontaines, et j'en donnerai la preuve à Strawberry. Chantilly est si exactement pareil à ce que je l'avais vu, il y a vingt ans, que je me suis rappelé parfaitement la place du fauteuil de M. le duc et la galerie. C'est elle qui m'a donné la première idée de la mienne, mais prétentions à part, cette dernière est mille fois plus jolie. J'ai fait tous les compliments de lord Herbert à la statue de son ami le Connétable[1] et en attendant quelque temps le concierge, je me suis écrié : *Où est Vatel?*

En résumé, madame, fatigué autant qu'on peut l'être de son propre pays, — est-ce peu ou beaucoup ? c'est ce que je ne dirai pas, — je me trouve prodigieusement disposé à aimer celui-ci. Je voudrais seulement pouvoir le laver. Madame de Guerchy est pleine de bontés pour moi, mais ce n'est pas d'aujourd'hui : j'ai déjà été comblé de politesses par madame de Bentheim et par mon

---

[1] Allusion aux Mémoires de lord Herbert de Cherbury, dont Walpole devait cinq ans après donner la première édition, sortie des presses de Strawberry-Hill.

ancienne amie madame de Mirepoix [1], que je ne verrai sans doute pas souvent, car elle est devenue l'amie la plus intime du roi, et elle le quitte rarement. Le dauphin est malade et en très-mauvaise voie, dit-on ; j'espère qu'il vivra, sans cela les théâtres seraient fermés. Votre Seigneurie n'ignore pas que je ne me trouble guère la cervelle au sujet des personnes royales, au delà de ce qui touche à mes propres intérêts, et vraiment si les princes peuvent y toucher, ce n'est pas de la manière ordinaire. Je n'ai pas encore ouvert le chapitre des babioles à acheter, désirant que mes fonds me permettent de rester ici aussi longtemps que possible. Ce sera bien le temps de revenir à mon parlement, quand je n'aurai plus le sol.

M. Hume [2], c'est-à-dire *la mode* en personne, s'est beaucoup informé de Votre Seigneurie. J'ai vu ma-

---

[1] La maréchale de Mirepoix était sœur du prince de Beauvau et veuve en premières noces du prince de Lixen, de la maison de Lorraine. Quoiqu'elle n'eût jamais passé pour une beauté régulière, elle avait une taille charmante et une fraîcheur de teint qu'elle conserva longtemps. L'amitié du roi, dont elle savait tirer bon parti, était fondée sur la parfaite complaisance que madame de Mirepoix ne manquait pas de montrer pour ses favorites. Après avoir été l'amie la plus intime de madame de Pompadour, elle fut la première à saluer l'aurore de madame Du Barry. Walpole, dans la suite de sa correspondance, fait de madame de Mirepoix un portrait qui, nous le croyons, lui rend parfaite justice. Madame Du Deffand, qui était fort liée avec elle, en a fait un éloge enthousiaste qui se termine ainsi : « Joignez à ce que j'ai dit toutes les qualités et toutes les vertus dans le degré où elles deviennent aussi aimables que les agréments mêmes. » Walpole avait connu madame de Mirepoix en Angleterre, où elle était ambassadrice de France en 1749.

[2] David Hume, l'auteur de l'*Histoire d'Angleterre*, était né à Édimbourg en 1711 et y mourut en 1776. Il avait beaucoup voyagé, et à l'époque où Walpole se trouvait à Paris, il y était en qualité de secrétaire de lord Hertford, ambassadeur d'Angleterre. Hume était d'un extérieur assez commun et sa parole était lourde et embarrassée. On peut donc s'étonner avec Walpole des succès qu'il obtint dans la société élégante de Paris. « La con-

dame de Monaco [1], je la trouve fort belle et extrêmement agréable. La plus jeune madame d'Egmont lui dispute la palme, dit-on, et madame de Brionne ne manque pas de partisans. Les nymphes des théâtres sont laides à faire peur, ce qui est une bonne chance, à mon âge, comme lorsqu'on va dans une boutique de curiosités et qu'on n'y trouve rien à son goût : c'est de l'argent gagné.

Il y a plusieurs Anglais ici ; mais je ne suis pas venu pour eux, et j'aurai aussi peu de rapports avec eux que possible. Quant au petit nombre de personnes que j'estime, j'espère avoir quelquefois de leurs nouvelles et vous devinez bien jusqu'où s'étend ce désir de ma part. Considérez aussi, madame, que toute mon indignité se trouve lavée et absoute par la confession que je vous ai faite au commencement de ma lettre.

versation de Hume avec les étrangers, dit lord Charlemont, et particulièrement avec les Françaises, devait être bien peu agréable, et pourtant ces dames ne pouvaient se passer de lui à leur toilette. A l'opéra, sa face large et insignifiante ne s'apercevait guère qu'*entre deux jolis minois*. Les dames en France donnaient *le ton*, et *le ton* était le déisme. »

[1] Née Brignole, d'une des premières familles de Gênes; elle était d'une beauté remarquable et le prince de Condé en devint éperdûment amoureux, ce qui amena un duel entre les deux princes. Madame de Monaco demanda une séparation et l'obtint du parlement, malgré son mari. Elle ne quitta plus alors le prince de Condé, et, devenue veuve, elle l'épousa en émigration.

VII

AU RÉVÉREND WILLIAM COLE[1]

Paris, 18 septembre 1765.

Mon cher monsieur,

Je viens de recevoir votre lettre, et comme un courrier part à l'instant, j'aime mieux en profiter pour vous écrire une courte réponse, que de vous en laisser attendre une plus longue.

J'ai fait une bonne traversée et un agréable voyage; ma santé s'en est merveilleusement trouvée. Merci de la bonne nouvelle que vous me donnez de votre prochaine arrivée ici, c'est une grande joie pour moi.

Jusqu'à la fin de la semaine, je serai chez lord Hertford; je n'ai donc point encore de logement, mais dès que j'en aurai un, il vous sera facile de me trouver. Je n'ai pas de banquier; j'ai seulement une lettre de crédit sur un marchand, qui est l'ami particulier de lord Hertford; je ne puis donc pas vous ouvrir un crédit chez lui, mais vous pouvez user du mien, ce qui sera la même chose, et nous réglerons nos comptes ensemble. J'ai apporté environ cent livres sterling sur moi et je vous engage à en faire autant. Vous changerez les guinées en louis ou en écus de France, à Calais ou à Boulogne, et vous pourrez même trouver ici de petits billets de banque. En tous cas, je suis tout à votre disposition.

[1] Ministre à Blechley et antiquaire distingué : il avait été professeur à l'Université de Cambridge.

Prenez garde sur la route ! on m'a volé en plein jour mon portemanteau contenant une partie de mon linge, et attaché sur le devant de ma chaise, pendant que je visitais Chantilly. Si vous sortez de votre chambre, à l'auberge, fermez la porte à double tour ou laissez-y votre valet de chambre. En arrivant à l'époque que vous m'annoncez, vous me trouverez ici, et, je l'espère, pour longtemps encore.

VIII

A LA COMTESSE DE SUFFOLK[1]

Paris, 20 septembre 1765.

J'obéis à vos ordres, madame, quoique je n'aie à vous parler que de moi ; mon voyage m'a rendu grand service et mes forces sont revenues en deux jours. Toutes mes heures sont retournées sens dessus dessous, et pourtant je ne m'en trouve pas mal : je dîne à deux heures et demie et je soupe à dix, aussi aisément que je le faisais en Angleterre à mes heures habituelles. Il est vrai que

---

[1] Henriette Hobart. Elle avait épousé en 1708 Charles Howard, troisième fils du comte de Suffolk : ce mariage ne fut pas heureux. Howard, qui s'était dépêché de manger tout son bien, se montra fort désagréable pour elle. Ce fut alors que cette femme, d'une beauté pleine de distinction et dont la conduite avait été jusque-là exempte de tout reproche, consentit à devenir la maîtresse de George II. Comme l'amour n'entrait pour rien dans cette affaire, on ne douta pas que ce ne fût pour se mettre à l'abri des brutalités de son mari. Quoi qu'il en soit, malgré une intelligence remarquable, elle eut toujours peu de crédit à la cour, mais elle sut s'y faire de nombreux amis qui lui restèrent fidèles, lorsqu'elle se décida, à l'âge de

le déjeuner et le dîner se coudoient un peu de temps à autre ; mais j'ai trouvé un excellent préservatif contre les veilles trop prolongées, c'est de ne jamais jouer au whist : on commence régulièrement un *rubber* avant le souper, on se lève au milieu du jeu et après un repas de trois services et le dessert, on achève la partie en y ajoutant un nouveau *rubber*. On prend alors son *sac à nœuds*, on se réunit en cercle étroit, et les voilà partis sur une question de littérature ou d'irréligion, jusqu'à ce qu'il soit l'heure de se coucher, c'est-à-dire jusqu'à l'heure où on devrait se lever. Les femmes sont fort aimables et gracieuses, les hommes assez désagréables. Cependant, comme tout ce qui est anglais est à la mode, notre mauvais français passe par-dessus le marché. Plusieurs d'entre nous sont reçus partout. M. Hume est la mode personnifiée, quoique son français soit presque aussi inintelligible que son anglais. Pour ma part, on me fait toutes les politesses possibles et, en général, je m'amuse beaucoup ; mais je désirerais vivement qu'il y eût un peu moins de whist et un peu plus de propreté. Milady Brown et moi nous nous sommes fort divertis en nous représentant lady Blandford ici ; je suis convaincu qu'elle marcherait sur des échasses, de peur de toucher le parquet, et ce serait un assez singulier coup d'œil.

Il n'y a plus personne à Paris pour le moment, car

quarante-cinq ans, à quitter un amant qui n'avait jamais su se faire aimer. Son mari étant mort avant cette époque, elle épousa alors George Berkeley, un peu plus jeune qu'elle, mais qui mourut au bout de peu d'années. Cette femme distinguée, du commerce le plus sûr et le plus agréable, vint alors se fixer au milieu de ses amis, parmi lesquels Walpole se montra un des plus assidus. On disait alors qu'on ne pouvait lui reprocher qu'une faute et un défaut : sa liaison avec le roi et une surdité qui datait de sa jeunesse. Elle mourut à Marble-Hill, sans fortune, en 1776.

nos mœurs ont assez pénétré chez ses habitants pour les envoyer tous à la campagne jusqu'à l'hiver. Du reste, leurs maisons de campagne n'ont pas une physionomie plus champêtre que celles de Paris. Les jardins ressemblent *à des déserts*, sans ombre, ni verdure ; les arbres sont tondus de près et taillés droit à la cime : c'est le massacre des innocents. Les maisons de Paris ne sont que blanc, or et glaces ; je n'ai jamais pu les distinguer l'une de l'autre. L'hôtel de madame de Mirepoix, quoique petit, est celui qui offre le plus de variété, avec une sorte d'arrière-goût anglais.

Vous le voyez, madame, il me faut encore du temps pour devenir un Français accompli ; mais, en somme, je me divertis beaucoup. C'est tout ce que je demande en sus de la santé. Je suis un peu trop vieux pour faire des recherches sur leur gouvernement et leur politique ; je ne suis pas venu d'ailleurs pour achever mes études, mais pour les oublier. On peut toujours choisir ici ce qu'on veut : les vieux peuvent être aussi jeunes, et les jeunes aussi sages que bon leur semble. C'est le premier parti qui convient le mieux à mon âge et surtout à mes goûts, quoique le *bon ton* ici soit d'être grave et savant. Quand miss Hotham, à qui j'offre mes meilleurs compliments, sera assez bonne pour m'accuser réception de cette lettre, je la prie de l'adresser ainsi au très-humble serviteur de Votre Seigneurie :

A Mons, Mons WALPOLE.

Recommandé à Mons FOLEY, banquier à Paris.

IX

A GEORGE MONTAGU, ESQ.[1]

Paris, 22 septembre 1765.

Vous avez des chagrins de plusieurs sortes et j'y prends part du fond du cœur, mais je vous conseille de faire comme moi : quand je me heurte contre l'ingratitude, je la plante là, elle et tout son cortége d'ennemis. Jadis j'espérais rencontrer quelque compensation ailleurs, mais maintenant j'ai assez vécu pour reconnaître que le remède n'est guère qu'un second mal de même espèce et je me contente de mettre sur les blessures qu'il a faites le baume des amusements, qui au moins ne laisse pas de cicatrices. Il est vrai que ces amusements ne réussissent pas toujours, lorsqu'ils sont de commande, c'est ce qui

---

[1] George Montagu, fils du brigadier général Édouard Montagu, avait été condisciple d'H. Walpole au collége d'Eton. Il fut longtemps membre du parlement pour Northampton, puis secrétaire de son cousin le comte d'Halifax, lord lieutenant d'Irlande et ensuite de lord North, chancelier de l'Échiquier. Montagu a été l'un des correspondants les plus réguliers de Walpole, dont les lettres à son adresse montent au chiffre de deux cent soixante-douze. Cependant un refroidissement survint entre les deux amis, plusieurs années avant la mort de Montagu, et leur correspondance cessa brusquement. Voici comment Walpole l'explique dans une lettre à M. Cole, du 11 mai 1780 : « Un de mes vieux amis est mort hier : c'est George Montagu, dont vous devez vous rappeler à Eton et à Cambridge. J'ai été intimement lié avec lui, mais depuis quelques années, il m'avait délaissé moitié à cause de la politique, moitié par caprice, car nous ne nous sommes jamais querellés. Son humeur était devenue chagrine et il s'était séparé de tous ses amis aussi bien que de moi. Il avait de l'esprit avec beaucoup de vivacité et d'originalité. J'ai été très-peiné de son changement à mon égard après une amitié de trente ou quarante ans. »

m'arrive ici : rien ne m'impressionne, tout ce que je vois m'est indifférent. J'aime beaucoup les gens de ce pays et leur manière de vivre, mais comme ils n'étaient pas l'objet de mon voyage, peu m'importerait d'avoir affaire à d'autres gens et à d'autres manières de vivre. Je suis hors de l'Angleterre et mon but est atteint.

Rien de plus obligeant que l'accueil qu'on me fait partout. Peut-être n'est-il pas plus sincère (et pourquoi le serait-il?) que notre froide et triste politesse, mais il est mieux déguisé et il a l'air naturel ; on n'en demande pas davantage. J'ai commencé à souper dans quelques maisons françaises, et comme lady Hertford a quitté Paris aujourd'hui, mes intimités vont s'en accroître d'autant. Ces soupers me plaisent infiniment, j'aime à me lever et à déjeuner tard, puis à flâner toute la journée, comme bon me semble. Il y a ici assez de choses à voir pour cela, et les boutiques, vous le savez, ont une attraction infinie pour moi. La ville me semble bien moins belle que mes souvenirs ne me la peignaient et la musique française est aussi désagréable que je le savais. Le Théâtre-Français est bien tombé, quoique dans la seule pièce où j'aie vu le Kain, il m'ait paru admirable. Cet acteur est laid et mal bâti, mais il possède une noblesse héroïque, que Garrick n'a jamais eue, et un feu étonnant. Je n'ai pas encore vu la Dumesnil, mais je la verrai dans un jour ou deux. C'est un vif regret pour moi de ne pouvoir la comparer avec la Clairon, qui a quitté le théâtre. J'ai vu Grandval pendant toute une représentation, sans soupçonner même que ce fût lui. Hélas! vingt-quatre ans font un furieux ravage sur nous autres mortels ! Vous ne pouvez vous imaginer combien j'en ai été frappé cette fois ! La comédie réunie maintenant à l'opéra-comique forme la plus agréable distraction, mais Arlequin, mon cher Arlequin, ma passion ! me cause plus de tristesse que de gaieté. Au lieu de rire, je reste là en silence, réfléchissant en moi-même combien toute chose perd de son charme quand la jeunesse n'est plus là pour lui prêter son rayonnement. Lorsque nous nous trouvons dépouillés de cet entrain et de ce prisme au travers desquels la jeunesse nous présente les objets, nous ne sommes plus que le *caput mortuum* du plaisir.

Si sérieuses que soient ces réflexions, elles ne me rendent pas déplacé dans la société française : le temps présent est à la gravité *en conscience*. Malheureusement les sujets ordinaires de conversation sont plus tristes pour moi que mes propres pensées, qui peuvent être parfois teintées de mélancolie, mais qui, d'après ma nature, ne seront jamais insipides. — Les Français affectent la philosophie, la littérature et le *libre penser* : la première n'a jamais été et ne sera jamais une préoccupation pour moi ; les deux autres, il y a longtemps que j'en suis las. Le *libre penser* n'est fait que pour soi-même et certainement pas pour la société ; de plus, chacun a déjà réglé sa manière de penser, ou a reconnu qu'elle ne pouvait l'être ; quant aux autres, je ne vois pas pourquoi il n'y aurait pas autant de bigoterie à tenter des conversions contre que pour une religion. J'ai dîné aujourd'hui avec une douzaine de savants et, quoique tous les domestiques fussent là pour le service, la conversation a été beaucoup moins réservée, même sur l'Ancien Testament, que je ne l'aurais souffert à ma table en Angleterre, ne fût-ce qu'en présence d'un seul laquais.

Quant à la littérature, c'est un excellent amusement lorsqu'on n'a rien de mieux à faire, mais elle devient du pédantisme en société, et de l'ennui quand on la professe en public; on est d'ailleurs sûr qu'en France on ne suit jamais que la mode du jour; leur goût à cet égard est le pire de tous. Aurait-on jamais pu croire qu'en lisant nos auteurs, Richardson[1] et M. Hume deviendraient leurs favoris ? Ce dernier surtout est traité ici avec une parfaite vénération : son *Histoire*, si falsifiée sur une foule de points, si partiale sur tant d'autres, si inégale dans toutes ses parties, passe ici pour le modèle de l'art d'écrire.

Les Français sont devenus fort simples dans leurs habits et dans leurs équipages. Nous autres Anglais, nous vivons sur leurs anciens dieux et leurs vieilles déesses. Pour mon compte, je me promène dans un char orné de petits Amours, qui me donne l'air du grand-père d'Adonis.

J'entends beaucoup discourir sur les parlements et sur le clergé, mais je ne m'en soucie guère : je ne puis saisir aucune anecdote au travers de tout cela et j'étais trop fatigué de la politique dans mon pays, pour avoir envie de prendre part à celle d'ici. En somme, j'en ai fini avec le monde et je ne continue à y vivre que, parce qu'ainsi que vous, je l'aime mieux qu'un désert. Peu d'hommes peuvent supporter l'isolement absolu et nous autres Anglais moins que tout le monde : nous devenons alors si moroses, si entêtés, si capricieux, si pleins de préjugés, qu'il nous faut un fond de bonté comme le vôtre,

---

[1] On sait avec quelle ardeur on s'arrachait alors à Paris les chapitres de *Clarisse Harlowe*, à mesure qu'ils paraissaient.

pour ne pas tourner à l'hypocondrie. La société empêche que notre écorce ne devienne trop épaisse ou trop rugueuse et bien qu'à mon retour, je n'aie pas le projet de me mêler au public, je ne compte cependant pas vivre dans une réclusion complète. Mon absence me permettra d'en prendre et d'en laisser autant que je le voudrai.

Adieu! je vais m'occuper de votre commission de livres; n'étant ici que depuis dix jours, je n'en ai pas encore eu le temps. Ai-je besoin de vous dire que vous n'avez pas d'ami plus affectionné que moi?

X

A SIR HORACE MANN[1]

Paris, 26 septembre 1765.

Jamais pauvre mortel n'a été aussi heureux de retourner dans sa patrie, que moi de quitter la mienne. C'est là, il est vrai, à peu près la somme totale de satisfaction que j'ai éprouvée. On m'a fort bien reçu ici, autant ceux que je connaissais avant mon arrivée, que mes nouvelles

[1] Sir Horace Mann est un de ceux à qui Walpole a écrit le plus grand nombre de lettres. Il l'avait connu à Florence, où sir Horace venait d'être nommé ministre plénipotentiaire, poste qu'il conserva pendant quarante-six ans, jusqu'à sa mort en 1786, sans avoir jamais remis le pied en Angleterre. Walpole ne l'avait donc pas revu depuis son voyage en Italie, et cependant cette absence prolongée n'a jamais ralenti leur correspondance. Walpole le tenait surtout au courant des questions politiques du moment. Après la mort de sir Horace Mann, Walpole réclama ses lettres à l'héritier et neveu du diplomate, les réunit avec soin, les annota et y ajouta une préface.

relations. J'ai beaucoup de choses à voir et des babioles à acheter, deux des principales occupations de ma vie ; mais je ne suis pas assez jeune pour être enchanté de tout ce qui est nouveau, et mon âge me permet encore moins de contracter des amitiés, lorsque l'expérience m'a prouvé combien il est rare que pareille chose existe. Mais je ne suis plus enchaîné par la politique, je n'ai plus à répondre des folies de personne ; il ne me reste à m'occuper que des miennes.

Lady Hertford est partie et le duc de Richmond[1] n'est pas encore arrivé ; je suis donc aussi *isolé* que je puis le désirer. Il y a trois ou quatre maisons où je vais quand je veux, mais vous pensez bien que ce n'est pas tous les jours. Leurs histoires me sont inconnues et ne m'intéressent guère : j'ai la même indifférence pour leur politique, pour leur littérature de mode et pour leur irréligion encore plus de mode, questions sur lesquelles je suis parfaitement blasé. Je n'aime ni discuter, ni disputer ; il n'y a qu'un petit nombre de sujets qui m'intéressent, sur lesquels je ne tiens pas à réfléchir et encore moins à parler avec des personnes indifférentes. Je suis un vrai Mathusalem pour une foule de choses et un enfant pour d'autres. On ne se plaît guère à raconter aux gens qu'on a des passions ou trop surannées ou trop juvéniles, qu'on a passé l'âge où l'on se souciait de ce qu'ils aiment, et qu'on ne reste plus attaché qu'à des sentiments d'une nature toute personnelle. Quand le *monde* reviendra à Paris, je trouverai sans doute plus de moyens de dissipation, mais ma nonchalance actuelle ne me déplaît pas.

[1] C'était lui qui devait remplacer lord Hertford, comme ambassadeur d'Angleterre à Paris.

Le prince de Beauvau[1] est à Bordeaux et il y restera probablement encore quelque temps : j'ai vu sa fille avant hier soir chez madame de Mirepoix ; elle ressemble à ce qu'il était, mais elle n'a pas les traits assez délicats pour une jeune fille. Nous avons ici un certain docteur Gatti[2] disciple de Cocchi, qui parle de vous avec beaucoup de considération et qui désire que je vous parle de lui. J'ai été ravi l'autre soir à la Comédie Italienne, en découvrant que j'avais assez peu perdu de mon italien, pour le comprendre mieux que les scènes françaises.

Quoique la mode soit au sérieux, c'est toujours elle qui règne sans partage. Le comte de Saint-Florentin, secrétaire d'État, a eu la main emportée par son fusil, qui a éclaté. On en a causé pendant deux jours, puis on s'en est lassé ; quelqu'un demandait de ses nouvelles : « Bon ! répondit son interlocuteur, *on n'en parle plus.* » Il n'était pas encore hors de danger, mais c'était une vieille histoire.

Le dauphin est en très-mauvais train, et il n'est pas probable qu'il en revienne. De l'histoire d'Angleterre, je n'en sais pas un mot, d'où je conclus qu'il n'y a rien à savoir. La saison de la chasse est commencée, et comme nous avons aussi notre mode, je présume qu'on ne parle

---

[1] Charles Just, fils du prince de Craon mort en 1754, était né à Lunéville en 1720. Marié en premières noces avec une sœur du duc de Bouillon, il en eut une fille unique, dont il est ici question et qui épousa le prince de Poix, fils aîné du maréchal de Noailles-Mouchy. Le prince de Beauvau, devenu veuf, épousa la comtesse de Clermont, née Chabot, dont il n'eut pas d'enfant. Après de brillants services militaires, il fut nommé maréchal de France en 1783 et mourut en 1793. Il était de l'Académie française.

[2] C'était un médecin de Florence, qui pratiqua un des premiers l'inoculation de la petite vérole en Italie.

plus de politique. J'attends quelque *tapage* de l'établissement à Saint-James du prince et de la princesse de Brunswick[1]. Cette princesse a l'imagination vive et elle n'avait pas quitté l'Angleterre, de façon à lui faire espérer une réception bien cordiale. On me tourmente ici afin de savoir pourquoi M. Pitt n'a pas accepté le ministère ; j'avoue qu'il me serait difficile de leur expliquer ce que je ne comprends pas moi-même. *Monsieur de Temple* est encore plus inexplicable. Aussi je ne me donne guère de peine pour les renseigner et je reste parfaitement tranquille, lorsque j'entends dire : *C'était un très-bon homme que ce milord Bath*[2] ! Je ne puis pourtant pas comprendre comment ils connaissent si mal un pays qui a été naguère tellement en *vogue* chez eux. Une femme de beaucoup de sens[3] en savait plus long, quand elle me disait hier soir : *Vous avez eu un moment bien brillant, mais vous êtes tombés !* Oui, c'est parfaitement vrai. Adieu, voici une assez sotte lettre, mais je ne sais aucune nouvelle et vous ne vous attendez pas à ce que j'écrive mes voyages comme Misson[4], ni que je tombe amoureux, comme Polnitz[5], de tous les princes et princesses de la terre. Mon imagination pourrait s'épanouir, si elle

[1] Charles-Guillaume-Ferdinand, duc de Brunswick-Lunebourg, longtemps connu sous le nom de prince héréditaire, était né en 1735. Il épousa la sœur aînée de George III, roi d'Angleterre. Devenu général en chef des troupes prussiennes, ce fut lui qui fit en 1792 cette pointe infructueuse en Champagne, qui se termina par la bataille de Valmy. Il mourut en 1806 d'un coup de feu reçu près d'Auerstaedt.

[2] Lord Bath, à la fin de sa vie, était venu à Paris.

[3] Madame Geoffrin.

[4] Maximilien Misson, auteur d'un Voyage en Italie, en 3 volumes, publié à la Haye en 1702.

[5] Le baron de Polnitz a écrit différents mémoires très-louangeurs sur plusieurs cours de l'Europe. *H. Walpole.*

trouvait le sol qu'il lui faut, mais j'ai bien peur qu'elle n'en soit privée tout le reste de ma vie. Quand on a une tournure d'esprit particulière, sans aucun lien avec un monde nouveau, on devient inintelligible, excepté pour le petit nombre de contemporains qu'on a encore autour de soi. Mon esprit a absorbé une certaine somme de sensations; il me faut vivre sur cette vieille provision et, je le crains, je deviendrai aussi insipide pour moi-même que pour les autres. Adieu.

XI

A LA TRÈS-HONORABLE LADY HERVEY

Paris, 5 octobre 1765.

Je n'ai encore vu ni madame d'Egmont, ni la duchesse d'Aiguillon, qui sont à la campagne, mais cette dernière revient à Paris demain. Je suis passé hier soir chez madame de Chabot[1]; elle n'y était pas, mais j'ai trouvé l'hôtel de Carnavalet[2] et je me suis arrêté devant, pour dire un *Ave Maria*. C'est un singulier bâtiment, qui n'est nullement dans le style français et qui ressemble à un *ex-voto* élevé en l'honneur de cette admirable femme par

---

[1] Madame de Chabot était Anglaise et fille du comte de Stafford, c'est pour cela que Walpole l'appelle souvent lady Mary Chabot.
[2] Situé rue Culture-Sainte-Catherine, au Marais, au coin de la rue de Francs-Bourgeois; c'était là qu'avait habité madame de Sévigné. Après bien des changements de destination, cet hôtel a été acheté récemment par la ville de Paris, pour en faire un musée municipal.

ses adorateurs étrangers. Selon moi, on ne lui rend pas dans son pays la moitié des honneurs qui lui sont dus. Je vais aller aussi brûler un peu d'encens devant le cœur de votre cardinal[1], madame, *à votre intention*.

J'ai vu plusieurs fois madame Geoffrin et je ne crois pas avoir jamais rencontré une plus belle intelligence ni une plus parfaite connaissance du monde. Je puis être enchanté des Françaises, mais Votre Seigneurie ne doit pas s'attendre à ce qu'elles deviennent amoureuses de moi. Sans affecter trop d'humilité, le désavantage de parler un langage pire que celui de tous les imbéciles que je rencontre, est une difficulté insurmontable. Le Français le plus niais est l'éloquence même auprès de moi et me laisse tout embarrassé et embrouillé. Je pourrais vous donner vingt autres bonnes raisons, si celle-là ne suffisait pas. Dans l'état des choses, ce sont mes propres défauts qui m'empêchent seuls de me plaire complétement à Paris. La contrainte que m'impose l'ennui de ne pas posséder la langue en maître absolu, et l'obscurité qui environne, malheureusement pour moi, la plupart des sujets de conversation, m'empêchent de jouir de ce laisser-aller qui est le propre de la société d'ici. Je m'y amuse beaucoup, mais je n'y suis pas à mon aise.

Le duc de Nivernois est parfait pour moi ; il s'est beaucoup informé de Votre Seigneurie, ainsi que le colonel Drumgold[2] ; celui-ci se plaint de sa santé, mais tous deux me paraissent, surtout le duc, beaucoup mieux que lors-

---

[1] Le cardinal de Richelieu, dont le cœur est conservé à la Sorbonne.

[2] Le colonel Drumgold, né à Paris en 1730 ; il avait été secrétaire du duc de Nivernois pendant son ambassade à Londres, et il fut placé depuis à la tête de l'École militaire de Paris. Il est l'auteur d'un poëme intitulé *la Gaieté*, et il est mort en 1786.

qu'ils étaient en Angleterre. J'ai trouvé ce soir chez madame Geoffrin la duchesse de Cossé[1], qui est jolie et qui ressemble beaucoup à son père : elle est vive et de bonne humeur, mais sans grâce.

Hier, j'ai passé par toutes mes présentations à Versailles : il est vraiment commode d'avaler toute une famille royale dans une heure de temps, au lieu d'être sacrifié, une semaine à Leicester House (chez la princesse de Galles douairière), une autre dans Grosvenor Street (chez le duc de Cumberland), une troisième dans Cavendish Square (chez la princesse Amélie), etc., etc. *La reine est le plus grand roi du monde*, car elle m'a beaucoup parlé et elle en aurait dit encore davantage, si je l'avais laissé faire, mais je n'ai été qu'un maladroit et j'ai gauchement reculé dans la foule. Aucun autre des princes ne m'a adressé la parole. Le roi est beaucoup plus beau que ses portraits ne le représentent : il a beaucoup de douceur dans la physionomie, au lieu de cet air farouche qu'on lui prête. Mesdames ne sont pas des beautés ; elles ont pourtant quelque chose de bourbonnien dans la figure. C'est la dauphine[2] qui me plaît le moins de toutes ; avec une physionomie peu aimable, elle possède un regard et un accent qui m'ont fait frémir, en pensant que je pourrais être invité à une partie de *bête ombrée* avec elle. Le pauvre dauphin est effrayant, il dépérit à vue d'œil.

[1] Fille du duc de Nivernois et femme du duc de Cossé-Brissac, gouverneur de Paris.

[2] Marie-Josèphe de Saxe, seconde femme du dauphin, fils de Louis XV. Elle était d'un caractère peu aimable, surtout lorsqu'elle était malade. « Elle brutalisa l'autre jour madame de Lauraguais, sa dame d'atours, qui dit à quelqu'un qui était auprès d'elle : « Cette princesse est si bonne, qu'elle ne veut « pas que sa mort soit un malheur pour personne. » (*Mémoires de Collé.*)

La fortune m'a ménagé un spectacle bien plus curieux que celui d'une rangée de princes, c'est la bête du Gévaudan qu'on a tuée et qui est maintenant dans l'antichambre de la reine. C'est quelque chose de moins qu'un Léviathan ou que la bête de l'Apocalypse, car elle n'a pas la moitié des ailes, des yeux et des griffes que je leur suppose ou qu'ils auront un jour ou l'autre. La bête en question n'a que deux yeux, quatre pieds et pas d'ailes du tout. Elle ressemble autant à un loup qu'un commissaire dans la dernière guerre, sauf, que malgré tous les récits, elle a dévoré beaucoup moins de gens. En somme, maintenant qu'elle est morte et que nous la voyons, c'était certainement un loup qui ne dépassait pas plus les dimensions ordinaires, que madame Cavendish. Le défunt laisse une douairière et quatre petits princes.

M. Stanley[1], qui a été très-aimable pour moi, veut bien se charger de cette lettre. Je désirerais fort qu'il sût combien je lui suis reconnaissant et qu'il l'apprît de la manière la plus agréable : soyez donc assez bonne, madame, pour vous charger de le lui dire.

[1] Un des lords de l'Amirauté, employé plusieurs fois par le gouvernement anglais à des négociations avec la France.

XII

A JOHN CHUTE, ESQ.[1]

Paris, 3 octobre 1765.

Vous n'en doutez certainement pas : je m'amuse ici beaucoup plus que je ne m'y plais. A une certaine époque de la vie, la curiosité et les objets nouveaux peuvent divertir, mais il n'y a plus de place dans l'affection pour les nouvelles connaissances. Les nouveaux visages, marqués de tel ou tel nom, attirent mon attention pour une minute, mais il la fixent bien rarement. Cinq ou six femmes, que j'ai déjà vues, sont fort sensées, mais les hommes leur sont en général de beaucoup inférieurs et ils manquent même d'agrément. Ils nous ont, je crois, envoyé tout d'abord ce qu'ils ont de mieux, c'est le duc de Nivernois[2]. Les auteurs, que, par parenthèse, on rencontre partout, sont pires que leurs ouvrages, ce qui n'est un compliment ni pour les uns ni pour les autres; généralement le ton de la conversation est solennel, pédantesque, et l'on ne s'y anime guère qu'en se disputant.

---

[1] C'est à Florence, pendant le séjour de treize mois qu'il y fit, que Walpole rencontra John Chute, qui voyageait en Italie. Cette connaissance devint une vive et sincère amitié qui ne s'est jamais refroidie.

[2] Jules Mancini Mazarini, né à Paris, en 1716. Après avoir débuté dans la carrière des armes, il fut successivement ambassadeur à Rome, à Berlin et à Londres, mais son goût dominant fut celui des lettres; il était de l'Académie française, et mourut en 1798. Il avait pour fille la comtesse de Gisors, dont le mari, qui donnait les plus brillantes espérances, fut tué à la bataille de Crefeld, à l'âge de vingt-six ans. — Voir *le Comte de Gisors*, par M. C. Rousset.

J'exprimais un jour mon aversion pour les disputes; M. Hume, qui par reconnaissance admire d'autant plus le *ton* de Paris, qu'il n'en a jamais connu d'autres, me dit d'un air tout étonné : « Mais qu'aimez-vous donc, si vous détestez à la fois les discussions et le whist? »

Ce qui me frappe par-dessus tout, c'est la différence totale qui existe entre leurs mœurs et les nôtres, depuis les questions les plus graves jusqu'aux plus insignifiantes. On ne trouverait pas le moindre point de ressemblance dans les vingt-quatre heures, et cela saute aux yeux, même pour les bagatelles : les laquais portent la queue de leurs maîtresses et les mettent en carrosse, le chapeau sur la tête. Quand il pleut, les hommes, en marchant dans les rues, portent des parapluies pour éviter de mettre leur chapeau; à la campagne, également par la pluie, ils mènent eux-mêmes leur chaise découverte, sans chapeau, et quand il fait beau temps, ils le gardent souvent sur la tête dans leur carrosse à Paris. Les laquais eux-mêmes sont poudrés dès le point du jour, ce qui ne les empêche pas de se tenir derrière leur maître, comme je l'ai vu chez le duc de Praslin, avec un mouchoir rouge autour du cou. Versailles est, comme tout le reste, un mélange d'ostentation et de misère, et à chaque instant on y remarque des habitudes qui tranchent singulièrement avec les nôtres. Sous les colonnades, dans les escaliers et même dans les antichambres de la famille royale, il y a des gens qui vendent toutes sortes de marchandises. Pendant que nous attendions, dans la somptueuse chambre du dauphin, qu'on ouvrît la porte de son cabinet de toilette, deux garçons étaient en train de balayer et dansaient en sabots pour cirer le parquet.

Vous supposez bien que j'ai été présenté. La reine a fait grande attention à moi; aucun des autres ne m'a dit une syllabe. On vous fait entrer dans la chambre à coucher du roi, juste au moment où il vient de passer sa chemise; tout en s'habillant, il parle avec bonté à quelques-uns des assistants, jette un regard sur les étrangers, va à la messe, dîne et part pour la chasse. La bonne vieille reine, qui par la figure ressemble à lady Primerose, et par l'immensité de son bonnet à la reine Caroline, est assise à sa table de toilette et servie par deux ou trois vieilles dames, qui soupirent après le moment où elles se reposeront dans le sein d'Abraham, le seul homme près duquel elles aient la chance de trouver place. De là, on passe chez le dauphin, car la séance tout entière ne dure qu'une heure; on le voit à peine une minute : le malheureux n'est plus qu'un spectre, qui n'a pas trois mois à vivre. La dauphine[1] est dans sa chambre à coucher, mais debout et habillée; elle a l'air déplaisant et peu poli : c'est un vrai type de la grâce et de l'accent de Westphalie. Les quatre *Mesdames*[2], vieilles filles, dodues et massives, qui ressemblent en laid à leur père, se tiennent en rang debout dans leur chambre à coucher. Elles portent des mantelets noirs et des sacs à nœuds, paraissent les meilleures personnes du monde, ne savent que dire et se baissent comme si elles cherchaient à s'asseoir sur un vase[3]. La

---

[1] Marie-Josèphe de Saxe.
[2] C'étaient alors Mesdames Adélaïde, Victoire, Sophie et Louise, la future carmélite.
[3] Wriggling as if they wanted to make water.

cérémonie est ainsi bientôt faite ; on passe alors chez les trois fils du dauphin qui, bien entendu, ne font que saluer et regarder. Le duc de Berry [1] a l'air délicat et la vue basse, le comte de Provence est un beau garçon, le comte d'Artois assez bien. Enfin on va voir dîner la petite fille du dauphin, qui est ronde et potelée comme un pudding.

Dans l'antichambre de la reine, diplomates et étrangers nous avons été admis à contempler la fameuse bête du Gévaudan, récemment arrivée et recouverte d'un drap que soulevèrent deux chasseurs. C'est un véritable loup, mais de la plus grande taille, et sa tête conservait encore fortement empreinte l'expression de la fureur et de l'agonie.

J'ai dîné chez le duc de Praslin [2] avec vingt-quatre ambassadeurs ou envoyés diplomatiques, qui ne vont jamais à la cour que le mardi. Le duc fait assez tristement les honneurs, à peu près comme il doit faire tout le reste, car il a l'air important et vide. La figure du duc de Choiseul, qui est tout l'opposé de la gravité, ne promet pas beaucoup plus ; sa femme [3] est gracieuse, jolie

---

[1] Depuis Louis XVI.
[2] César-Gabriel de Choiseul, duc de Praslin, cousin du duc de Choiseul, était né en 1712. Après avoir été ambassadeur à Vienne, il devint ministre des affaires étrangères et ensuite de la marine. Il partagea la disgrâce de son cousin en 1770 et mourut comme lui en 1785.
[3] Louise-Honorine Crozat du Chatel. C'était une des femmes les plus accomplies de son temps, et Walpole ne tarit pas sur elle en éloges mérités. Ses lettres, publiées en 1859, prouvent qu'elle avait autant d'esprit que de bonté et, selon nous, elles l'emportent par la grâce et par le cœur sur celles de madame Du Deffand. Elle aimait son mari avec passion, mais les grandeurs n'avaient aucun charme pour elle. Walpole, dans ses Mémoires sur le règne de George III, rapporte qu'un jour, à dîner, elle avait exprimé son désir de vivre seule avec son mari dans la retraite. « Reste à savoir, répliqua la duchesse de Gramont qui ne l'aimait pas, s'il le voudrait aussi lui? »

et très-agréable de manières. La duchesse de Praslin est une commère au visage joyeux et rouge et à l'air fort commun, mais elle montre à tout le monde autant d'attentions que de politesse. J'ai vu le duc de Richelieu [1] en service : il est pâle, avec le nez rouge, très-ridé, enfin un véritable débris de cette génération qui a produit le général Churchill, Wilkes le joueur, le duc d'Argyll, etc., etc. Adieu !

XIII

A L'HONORABLE H. S. CONWAY [2]

Paris, 6 octobre 1765.

Je suis charmé de vous trouver plus juste et comprenant enfin que je pouvais faire mieux que de rester en Angleterre à m'occuper de politique. « *Tenez, mon enfant,* comme disait la duchesse de la Ferté à madame de Staal, *il n'y a que moi au monde qui aie toujours raison.* » Je serai donc raisonnable, et puisque vous m'avez fait cette concession, à moi qui me savais dans le vrai, je n'atten-

---

La duchesse de Choiseul, après avoir traversé avec courage et résignation, mais dans le dénûment le plus profond, les mauvais jours de la Révolution, est morte le 3 décembre 1801.

[1] Walpole à qui le maréchal de Richelieu déplaisait souverainement ne cesse de le traiter comme un vieux fat suranné, et il avait assez raison. Le maréchal était alors âgé de soixante-neuf ans.

[2] Quelques passages de cette lettre ont été cités par M. Sainte-Beuve, dans les *Causeries du lundi,* article de madame du Deffand.

drai pas que vous répondiez à toutes mes lettres *raisonnables*. Si vous envoyez une bouillante dépêche au roi d'Espagne ou à *Chose*[1], mon voisin d'ici, je la regarderai comme m'étant adressée, et votre compte en sera allégé d'autant. J'accepterai aussi de temps à autre une ligne de lady Aylesbury, en payement de ce que vous me devez. Pour moi, je continuerai d'écrire comme le vent poussera ma plume, et franchement mon babillage ne vaudra guère une réponse.

Pour une personne *raisonnable* comme moi, j'ai bien souvent changé d'impressions sur ce pays-ci. Les cinq premiers jours, j'étais dans l'enthousiasme, puis je me suis trouvé enveloppé d'un affreux nuage de whist et de littérature, et j'y étouffais ; à présent, je commence, en véritable Anglais, à établir mon droit de vivre à ma guise. Je ris, je débite des folies et je me fais écouter. Il y a deux ou trois maisons où je vais tout à fait à mon aise : on ne m'y demande jamais de toucher une carte ni de faire une dissertation ; je ne suis même pas obligé de rendre hommage à leurs *auteurs*. Chaque femme en a toujours un ou deux plantés chez elle, et Dieu sait comme elle les arrose. Le vieux président Hénault est la pagode chez madame Du Deffand, une vieille aveugle, débauchée d'esprit, chez qui j'ai soupé la nuit dernière. Le vieux président est presque sourd et encore plus suranné. Il s'assied à table, et la maîtresse de la maison, qui a jadis été la sienne, s'informe de chaque plat, veut qu'on lui dise qui en a mangé et crie dans l'oreille du président le compte de chacun. Bref, chaque bouchée

---

[1] Louis XV.

est proclamée en même temps que toutes mes bévues contre la grammaire; quelques-unes, qui sont volontaires, ont eu un certain succès, et l'une d'elles va être rapportée aujourd'hui à la reine par le président, qui est son favori. Lorsque je fus à Versailles, cette princesse ayant fait beaucoup d'attention à ma personne, j'ai dit par allusion à madame de Sévigné : *La reine est le plus grand roi du monde !*

Vous pourrez vous imaginer combien je me suis diverti d'une scène qui s'est passée après souper : sir James Macdonald avait contrefait Hume, je dis alors à ces dames, qui, outre la maîtresse de la maison, étaient la duchesse de la Vallière[1], madame de Forcalquier[2] et une demoiselle, que j'étais sûr qu'elles auraient le plus grand

---

[1] La duchesse de la Vallière, fille du duc d'Uzès, était née en 1713. Elle avait été fort belle et en conservait les traces dans un âge avancé. Voici le portrait que Voltaire a fait d'elle :

> Être femme sans jalousie,
> Et belle sans coquetterie,
> Bien juger, sans beaucoup savoir,
> Et bien parler, sans le vouloir,
> Être haute, ni familière,
> N'avoir point d'inégalité :
> C'est le portrait de la Vallière;
> Il n'est ni fini, ni flatté.

Elle mourut en 1793. Son mari, qu'elle avait perdu en 1780, était ce bibliophile fameux, qui avait réuni une merveilleuse collection des livres les plus rares à son château de Montrouge. Le catalogue seul forme neuf volumes.

[2] La comtesse de Forcalquier, née Carbonel de Canisy. Elle avait d'abord épousé le duc d'Antin, fils de la comtesse de Toulouse; elle se remaria ensuite avec Louis Buille de Brancas, comte de Forcalquier. Elle était du cercle intime de madame Du Deffand, qui ne se fait pourtant pas faute de se moquer d'elle dans ses lettres, en la désignant sous le nom de la *bellissima* ; c'était de l'injustice : madame de Forcalquier ne manquait ni d'esprit ni de caractère. L'aventure si souvent racontée du soufflet de son mari en est la preuve. — Voir les *Lettres de madame Du Deffand*.

plaisir à entendre un spécimen des discours de M. Pitt, et que personne ne l'imitait aussi bien qu'Elliot. Elles me crurent et le tourmentèrent pour cela pendant une heure, en déclarant enfin que c'était l'homme le plus mal élevé du monde, puisqu'il ne voulait pas leur être agréable. Ce qui leur rendait son refus encore plus surprenant, c'est que chacun ici chante, lit ses ouvrages en public et essaye de toutes choses, sans hésitation comme sans talent. Elliot parle un français pitoyable, ce qui ajoutait encore au divertissement.

J'avais eu ma part de misère le matin, en subissant l'opération de la présentation à la famille royale, jusqu'à la bouillie de la petite Madame, et je m'y étais comporté aussi sottement que vous pouvez l'imaginer. Je me cachais derrière tout le monde. La reine m'a appelé à sa table de toilette et semblait parfaitement disposée à babiller avec moi ; mais au lieu de jouir de ma gloire, comme madame de Sévigné, à peine m'avait-elle fait quelques questions que je me suis perdu dans la foule. Elle en a parlé depuis à M. de Guerchy[1], en ajoutant que je lui avais échappé, mais qu'elle aurait sa revanche à Fontainebleau. Me voici donc obligé d'y aller, quoique je n'en eusse pas le projet. Le roi, le dauphin, la dauphine, Mesdames et la bête sauvage ne m'ont pas dit un mot : je veux parler de la bête du Gévaudan. On l'a tuée et on l'avait apportée dans l'antichambre de la reine, où on nous l'a fait voir avec autant de cérémonie que si c'eût été M. Pitt lui-même. C'est un énorme loup, et les *connaisseurs* disent qu'il a douze dents de plus que tous

---

[1] Le comte de Guerchy était alors ambassadeur en Angleterre, où il s'était fort lié avec H. Walpole. Il est mort en 1775.

les loups connus, depuis le temps de la nourrice de Romulus. Les sceptiques lui refusent d'être la véritable bête, et je trouve beaucoup de gens qui croient que le vrai nom de la bête est *légion, parce qu'il y en a beaucoup.* On l'avait couverte d'un drap que deux chasseurs enlevèrent pour les diplomates et les étrangers. J'ai dîné chez le duc de Praslin avec vingt-cinq volumes du corps diplomatique, et, après le dîner, M. de Guerchy m'a présenté au duc de Choiseul. Le duc de Praslin est tout pareil à ses lettres dans le livre du chevalier d'Éon ; c'est, je le crois, un assez sot personnage : sa sagesse est du genre grave. Son cousin, le premier ministre, est un petit être toujours en l'air, dont l'attitude et les manières n'ont rien de bien effrayant pour mon pays : je ne l'ai vu que trois secondes, c'est le plus qu'il accorde à tout homme et à toutes choses. M. de Guerchy, dont la bonté pour moi est inexprimable, s'est donné la peine de m'accompagner partout, et il m'a mené spécialement visiter les nouveaux bureaux de la chancellerie d'État : je voudrais pouvoir vous les envoyer. C'est un grand bâtiment disposé comme un hôpital, avec un ordre et une méthode admirables ; il contient les logements de tous les employés, avec leurs noms et leurs fonctions inscrits sur la porte. Dans le corps de bâtiment, se trouve une suite de sept ou huit grandes pièces décorées de peintures emblématiques et lambrissées d'armoires, avec des portes à grillages en fil de fer et des rideaux rouges. Sur chaque armoire est écrit en lettres d'or le nom du pays que concernent les pièces qu'elle renferme, comme l'Angleterre, l'Allemagne, etc., etc. Dans chaque salon, un vaste tuyau en forme de colonne, en bronze et *or moulu*, sert à aérer les papiers et à les maintenir en bon état. Bref, c'est une magnificence utile.

De là, je suis allé visiter le *réservoir* de tableaux de M. de Marigny[1]. C'est là que se trouvent ceux dont on n'a pas disposé pour les palais, quoiqu'on les change de temps en temps. Ce *rebut*, qui remplit plusieurs salons depuis le haut jusqu'en bas, est composé des plus belles œuvres de Raphaël, de Léonard de Vinci, de Giorgione, du Titien, du Guide, de Corrége, etc., etc. J'ai vu là bon nombre de tableaux dont je connaissais la gravure, sans savoir où ils existaient.

Le duc de Nivernois est d'une obligeance extrême pour moi. J'ai soupé chez madame de Bentheim, qui a une charmante maison[2] et un pitoyable mari. Elle a beaucoup plus de vivacité qu'aucune Française ; mais l'homme le plus vif que j'aie vu, c'est le duc de Duras[3], plus petit et plus gros que lord Halifax, mais qui lui ressemble beaucoup de figure. Je dois souper dimanche chez les d'Usson[4] : tous ceux qui ont été en Angleterre sont étonnamment disposés à s'acquitter des politesses qu'ils y ont reçues. M. de Caraman m'a écrit de la campagne pour s'excuser de n'être pas encore venu me voir, parce que sa femme est sur le point d'accoucher, et il m'engage à aller chez lui. Je le ferais certainement, si j'étais un *jeune homme*

---

[1] Abel-François Poisson, marquis de Marigny, frère de madame de Pompadour, directeur et ordonnateur général des bâtiments du roi, né en 1727, mort en 1781. Il demeurait à Paris, petite place du Louvre.

[2] Cette maison était située rue de Bourbon, aujourd'hui rue de Lille, au faubourg Saint-Germain.

[3] L'un des premiers gentilshommes de la chambre du roi.

[4] Le comte d'Usson avait rempli en Angleterre un poste diplomatique. Sa femme était une Hollandaise protestante. Il était frère du marquis de Bonnac, ambassadeur de France à la Haye.

sage-femme : on est ici assez coulant sur ce chapitre, mais je n'en ai pas l'habitude et je ne puis pas faire d'une véritable peine une partie de plaisir.

J'évite tellement de m'occuper de politique, que je n'avais pas encore entendu dire un mot de l'Espagne. Je présume que mon silence passe pour un mystérieux artifice et surprend les ministres qui entretiennent des espions près de l'étranger, même le plus insignifiant. J'aurais été bien heureux d'être aussi vigilant à Chantilly, où j'ai perdu mon portemanteau avec la moitié de mon linge ; la nuit d'avant, on m'avait volé un habit neuf, une veste et des culottes galonnées d'or, une veste blanche et argent, des culottes de velours noir, un couteau et un livre. Ce surcroît de dépenses inattendues n'entrait nullement dans mon système d'extravagances.

Que va faire le duc de Richmond pour trouver un hôtel ? je ne m'en doute pas. Adieu !

XIV

A LA TRÈS-HONORABLE LADY HERVEY

Paris, 15 octobre 1765.

Combien les puissants sont déchus ! Oui, oui, madame ; je ressemble au duc de Richelieu comme deux pois, mais alors ce sont deux vieux pois gris bien flétris. Vous rappelez-vous la fable de Cupidon et de la Mort et quel formidable travail ils ont fait en lançant leurs traits ensemble? Tel est justement mon cas. L'amour peut avoir tiré sur moi, mais c'est avec une flèche empoisonnée de goutte; j'ai eu une rechute dans les deux pieds et j'ai gardé le lit pendant six jours, mais l'accès paraît vouloir s'en aller; mon cœur peut déjà marcher seul et mes pieds se promettent le luxe inouï d'une paire de souliers d'étoffe, dans deux ou trois jours.

Madame Geoffrin est venue s'installer hier soir pendant deux heures à mon chevet[1]; j'aurais juré que c'était milady Hervey, tant elle a été bonne pour moi. C'est une merveille de bon sens, de bonnes informations, de bons conseils et d'à-propos! elle a une manière de vous reprendre qui me charme. Je n'ai jamais vu de ma vie personne qui sache aussi rapidement saisir les défauts, les vanités et les supercheries d'un chacun, qui vous les explique avec autant de netteté, ni qui ait l'art de convaincre aussi facilement. Je n'ai jamais aimé à être redressé en face : eh bien, vous ne pouvez vous imaginer le plaisir que j'y trouve avec elle; je la prends à la fois pour confesseur et pour directeur, et je commence à croire que je deviendrai à la fin une créature raisonnable, ce dont je n'avais jamais eu la prétention. La prochaine fois que je la verrai, je crois que je vais lui dire : « O sens commun! asseyez-vous là : j'avais eu telle et telle pensée, n'est-ce pas bien absurde? » Quant à tout autre bon sens et quant à la sagesse, je ne les ai jamais aimés, mais je vais les haïr maintenant en son honneur. Si elle

[1] C'était lady Hervey qui avait donné à Walpole une lettre de recommandation pour madame Geoffrin.

voulait s'en donner la peine, je vous assure, madame, qu'elle me gouvernerait comme un enfant[1].

Le duc de Nivernois est aussi étonnamment aimable pour moi. Bref, madame, je descends la pente de la colline, mais le soleil brille fort agréablement. Vos deux autres amies sont venues à Paris, mais j'étais confiné chez moi, et je n'ai pu aller les voir. J'ai passé toute une soirée charmante avec lady Mary Chabot, qui m'a chargé de mille et mille compliments pour Votre Seigneurie. Quant aux curiosités et aux pèlerinages, hélas! ils ont été coupés court!

J'avais destiné à des excursions les beaux jours d'octobre, mais vous savez, madame, ce que c'est que de compter sans son hôte, la goutte. Elle m'a rendu tellement poltron, que j'aurais presque peur d'entrer dans une église. J'ai aussi manqué mademoiselle Dumesnil dans *Phèdre* et dans *Mérope*, deux de ses principaux rôles, mais ce n'est là, j'espère, que partie remise.

J'ai écrit à madame de Guerchy pour votre Eau de fleur d'oranger et j'ai envoyé à Votre Seigneurie deux

---

[1] Qu'il nous soit permis de citer ici le jugement porté par un autre étranger sur cette femme si parfaitement intelligente et sympathique : « La manière d'être de madame Geoffrin peut se comparer au style de la Fontaine. Il y avait beaucoup d'art, mais cet art ne paraissait pas. Tout en elle semblait très-ordinaire, et pourtant personne ne l'égalera jamais en voulant l'imiter. Tout chez elle était raisonné, facile, commode, utile et simple. Son ton bourgeois et son langage commun donnaient à son discours, plein de sagesse et de raison, un caractère piquant et quelquefois sublime..... Une maxime qu'elle pratiquait et qu'elle avait fait encadrer chez elle, disait : Il ne faut pas laisser croître l'herbe sur le chemin de l'amitié..... Elle comparait la société de Paris et ses individus à une quantité de médailles renfermées dans une bourse, lesquelles, à force de s'être frottées longtemps l'une contre l'autre, ont usé leurs empreintes et se ressemblent toutes. » (*Souvenirs du baron de Gleichen*, p. 97.) — Madame Geoffrin demeurait rue Saint-Honoré, près les Capucins.

petites pièces françaises que vous recevrez bientôt, j'espère. La posture si incommode que je suis obligé de prendre pour écrire me fera pardonner de n'en pas dire davantage ; mais elle ne m'empêchera pas de tout faire au monde pour tâcher d'être agréable à une personne qui, comme vous, sait toujours oublier ses souffrances, quand il s'agit de ses amis.

XV

A GEORGE MONTAGU, ESQ.

Paris, 16 octobre 1765.

Je me trouve assez triste au milieu de cette soi-disant métropole des plaisirs ; je ne reçois aucune nouvelle d'Angleterre et je suis encore confiné dans ma chambre par la goutte aux deux pieds. Oui, j'ai pris froid et elle m'est revenue ; mais comme je commence à me familiariser avec ses caresses, je pense que, dans une quinzaine de jours, la violence de sa passion sera épuisée. A vrai dire, un bâton et de gros souliers ne composent pas ordinairement le costume que les Anglais viennent étudier ici, mais je n'aurai pas encore trop à me plaindre si je puis aller en boitant à droite et à gauche, pour divertir mes yeux : quant à mes oreilles, elles en ont tout leur compte et ne sont nullement édifiées. Mon emprisonnement me délivre du voyage de Fontainebleau, dont je n'étais pas friand, mais je perds ainsi l'occasion de visiter Versailles et Saint-Cloud à mon aise.

Je vous ai écrit dès mon arrivée ici, avez-vous reçu ma lettre? Voici le prix des livres anglais que vous m'aviez désignés pour en faire l'acquisition : Shakspeare en 8 volumes brochés, 21 livres, et en grand papier, 27; Congreve en 3 volumes, 9 livres; Swift en 12 volumes, 24 livres; une autre édition, 27. Vous le voyez, je n'ai pas oublié vos commissions : si vous en avez d'autres, ordonnez.

La Dumesnil est toujours la Dumesnil et il n'y a que la curiosité qui ait pu me faire regretter la Clairon. Grandval est devenu si gros et si vieux, que je ne l'ai pas reconnu pendant toute une représentation. Il ne reste plus au théâtre un seul des autres acteurs dont vous vous souvenez. Nous ne sommes pas maintenant dans la saison des nouveautés. La cour et la ville ne sont plus à Paris : le peu que j'en connais est tout dispersé. Le vieux président Hénault est venu me voir hier : il est parfaitement aimable, mais il a tout l'air d'un ivrogne hors d'âge ; hors d'âge, le malheureux! c'est bien vrai. Le duc de Richelieu n'est plus qu'un vieux portrait amaigri du vieux général Churchill; il affecte encore comme lui d'avoir ses *Boothbies*[1], hélas! pauvres *Boothbies!*

J'espère que, pendant ma convalescence, j'aurai ici les Richmond. L'une des misères des maladies chroniques, c'est qu'on devient la proie de tous les sots qui, ne sa-

---

[1] Mistress Boothby, mère du prince Boothby, un des personnages du poëme d'*Isabel ou le matin*, par sir Hanbury Williams : « To ancient Boothby's ancient Churchill's flown. »

chant que faire vis-à-vis d'eux-mêmes, vous apportent leur ennui et l'appellent charité.

Souhaitez-moi une bonne nuit; j'en ai bien besoin, car je n'en ai guère eu qu'une depuis dix jours.

XVI

A LA COMTESSE DE SUFFOLK

Paris, 16 octobre 1765.

Je commence ma lettre aujourd'hui, madame, mais elle ne sera ni terminée ni partie avant quatre jours, car, esclave d'un tyran qui ne me laisse que peu de minutes de repos, je suis obligé de saisir celles qu'il m'accorde : en ce moment même, il me pince traîtreusement sous la table où je vous écris. Je ne vous conseillerai pas de venir à Paris; on n'y est pas moins mordu par la goutte qu'à Londres et il n'est pas aussi facile de faire nettoyer sa chambre, l'eau n'étant pas comptée ici comme un élément de propreté. Si je devais jamais épouser milady Blandford, j'insisterais avant tout pour qu'elle vînt passer un mois à Paris, afin d'y apprendre la patience : j'ai besoin d'en avoir une forte dose, moi qui en suis réduit à promener ma souffrance d'un lit à un autre, moi qui n'ai rien vu et qui n'entends plus parler que des élégances de Fontainebleau, où le duc de Richelieu, dont c'est l'année, a organisé sept nouveaux opéras, outre les autres spectacles. Reconnaissons pourtant que si je ne puis m'amuser, ma ruine au moins se trouve ajournée, car il ne m'est pas possible d'aller dans une seule boutique.

Lady Mary Chabot a été assez bonne pour me faire une visite, mais elle est repartie pour la campagne, où elle restera jusqu'au mois de novembre. Elle m'a chargé et rechargé de mille choses à l'adresse de Votre Seigneurie, pour laquelle elle professe la plus haute considération. Lady Brown est aussi à la campagne, et comme elle aime à rire plus que ce n'est la mode ici, j'attends son retour avec impatience. N'ayant nulle envie de changer leur religion ni leur gouvernement, je m'ennuie affreusement de leurs dissertations éternelles sur ce sujet.

Comme la dernière fois que je suis venu ici (il y a de cela, hélas ! vingt-quatre ans) j'allais beaucoup chez madame Hayes, j'ai cru qu'il n'était que poli de lui faire une visite, maintenant que sa position est devenue un peu moins brillante. Elle n'était pas chez elle, mais elle m'invita à souper pour le lendemain soir. Au premier abord, j'ai pensé que j'avais eu parfaitement raison de ne pas la négliger, car elle me combla de protestations d'attachement pour moi et pour toute ma famille. Quand le premier flot fut passé, elle me demanda si j'étais le fils de cet Horace Walpole qui a été ambassadeur ici ; je lui ai répondu que c'était mon oncle : « Oh ! alors, vous êtes celui que j'appelais toujour mon cher Neddy. — Non, madame, lui dis-je, je crois que c'est mon frère. — C'est votre frère ! mais qui est donc mylord Walpole ? — Mon cousin, madame. — Votre cousin ! mais alors, qui êtes-vous ? » J'ai reconnu que si j'avais négligé de lui faire une visite, sa mémoire ne m'en aurait pas fait de trop vifs reproches.

Dans les maisons françaises, il n'y a pas moyen de trouver autre chose que le whist, auquel je suis décidé à ne jamais me remettre. Je m'assieds près du jeu et je bâille, ce qui vaut encore mieux que de s'y attabler pour bâiller. J'espère pouvoir prendre l'air dans quelques jours, car, malgré de rudes souffrances et d'horribles nuits, ce codicille de goutte promet d'être beaucoup plus court que celui dont j'ai été gratifié en Angleterre; mon régime rappelle celui d'un fermier anglais, c'est du bœuf et du pudding, seulement le bœuf est du bouilli, et le pudding du pain. Cette nuit-ci est la première où j'ai pu fermer l'œil avant dix heures du matin, mais un squelette peut très-bien vivre sans manger ni dormir. Oui, il peut même très-bien rire, quand il rencontre un joyeux mortel de ce monde.

Je vois que M. Chetwynd passe son temps à danser dans les bals de campagne et aux courses. C'est charmant d'être si jeune, mais je n'envie pas ceux dont la jeunesse est si joviale et si bonne fille. Quand il courra la poste vers la ville ou qu'il traversera sur son cheval à la nage le bief d'un moulin en novembre, faites-lui-en mon compliment, ainsi qu'à lady Blandford et à lady Denbigh. Les joies de la goutte ne font pas oublier les vieux amis, même à une pareille distance.

Je suis, etc.

XVII

A SIR HORACE MANN

Paris, 16 octobre 1865.

Je suis nanti de vos lettres, mon cher sir, mais je n'ai rien à répondre. Deux *paquets* m'ont été envoyés de Londres, avec une date antérieure au troisième que j'avais reçu ici et auquel j'ai déjà répondu. Je suis impatient de savoir si cette réponse vous est arrivée, car le chevalier de Lorenzi[1] m'a mis dans la tête, quoique la sienne ne soit pas des plus lucides, qu'il aurait fallu l'affranchir jusqu'à Gênes, à cause d'un conflit qui existe quelque part entre les maîtres de poste de différents territoires. Je prendrai mieux mes précautions pour le voyage de celle-ci.

Vous aurez vu, j'espère, que j'ai quitté l'Angleterre avant de connaître vos desseins, et par conséquent lorsqu'il était trop tard pour les appuyer. Si les sollicitations, que j'ai déposées avant de partir, n'ont pas eu de poids, ma parole entendue d'ici en aura moins encore, puisque je suis où ils ne voudraient pas que je fusse, et vraiment aurais-je bonne grâce à demander des faveurs, quand je suis décidé à n'en accorder aucune? Vous avez été une exception, parce que je ne sais pas comment vous refuser, ni résister au plaisir de vous être utile ; mais ayant rompu

---

[1] Frère du comte de Lorenzi ou Lorency, ministre de France à Florence et l'un des habitués du Temple, résidence du prince de Conti.

tous mes liens politiques, mon plus vif désir est de ne pas m'y enchaîner de nouveau. Si l'on a encore quelque égard pour moi, vous serez servi, parce que rien ne sera épargné de mon côté. Si l'on m'a oublié, j'en serai fâché, mais non surpris.

Votre nouvelle cour[1] vous amusera, j'espère, sans vous ruiner; un ami, comme on l'appelle, mais selon moi le pire des ennemis, m'a arrêté ici pour me sauver de la ruine. J'ai pris froid dix jours après mon arrivée, j'ai eu une rechute et me voilà cloué sur mon lit avec la goutte aux deux pieds. C'est assez vexant, sans parler de la douleur qui n'est pas une piqûre de puce. Je suis privé ainsi de voir les choses et les personnes ailleurs que dans ma chambre, qui est bien rarement l'endroit où je désirerais les voir. *Basta!* Ce monde a été créé pour César, c'est-à-dire, pour les gens bien portants et actifs; cependant, si désagréable que puisse être la maladie partout ailleurs que chez soi, la profonde aversion que j'ai prise pour la politique et la Chambre des communes va braver même la goutte, qui ne hâtera pas mon retour. Lorsque je partirai, et ce sera sans doute au mois de février, je porterai encore la livrée de la goutte et je vivrai à l'écart de toutes mes autres relations. Le peu que j'apprendrai ici, quand la scène s'ouvrira, vous sera transmis aussitôt, mais, il faut le dire, je me suis assez mal arrangé dans l'intérêt de ma curiosité.

Adieu, mon cher sir. La vie dans une chambre à cou-

---

[1] Pierre-Léopold de Lorraine, frère de l'empereur Joseph II, était monté sur le trône grand-ducal le 25 août 1765. Né le 5 mai 1747, il avait épousé, le 14 février 1764, Marie-Louise, infante d'Espagne, qui était de deux ans plus âgée que lui.

cher d'hôtel garni¹ en pays étranger, quand la cour est à Fontainebleau, fournit fort peu de matière pour une lettre. Le changement d'air et le lait d'ânesse ont fait, dit-on, du bien au dauphin, et le voyage, qui devait être raccourci, est encore prolongé jusqu'au 18 du mois prochain.

XVIII

A THOMAS BRAND, ESQ.²

Paris, 19 octobre 1765.

Croyez-le bien, je n'ai pas oublié vos commissions ; j'en ai parlé ce soir au vieux Mariette, qui m'a assuré qu'il en avait trouvé une, sans avoir jamais pu rencontrer l'autre, et que je ne serai pas plus heureux à Paris. Vous n'ignorez pas, je présume, qu'il aimerait mieux se priver d'un œil que de n'importe quel objet de sa collection.

Vous devez supposer que je m'amuse ici comme un fou ; comme un fou, c'est le mot : d'abord, je n'ai encore rien vu, ensuite j'ai été emprisonné pendant une quinzaine

---

¹ Walpole logeait ordinairement, à Paris, chez madame Simonetti, à l'hôtel du Parc-Royal, rue du Colombier, maintenant rue Jacob.

² Thomas Brand était grand amateur des arts et surtout de la musique ; il fut un des membres fondateurs de la société des *Dilettanti* de Londres. « Il était, dit Walpole, la gaieté et le rire en personne, mais un malheur de famille vint jeter sur son existence un voile de deuil qui ne se souleva jamais. » Il avait épousé lady Caroline Pierpoint, demi-sœur de la fameuse lady Montague, mais au bout de six ans de l'union la plus heureuse, il la perdit et ne se consola jamais.

de jours par une rechute de goutte dans les deux pieds; en troisième lieu, je n'ai pas ri une seule fois depuis le départ de mylady Hertford. Je vous déclare que vous pouvez venir ici en toute sécurité et que vous n'y serez nullement en danger de réjouissances. Le rire est aussi passé de mode que les pantins et les bilboquets. Les pauvres gens! Ils n'ont pas le temps de rire : d'abord il faut penser à jeter par terre Dieu et le roi ; hommes et femmes, tous jusqu'au dernier travaillent dévotement à cette démolition. On me considère comme un profane, parce qu'il me reste encore quelques croyances, mais ce n'est pas là mon seul crime; je leur ai dit, et cela m'a tué, qu'ils nous avaient pris, pour les admirer, les deux choses les plus ennuyeuses que nous eussions : le whist et Richardson. C'est parfaitement vrai et il ne leur manque plus que George Grenville pour rendre leurs conversations ou plutôt leurs dissertations les plus assommantes de la terre. Quant à lord Lyttelton, s'il voulait arriver ici et redevenir libre penseur, il passerait pour l'homme le plus agréable de France, côte à côte avec M. Hume, qui est *la seule chose* au monde dans laquelle ils aient une foi implicite, et ils ont raison, car je les défie de comprendre un mot de ce qu'il dit, en n'importe quelle langue. Si je pouvais me débarrasser de ma détestable et *anti-philosophique* envie de rire, je serais parfaitement heureux : on est ici très-poli et fort obligeant pour moi. Il y a plusieurs femmes extrêmement agréables, et même quelques hommes. Le duc de Nivernois m'a comblé d'amabilités et il n'a guère passé un seul jour sans venir me voir pendant ma réclusion. Les Guerchy sont, comme toujours, l'amitié en personne. Je me suis adonné aux soupers, n'aimant pas à dîner de bonne heure et encore moins à déjeuner avec de la viande : il n'y a qu'un malheur, c'est que dans certaines maisons on dîne et que dans d'autres on soupe.

Ma maladie m'a fait manquer les joies de Fontainebleau, *patienza!* ne nous plaignons pas si la goutte ne m'a privé de rien de mieux qu'une cour !

L'amie de M. Pitt, madame de Rochefort[1], est l'un de mes principaux attachements, et elle est vraiment charmante. Madame de Mirepoix me plait également beaucoup. Pour satisfaire mon admiration, j'ai madame de Monaco ; mais je ne crois pas que vous puissiez douter du goût de lord Hertford en matière de sensualité. La passion de March, la maréchale d'Estrées[2] est affectée, fantasque et pas du tout jolie. Les princes du sang vivent assez retirés ; ils ne vont pas une fois par semaine à Portsmouth ou à Salisbury et ne fournissent aucun autre article aux

---

[1] Marie-Julie-Thérèse de Brancas, veuve du comte de Rochefort, gentilhomme breton. Sans être d'une beauté hors ligne, elle avait un charme extrême, surtout quand elle s'animait dans la conversation. Douée de l'esprit le plus vif et le plus fin, on cite d'elle des mots frappés au meilleur coin. Walpole, qui fait d'elle le portrait le plus flatteur, en rapporte un fort joli dans une de ses lettres : on parlait de la princesse de Talmont, qui portait sur un bracelet d'un côté le portrait du duc d'York (le prétendant), et de l'autre la tête du Christ ; personne ne pouvait deviner le motif de ce rapprochement : « Comment! dit madame de Rochefort, n'ont-ils pas tous deux droit à la même devise : *Mon royaume n'est pas de ce monde?* » Madame de Rochefort avait aimé le duc de Nivernois dès son enfance, mais les parents du duc ne voulurent pas consentir au mariage, et il épousa la sœur du comte de Maurepas. Mais devenu veuf en 1782, il s'empressa d'offrir sa main à son *amie décente*, et ils se marièrent âgés tous deux de soixante-six ans ; la nouvelle duchesse de Nivernois ne jouit pas longtemps de cette union tardive, elle était déjà malade et mourut cinquante jours après son mariage.

[2] Mademoiselle de Puisieux, femme du maréchal d'Estrées qui gagna la bataille d'Hastembeck, pendant la guerre de Sept ans.

journaux. Leurs campagnes se bornent à tuer des sangliers et des cerfs ; deux ou trois cents par an. Adieu !

XIX

A L'HONORABLE H. S. CONWAY

Paris, 28 octobre 1765.

Cette lettre vous sera portée par un cocher anglais du comte de Lauraguais, qui l'envoie acheter des chevaux ; je vais donc vous écrire un peu *ministériellement* et vous étonner peut-être, si vous ne connaissez pas les choses sous le jour où je les vois.

Le dauphin n'a plus probablement que quelques jours à vivre. Sa mort, c'est-à-dire, la perspective prochaine de cet événement, comble de joie les philosophes, parce qu'ils craignaient qu'il n'essayât de rétablir les jésuites. Vous trouverez peut-être assez étrange que le sentiment des philosophes puisse devenir une *nouvelle d'État* ; mais ne savez-vous pas ce que c'est que les philosophes, ou ce qu'on appelle ainsi en France ? D'abord cette désignation comprend à peu près tout le monde, ensuite elle s'attache spécialement à des hommes qui, en déclarant la guerre au papisme, tendent, au moins beaucoup d'entre eux, au renversement de toute religion, et un plus grand nombre encore à la destruction du pouvoir royal[1]. Comment

---

[1] Madame Lebrun rapporte dans ses Mémoires qu'à cette même époque son père, le peintre Vigée, sortant d'un dîner de philosophes où se trouvaient

savez-vous cela, me direz-vous, vous qui n'avez encore passé que six semaines en France, dont trois renfermé dans votre chambre? C'est vrai, mais j'ai commencé par aller partout et je n'ai pas entendu parler d'autre chose ; depuis, j'ai reçu une foule de visites et j'ai eu des conversations longues et explicites avec beaucoup de ceux qui pensent comme je vous le dis, et avec quelques-uns de l'autre parti, qui ne sont pas moins convaincus que telles sont les intentions de ces philosophes. J'ai eu entre autres ici un soir deux officiers qui n'étaient jeunes ni l'un ni l'autre ; il m'a fallu toutes les peines du monde pour les empêcher d'en venir à une querelle sérieuse, et, dans la chaleur de la discussion, ils m'en ont appris beaucoup plus que je n'aurais pu en savoir en me donnant bien du mal.

La preuve que mes idées ne sont point de pures visions, c'est que je vous envoie un papier fort curieux[1], tel, je le crois, qu'aucun *magistrat* n'eût osé le produire, même à l'époque de Charles Ier. Je ne voudrais pas qu'on sût qu'il vient de moi, pas plus que les renseignements que je vous transmets, de sorte que, si vous croyez nécessaire de les communiquer à quelques personnes en particulier, je désire que mon nom ne soit pas prononcé. Je vous dis tout cela pour votre satisfaction personnelle, mais je ne voudrais pas qu'on pût supposer que je fais ici autre chose que me divertir ; ces divertissements, du reste, sont assez mélancoliques et consistent entièrement à tâcher de

Diderot, Helvétius et d'Alembert, paraissait si triste, que sa femme lui demanda ce qu'il avait : « Tout ce que je viens d'entendre, ma chère amie, répondit-il, me fait croire que bientôt le monde sera sens dessus dessous. » (*Souvenirs de madame Lebrun*, tome I, page 8.)

[1] Ce papier a disparu.

me remettre sur pieds, ce qui ne marche pas vite. Je ne puis encore porter que des souliers en étoffe ; je passe quelquefois toute une journée sur de l'eau chaude, et je ne suis jamais dans un état supportable avant midi ou une heure.

Je vous en prie, mettez les colonies en belle humeur : je les vois ardemment disposées en faveur de la nouvelle administration. Je n'ai pas le temps de vous en dire davantage, ni davantage à vous dire, si j'en avais le temps : ainsi, bonsoir ! Faites-moi savoir si vous avez reçu cette lettre, elle part après-demain. On me dit de plusieurs côtés que le duc de Richmond arrive cette semaine. Je vous ai écrit par M. de Guerchy ; on assure que d'Usson a l'ambassade de Pologne. Dites à lady Aylesbury que j'ai ici cinq à six petits paquets, dont l'un est pour elle : ce sont des dentelles et des rubans qui m'ont été laissés par lady Cecilia : mais le moyen de les envoyer, Dieu seul le sait !

Toujours à vous.

XX

A SIR HORACE MANN

Paris, 2 novembre 1765.

Avant de quitter l'Angleterre, j'avais pressé votre affaire de ruban[1] avec toute l'énergie dont je suis suscep-

---

[1] L'ordre du Bain.

tible ; j'ai renouvelé mes instances depuis mon arrivée ici et, il n'y a pas plus de trois jours, après avoir reçu votre avant-dernière lettre, j'ai écrit pour qu'on vous donnât un caractère diplomatique plus élevé. Je vous avoue que cela ne m'amusait pas à faire et je ne puis guère me flatter qu'on ait beaucoup d'égards pour mes démarches. En somme, j'ai quitté ceux qu'on appelle mes amis, j'en ai fini avec eux, j'ai refusé de retourner à leur parlement, puis-je raisonnablement demander ou attendre d'eux quelque faveur ?

Longtemps avant le changement de ministère, je m'étais résolu à me retirer du parti et de la politique, dès que j'en trouverais l'occasion. *Le hasard et mes amis* me l'ont procurée et je l'ai saisie : j'étais leur esclave, quand ils étaient sans place ; maintenant qu'ils en ont une, je ne veux plus l'être ni recevoir des ordres pour aller et venir exactement comme bon leur semblera. Réfléchissez alors, mon cher sir, sur quel crédit vous vous appuyez en réclamant le mien! Accordez-moi donc quelque mérite, puisque vous êtes la seule exception au serment que j'ai fait de ne pas demander plus de faveurs à cette administration qu'à la précédente. J'écrirai encore une fois sur ce que vous me dites de Viviani, plutôt pour satisfaire vous et ma conscience, qu'avec l'espoir du succès. Il faut me regarder désormais comme un homme qui, excepté pour son propre amusement, en a totalement fini avec le monde. Je le connais, mon cher sir, je le connais, je me moque de lui, je m'amuse de lui et je n'en suis pas pour cela de plus mauvaise humeur. Pour moi, tous les hommes se ressemblent, et comment être en colère contre tout le monde? Autrefois je me querellais avec ceux qui m'avaient trompé, aujourd'hui je suis devenu fort poli pour eux, je sais ce qu'ils valent, je ne me fie point à eux et je m'en soucie fort peu ; mais dans l'habitude de la vie, je me comporte avec eux comme par le passé. L'un est ingrat parce que c'est un coquin, l'autre, parce que c'est un homme vertueux, mais l'effet est le même. Dans le premier cas, l'homme est peut-être agréable, dans le second, il est probablement fort ennuyeux. Pourquoi donc en chercher deux autres, puisqu'il est possible que le second coquin ne me plaise pas autant que le premier et que le nouveau type de vertu soit aussi désagréable que l'autre.

Tel est mon système et je m'en trouve assez bien : mon caractère ne s'est point gâté pour cela et je voudrais bien qu'il en fût autant de ma santé. Depuis mon arrivée ici, j'ai eu une rechute et un nouvel accès de goutte qui m'a duré un mois ; je me traîne dehors à présent, mais j'ai perdu le beau temps et j'ai manqué beaucoup de choses curieuses à voir ; ce qui m'agace, c'est qu'on me dit que la goutte guérit toutes les autres maladies. Je n'en avais jamais eu d'autres et je sais que celle-là met bien du temps à se guérir elle-même, *à la charge de revenir*. A mon retour, en février ou en mars, selon le temps beau ou mauvais, je concentrerai à Strawberry le peu qui me reste de plaisirs et je serai assez heureux si je retrouve l'usage de mes membres. Je vous souhaiterais un Strawberry, d'où vous pussiez regarder d'en haut *les grandeurs* et les mortifications *des grandeurs* avec la même indifférence que moi. Quand on a passé des années à faire la cour aux rois et aux ministres, le comte Lorenzi [1] dé-

---

[1] Il venait d'être rappelé brusquement de son poste à Florence.

montre quelle en est la récompense! Le monde parle de les servir *fidèlement*, et pourquoi? Est-ce que je dois à une autre créature humaine plus que je ne me dois à moi-même? Quel est son titre à ma *fidélité?* Est-ce que ces mots insensés de *roi* et de *sujet* la rendent meilleure que moi et moi plus mauvais qu'elle? Elle me paye et je fais ses affaires; existe-t-il un autre lien entre elle et moi? Très-probablement elle est plus sotte, plus ignorante, plus vaine et plus égoïste que moi! Est-ce ces qualités-là, qui lui donnent droit à mon estime, à mon respect et surtout à des devoirs envers elle? Les regards furieux de ce fantôme boursouflé ont-ils le pouvoir de me mortifier? S'il me prive de mon emploi sans raison, il mérite ma haine; s'il me refuse ce qui m'appartient de droit, il est insensible au mérite, et par conséquent il ne me vaut pas. Je serais bien aise de savoir si pareille chose pourrait me mortifier? Un roi est établi pour ma convenance, c'est-à-dire pour la convenance de tout le monde, son pouvoir et sa richesse en sont les gages. Il a des ministres autour de lui, parce que cette machine si puissante n'est qu'un mortel pauvre et faible comme les autres mortels et qu'il ne peut faire la millième partie de sa besogne. C'est pour le même motif que les ministres ont des officiers sous leurs ordres; quelle respectable fabrique! Moquez-vous d'eux, mon cher sir, ou plaignez-les, s'ils essayent de faire tout ce qu'ils peuvent. Mais comme ce cas est fort rare, ne soyez pas mortifié, s'ils trompent votre espoir. Les dames *Nous voulons* [1] peuvent être vexées de ne

---

[1] La grande-duchesse de Toscane, Marie-Louise, avait fait une distinction entre l'ancienne et la nouvelle noblesse par une déclaration qui commençait par ces mots: *Nous voulons*, etc. De sorte que les dames appartenant à cette dernière catégorie avaient reçu le sobriquet de Dames *Nous voulons*.

pas dîner avec une princesse, qu'elles n'ont jamais vue auparavant ; ce serait un bonheur pour moi, qui pense que régner dans sa chambre est une dignité suffisante pour un homme raisonnable. Je souhaite que ma philsophie, quelle qu'elle soit, ait une certaine valeur à vos yeux, et je crains bien que ce ne soit là le seul service que je puisse vous rendre, mais il sera grand s'il produit son effet : votre esprit se calmera ; c'est la seule chose réellement importante. Adieu !

XXI

AU MÊME

Paris, 13 novembre 1765.

Vous avez appris la mort du duc de Cumberland[1], qui a réveillé beaucoup d'inquiétudes en Angleterre et donné l'idée d'un rapide changement. Le roi a assuré les ministres actuels que cet événement n'amènerait aucune modification, et vous pouvez bien croire qu'ils sont enchantés de cette promesse. Les idées de l'opposition sont fort di-

---

[1] Guillaume-Auguste, duc de Cumberland, fils du roi George II, était né en 1721. Il avait commandé l'armée anglaise en Allemagne contre les Français, mais, comme le dit Walpole dans les Mémoires du règne de George III, il avait été battu partout, excepté à Culloden, où sa victoire amena la ruine du prétendant Charles-Édouard. Après avoir vécu en assez mauvaise intelligence avec son neveu George II, au commencement de son règne, il se réconcilia avec lui et contribua puissamment à l'avénement du ministère à la tête duquel fut placé le marquis de Rockingham et dont M. Conway faisait partie.

verses ; quelques-uns pensent que le lien qui les réunissait est rompu ; d'autres, au contraire, qu'ils en seront d'autant plus forts, parce que ceux qui détestaient le duc personnellement seront prêts à se joindre à eux. Je ne partage aucune de ces opinions : cette association forcée entre un oncle et un neveu, qui se sont haïs si longtemps, n'était pas une union réelle ; ils s'étaient rencontrés dans un centre d'animosités contre l'ancien ministère, et tant que celui-ci subsistera, la vie ou la mort du duc restent parfaitement indifférentes. D'un autre côté, si quelques-uns sont disposés à se rattacher à l'opposition, je pense qu'ils étaient déjà prêts à le faire ; la haine *politique*, à l'époque où nous sommes, est moins prédominante que les intérêts *politiques*. Cela peut, en résumé, ouvrir la porte à un système plus large, qui naîtrait uniquement de cette circonstance même qui fait qu'on en parle, mais je crois aussi que la base en restera à peu près ce qu'elle est.

Il y a, paraît-il, une véritable épidémie sur les princes ; l'empereur don Philippe et le duc de Cumberland sont morts ; le prince Frédéric, le plus jeune frère de notre roi, est au dernier degré de la consomption, et ici nous attendons à tout moment la mort du dauphin. Il a reçu l'extrême-onction, il y a deux jours, et on a récité pour lui les prières des *quarante heures*, car ici on meurt même en cérémonie, quoique peu de gens aient d'autre prétention que celle de jouer cette *farce* ; quelques-uns même ne vont pas si loin. Le prince est fort à plaindre ; voici comment il a, dit-on, exprimé son sentiment sur sa propre destinée : « *Mourir à trente-six ans, dauphin de France, sans avoir joui de la vie, ni fait de bien à per-*

sonne! » S'il a vraiment ressenti cette dernière pensée, sa mort sera une perte réelle.

15, au soir.

J'arrive de chez le duc de Richmond [1] dont l'audience avait été retardée à cause de l'état du dauphin. Il a reçu ce soir un courrier pour lui donner un rendez-vous à Fontainebleau après-demain, le dauphin se trouvant ce qu'on appelle un peu mieux. Nous pensions qu'il était mort, parce que tous les chevaux de la poste étaient retenus et que personne n'est autorisé à revenir de Fontainebleau, la cour pouvant, à tout moment, être obligée de s'éloigner. Pendant ce temps-là, Paris est une solitude *fort triste*, mais bien assez gaie pour moi qui commence à pouvoir marcher. Les Anglais, qui sont ici par troupeaux, ne prennent pas beaucoup à cœur toutes ces morts royales. Le duc de Beaufort a donné un bal avant-hier soir, dans l'hôtel où je loge. Nous n'y étions pas moins de quarante-huit. J'ai été forcé d'y assister dans mon propre intérêt, et d'y rester le plus tard possible, n'ayant au-

---

[1] Ce n'était pas la première fois que le duc de Richmond avait une audience du roi : il lui avait déjà été présenté en 1763. Voici comment Walpole racontait à sir Horace Mann cette présentation : « Vous savez que Louis XV est étonnamment timide avec les étrangers, maladroit dans ses questions ou trop familier. Aussi, lorsque le duc de Richmond lui fut présenté, il lui dit : « *Monsieur le duc de Cumberland boude le roi, n'est-ce « pas ?* » Le duc resta confondu, le roi insista : « *Il le fait, n'est-ce pas « vrai ?* » Le duc fit une réponse heureuse : « *Ses ministres quelquefois, « sire, jamais Sa Majesté.* » Cela ne l'arrêta pas : « *Et vous, milord, quand « aurez-vous le cordon bleu ?* » George Selwyn qui était derrière le duc, lui dit tout bas : « Répondez que ce sera quand vous pourrez. » Le roi dit à lord Holland : « *Vous avez fait bien du bruit dans votre pays, n'est-ce « pas ?— Sire,* répondit aussi très-bien lord Holland, *je fais tout mon pos-« sible pour le faire cesser.* »

cune chance de fermer l'œil, à moins d'être éreinté, et j'ai réussi. A vrai dire, je ne suis ici que pour éviter d'être en Angleterre, et la manière dont je passe mon temps m'est assez indifférente. Quand j'aurai rompu avec la politique et que j'en aurai donné la preuve, je retournerai dans mon château et j'y resterai tranquille.

Le colonel Barré est arrivé hier soir, après avoir envoyé devant lui, en Angleterre, le refus de la place de vice-trésorier d'Irlande. J'ai dîné avec lui hier, et je ne l'ai pas trouvé aussi déterminé à ce refus qu'il l'avait cru lui-même. Je ne m'étais pas encore rencontré avec lui dans un salon ; ses manières sont vulgaires, mais cela ne m'a point surpris. Wilkes est ici également avec les mêmes allures et moins de talents : on aime à voir les hommes que la postérité regrettera de n'avoir point connus ; supprimez cette curiosité et vous trouverez ordinairement que ces hommes ne sont pas de ceux qu'on se plairait à voir souvent. Le soleil de Wilkes se couche ; je crois que c'est maintenant le tour de celui de Barré.

Combien je souhaite, mon cher sir, que votre nouvelle cour vous rende l'existence agréable et ne soit la cause d'aucune mortification pour vous ! Cela pourrait arriver, car le propre des cours est de remplir les moments de la vie, sans y rien ajouter pour l'ennoblir. Quand on réfléchit à la quantité de cours qu'il y a et qu'il y a eu, aux intrigues et aux vexations sans nombre dont elles ont été la source et combien peu elles méritent ou ont mérité l'estime passée, présente et future, peut-on s'empêcher de faire leur compte et d'en rejeter ensuite la pensée avec dégoût ? Je regarde la multitude de ceux qui attachent de l'importance à ces grandeurs, comme autant de vieux

Brantômes qui notent, en les admirant, chacun des fiers seigneurs et chacune des dames galantes devant lesquels ils se sont inclinés dans la salle des gardes. Moquez-vous d'eux et vous n'en serez que plus heureux.

P.-S. — Milady Orford a perdu son second mari. Essayera-t-elle d'un troisième ? ou un troisième se fiera-t-il à elle ?

XXII

A M. GRAY[1]

Paris, 19 novembre 1765.

Vous êtes bien aimable de vous informer si particulièrement de ma goutte ; mais prenez garde ! vous avez attaqué là un sujet brûlant et je pourrais parler goutte pendant une heure. C'est un cruel désappointement, après m'être condamné aux privations et à la diète la plus dure : rien n'y a fait. Vous m'envoyez des conseils, je les crois bons ; mais je tiens toujours à mon régime,

---

[1] Le poëte Thomas Gray, né à Londres en 1716, avait été élevé avec Walpole au collége d'Eton, où ils se lièrent d'une étroite amitié. Au sortir de Cambridge, ils partirent ensemble pour Paris d'abord et ensuite pour l'Italie. Là, après un séjour de plusieurs mois, une discussion s'éleva entre les deux voyageurs sur un sujet assez insignifiant, et Gray se sépara de Walpole dans d'assez mauvais termes, quoique ce dernier lui eût rendu de nombreux services. Ils restèrent brouillés pendant quelques années, mais en 1744, leur ancienne amitié se renoua, et le premier ouvrage qui sortit des presses de Strawberry-hill fut les deux belles odes de Gray sur *le Printemps* et sur *le Collége d'Eton*. Gray mourut en 1771, et Walpole montra dans ses lettres un vif chagrin de la mort de son ami d'enfance.

bien que je n'en aie pas tiré grand avantage. Je ne veux pas du reste voir un médecin, puisque je peux me *charlataniser* moi-même aussi hardiment qu'un charlatan de profession peut le faire pour les autres. J'ai bien ri de votre idée de recette de *qualité*, tant elle arrive *à propos* : ici il n'y a pas un homme ni une femme qui ne soit une excellente garde-malade et qui ne parle gruau et anatomie avec autant d'aplomb que d'ignorance. En voici un exemple : madame de Bouzols, fille du maréchal de Berwick, m'a assuré qu'il n'y avait rien de si bon pour la goutte que de conserver les rognures de ses ongles dans une bouteille hermétiquement bouchée. Si jamais je veux essayer d'un talisman mémorable, je donnerai la préférence à celui-là.

Assez de goutte comme cela : je veux seulement vous dire qu'étant parfaitement décidé à ne pas risquer une rechute par trop de hâte, je resterai ici jusqu'à ce que je sois parfaitement remis et que la saison chaude soit revenue ou sur le point d'arriver. Les charmes de Paris sont pourtant sans le moindre attrait pour moi et ne me retiendraient pas une heure pour leur propre compte. Quant à la ville elle-même, je ne puis pas comprendre où j'avais autrefois les yeux ; c'est bien la plus laide et la plus sotte ville de l'univers. Je n'ai pas vu, en dehors d'elle, grand comme la langue de verdure ; il n'y a de vert que leurs treillages et leurs persiennes. Des arbres taillés en forme de pelle et fichés dans des piédestaux de craie ; voilà ce qui compose leur paysage. Le savoir-vivre, dont ils sont si fiers, se réduit à parler de leur souper et de toutes les maladies qu'ils ont autour d'eux ou qu'on leur a racontées. Le dauphin est à la mort : chaque matin, les médecins rédigent un compte rendu de son état, et bienheureux sont ceux ou celles qui peuvent exhiber une copie de ce mensonge, qu'on appelle un *bulletin!* L'avant-dernier soir, on en a produit un dans un souper où j'étais ; on l'a lu et il disait que le prince avait eu une *évacuation fétide*; je vous en demande pardon, quoique vous ne soyez pas à souper. La vieille dame chez qui nous étions, tout à fait aveugle, par parenthèse, mais très-aimable, et qui a été pendant quinze jours la maîtresse du Régent, s'est écriée : « Oh ! mais on a oublié de mentionner qu'il a renversé son pot de chambre et qu'on a été obligé de le changer de lit. » Là se trouvaient réunies plusieurs dames du plus haut rang, telles que madame de la Vallière, dont vous vous souvenez comme duchesse de Vaujours, et qui est encore merveilleusement jolie malgré ses cinquante-trois ans, madame de Forcalquier, qui est fort belle, et d'autres encore : cette conversation ne paraissait avoir rien d'extraordinaire.

Leur gaieté vaut leur délicatesse ; mais en voilà assez, il me suffira de vous dire qu'ils ne ressemblent plus à ce qu'ils étaient. Peut-être sont-ils en train de devenir sages, mais le point intermédiaire est la sottise. Il y a plusieurs femmes agréables et même quelques hommes ; mais, en général, ces derniers sont aussi vains qu'ignorants. Les *savants*, je leur demande pardon, les *philosophes* sont insupportables, superficiels, arrogants et fanatiques : ils ne font que prêcher, et leur doctrine avouée est l'athéisme; vous ne pourriez croire à quel point ils se gênent peu. Ne vous étonnez donc pas si je reviens tout à fait jésuite. Voltaire lui-même ne les satisfait point. Une de leurs dévotes disait de lui : « *Il est bigot, c'est un déiste.* »

J'aime aussi peu leur goût dans les bagatelles : Crébillon est tout à fait démodé, et Marivaux est devenu un proverbe : *marivauder* et *marivaudage* ne s'appliquent qu'à ce qui est prolixe et ennuyeux. Je nous croyais bien déchus, mais ils le sont dix fois plus que nous. Malgré tout cela, j'ai trouvé deux ou trois sociétés où je me plais : je me divertis de la nouveauté de ce que je vois et je serais désolé de n'être pas venu. La Dumesnil est, si c'est possible, encore supérieure à vos souvenirs. Je regrette de ne pas voir la Clairon, mais plusieurs connaisseurs, dont le jugement est sûr, aiment mieux la première. Préville est admirable dans le bas comique. Le mélange sur le même théâtre de la comédie italienne et des opéras-comiques, assez joliment écrits et adaptés à la musique italienne, produit un effet charmant, et il a beaucoup plus de succès que l'opéra et la comédie française : la salle de cette dernière est rarement pleine, malgré tout son mérite. Les *petits-maîtres* sont surannés comme nos lords Foppington : *tout le monde est philosophe.* Quand je me sens trop las de cette démence, je me retire à la Chartreuse, où je suis tenté de préférer Lesueur à tous les peintres que je connais. Mais que d'anciens trésors ont revu le jour depuis qu'on les a exhumés du Louvre, pour les placer dans le nouveau garde-meuble de Versailles ! La place me manque malheureusement pour vous dire tout ce que j'ai vu. Je garderai ce chapitre et bien d'autres pour Strawberry. Adieu et merci !

Le vieux Mariette[1] m'a montré une gravure de Diepen-

---

[1] Pierre-Jean Mariette, célèbre amateur d'objets d'art, était né à Paris

becke, qui représente le duc et la duchesse de Newcastle à table avec leur famille ; vous me feriez plaisir de regarder dans toutes les œuvres de Leurs Grâces, pour voir si ce ne serait pas le frontispice de l'une d'elles. Mais quel admirable Petitot Mariette possède aussi ! C'est le portrait de madame d'Olonne : la Pompadour lui en a offert cinquante louis ; hélas ! j'en ferais bien autant [1].

le 7 mai 1694 d'une famille de graveurs éditeurs fort connus ; il mourut le 10 septembre 1774. Après avoir voyagé en Italie et en Allemagne, où le prince Eugène l'employa à classer ses magnifiques collections, il revint s'établir à Paris et acheva d'y former un riche et précieux cabinet. Il réunit entre autres la plus belle collection de dessins et de gravures qui ait jamais existé. Il était devenu l'un des contrôleurs généraux de la grande chancellerie. Mariette a laissé plusieurs ouvrages intéressants sur les arts : à soixante-dix ans il lui prit fantaisie d'étudier la langue anglaise, afin de pouvoir traduire et commenter les *Anecdotes of painting* d'Horace Walpole.

[1] Walpole devint plus tard l'heureux possesseur de cette miniature sur émail, à la vente après décès du savant Mariette. Ce fut madame Du Deffand qui le lui apprit dans sa lettre du 12 décembre 1775 : « J'ai madame d'Olonne entre les mains : vous voilà au comble de la joie, mais modérez-la, en apprenant que les galants ne la payaient pas plus cher de son vivant que vous ne la payez après sa mort ; elle vous coûte 3,200 livres. Est-il possible que vous ayez donné un pouvoir aussi illimité à votre brocanteur? C'est M. le prince de Conti, a-t-il dit, qui a si extravagamment poussé ce bijou » Cette précieuse miniature fait maintenant partie du musée Kensington.

XXIII

A GROSVENOR BEDFORD, ESQ.

Paris, 20 novembre 1765.

Cher monsieur,

J'aurais désiré vous voir convaincu que vous n'aviez pas besoin pour m'écrire de l'occasion d'une affaire. Je suis toujours heureux d'avoir de vos nouvelles et de recevoir vos lettres.

Après une quinzaine de jours passés ici, j'ai pris froid et la goutte m'est revenue aux deux pieds et à l'œil, mais ce qui m'a causé encore plus de souffrance, c'est un mal continu d'estomac qui m'a fait prendre la nourriture en horreur, à ce point que je n'ai pu en supporter d'aucun genre pendant plus de deux jours. Dieu merci, au bout de six semaines tout cela a disparu et mon appétit est de retour ; mes pieds et mes jambes enflaient tellement toutes les nuits que j'ai craint de voir la faiblesse persister; mais elle s'en est allée aussi et pour l'instant je n'ai plus à me plaindre de rien. Je souhaite que vous soyez quitte à aussi bon marché que moi de cet affreux malaise ;

---

[1] Walpole était, depuis l'âge de vingt ans, pourvu d'une sinécure qui lui rapportait, bon an mal an, de dix-huit cents à deux mille livres sterling et souvent plus : c'était la charge d'huissier de l'échiquier. Elle consistait à se tenir de garde aux audiences du premier lord de la trésorerie, avec l'autorisation de prélever un droit sur chaque visiteur, et, ce qui était le plus avantageux, de fournir d'après un tarif assez élevé le papier et les objets de bureau nécessaires à l'échiquier. Walpole, bien entendu, ne remplit jamais ces fonctions ; il s'y faisait remplacer en partageant les bénéfices avec son *député*. C'était alors M. Grosvenor Bedford, qu'il avait choisi pour son suppléant le 21 août 1755. Il mourut en novembre 1771.

malgré les douleurs cruelles qu'elle m'inflige, la goutte ne me laisse aucune trace.

Je vous prie de garder l'argent jusqu'à mon retour, qui aura lieu à la fin de l'hiver ; je suis devenu un grand poltron et je n'ose pas me mettre en route par le mauvais temps. Je n'ai pas moins peur de la chambre des Communes, étant persuadé que de trop longues séances me ramèneraient cette même goutte, qui m'effraye au delà de toute expression. La même crainte m'empêchera de pousser plus loin dans le midi : quel bonheur de me retrouver encore une fois chez moi ! Adieu, cher monsieur et croyez-moi toujours, votre très cordialement affectionné.

XXIV

A LA TRÈS-HONORABLE LADY HERVEY

Paris, 21 novembre 1765.

Madame Geoffrin m'a remis un paquet pour Votre Seigneurie, avec deux sacs à nœuds que je vous enverrai par la première occasion qui me paraîtra sûre, mais je n'entends parler que de difficultés ; elles me sauveront, je crois, de la peine de me ruiner ici, puisqu'il ne me sera permis d'emporter en Angleterre aucune acquisition. J'aurai donc fait ici un voyage à peu près infructueux, si je ne puis ni jeter mon argent par la fenêtre ni sauvegarder ma santé. A présent la goutte s'en est allée, on a balayé ma maison et je l'ai rendue aussi propre que j'ai pu, ce qui n'est pas chose facile dans ce pays-ci, mais je vis toujours dans la crainte d'y voir rentrer *sept esprits pires que le premier*. La terreur que j'éprouve d'une rechute m'a empêché de presque rien voir. L'humidité et les brouillards sont aussi forts et aussi fréquents ici qu'à Londres, mais il fait aujourd'hui une petite gelée et je commencerai demain mes dévotions. Il n'est pas de mode de visiter les églises, mais je suis de la *vieille cour* et je prie Votre Seigneurie de croire que je n'ai nulle prétention de jeunesse. La duchesse de Richmond me dit qu'en Angleterre on a débité mille folies sur mon compte, et elle assure que ma personne est fort prisée ici. Je ne puis empêcher qu'on ne forge des histoires, mais les Français n'ont pas perdu les yeux, ni moi le sens commun. Squelette je suis né, squelette je suis, et la mort n'aura aucune peine à me rendre tel. Je n'ai rien changé à mon costume et c'est là une question que je n'ai certainement pas étudiée en Angleterre. Si je pouvais avoir des idées aussi ridicules que celles qu'on me prête, la goutte est un moniteur trop sincère pour me laisser sous de pareilles illusions. Je vous en prie, madame, répétez mes paroles à lord et à lady Holland. Ils ont entendu ces contes frivoles et ils connaissent tant de mes folies que je serais désolé de leur en laisser croire plus qu'il n'y en a. Si tout cela vient de madame Geoffrin, qui m'appelle en plaisantant le nouveau Richelieu, je vous dirai tout bas que je ne ressemble en rien à ce dernier, si ce n'est par les rides.

Votre Seigneurie a bien raison de renoncer à lire de la politique ; je n'ai jamais jeté un coup d'œil sur les lettres politiques qui arrivent ici par les *Chronicles*. Elles m'ennuyaient à mourir avant mon départ et peut-être ne me serais-je pas mis en route, si je n'avais été aussi blasé sur elles et sur tout ce qu'elles concernent. Que n'écrit-on des ballades et des épigrammes ? *A la bonne heure!* mais de sottes injures personnelles en prose, quel ennui! Une invective sérieuse écrite contre un *pickpocket* ou par un *pickpocket,* qui peut être assez désœuvré pour la lire?

Le dauphin continue à s'éteindre et retient tout le monde à Fontainebleau. Il y a ici un peu de bruit au sujet du parlement de Bretagne, mais vous devez bien supposer, madame, que si je suis fatigué des tracasseries de Londres, ce n'est pas pour m'intéresser à celle de Hull ou de Liverpool. Si le duc de Chaulnes[1] commandait à Rennes ou si Pomenars était mis en prison, cela piquerait un peu ma curiosité. Vous me faites tort en pensant que j'aie pu citer en plaisanterie un texte de *ma sainte;* au contraire je suis, à son égard, un si fervent bigot, que si elle avait pu dire une absurdité, j'en viendrais, comme tout autre bigot, à la croire inspirée.

Il n'y a personne à Paris, et dans cette saison, il ne paraît rien de nouveau. Je ne puis envoyer à Votre Seigneurie qu'un fort joli logogriphe, composé par madame Du Deffand, cette vieille aveugle que vous connaissez peut-être, mais dont vous avez certainement entendu parler. Je soupe très-souvent chez elle et elle me l'a donné hier soir. Il faut que vous le deviniez :

> Quoique je forme un corps, je ne suis qu'une idée,
> Plus ma beauté vieillit, plus elle est décidée;
> Il faut pour me trouver, ignorer d'où je viens;
> Je tiens tout de celui qui réduit tout à rien[2].

[1] Comme au temps de madame de Sévigné
[2] Le mot est : *Noblesse.*

Lady Mary Chabot s'informe souvent de vous : vos deux autres amies ne sont pas encore de retour à Paris, mais j'ai déjà reçu plusieurs messages obligeants de la duchesse d'Aiguillon.

Je suis charmé de voir que vous ne me dites pas un mot de votre goutte; j'en ai toujours pour vous une peur affreuse, car vous faites subir à sa patience les plus rudes épreuves, surtout en restant trop tard à la campagne, ce qu'elle déteste, comme vous savez. Mon Dieu! elle a tellement abattu mon courage, que je la crois capable de me faire quitter Strawberry à la première sommation : elle m'a défendu le thé et j'ai obéi; c'était là, je vous assure, un des points les plus difficiles à régler avec moi. Tâchons de nous bien porter tous les deux, madame, et de n'avoir jamais de *missive goutteuse* à échanger.

Je suis, de Votre Seigneurie, le plus fidèle et le plus humble serviteur.

XXV

A GEORGE MONTAGU, ESQ.

Paris, 21 novembre 1765.

Ne soyez point surpris si mes lettres vous arrivent longtemps après leur date; je les écris à mon loisir et je ne les envoie que quand je puis découvrir quelque Anglais partant pour Londres, afin de ne pas rester en échec si elles devaient passer à la fois par les postes françaises et anglaises.

Votre lettre à madame Roland et les livres qui lui sont destinés vont partir en toute sécurité dans un jour ou deux; mon libraire est de Reims et il connaît madame Roland *comme deux gouttes d'eau;* ceci n'est peut-être pas une comparaison fort à sa place, mais les Français ont la rage d'en employer toujours et pour celui qui est au courant de cette habitude, elle n'ajoute rien au sens.

La monotonie de mon existence ici est pire que tout, excepté la politique anglaise et la chambre des communes. J'ai toujours l'idée de voir plus de monde, plus de curiosités et plus de la Dumesnil. Le dauphin, qui n'est pas encore mort, retient toute la cour à Fontainebleau, où je ne veux pas m'aventurer, parce que le pays est fort humide et les logements abominables. Je n'ai encore presque rien vu, mais il faut absolument que ma curiosité soit satisfaite, car il est probable que je ne reviendrai jamais ici. Non, établissons-nous tranquillement et confortablement pour jouir de notre vieillesse qui approche. Oh! si vous vous décidiez à vous transporter à Rochampton, quel bonheur pour moi! Vous devez croire à une expérience de plus de trente ans et reconnaître que vous êtes du petit et très-petit nombre de ceux dont je me soucie réellement quelque peu. Vous savez combien j'ai longtemps souffert de vous voir si rarement. Qu'y a-t-il de mieux à faire, quand on est las du monde comme nous deux, que de se serrer de plus en plus près l'un de l'autre et de dépenser agréablement les restes de la vie, à côté des amis qui l'ont commencée avec nous! Les jeunes et les heureux ne s'occuperont ni de nous ni de nos vieilles histoires, et ils auront raison ; mais nous, nous ne nous fatiguerons pas l'un de l'autre, nous rirons ensemble, lorsqu'il n'y aura là personne pour rire de nous, et nous nous croirons toujours jeunes, quand nous ne verrons personne de plus jeune que nous. Rochampton est un délicieux séjour, à la fois joyeux et retiré. Vous vous promènerez dans votre chaise autour de Richmond Park et nous nous verrons aussi souvent que nous voudrons. J'irai de temps à autre faire une apparition à Londres et je vous en rapporterai les cancans : nous toucherons quelquefois une carte avec *la Clive*[1] et nous rirons tout notre content ; car je dois vous le dire, je souhaiterai la mort dès que je n'aurai plus personne pour rire avec moi.

Je n'ai encore rien vu, ni rien entendu de sérieux qui ne fût ridicule : les jésuites, les méthodistes, les philosophes, les politiques, l'hypocrite Rousseau, le railleur Voltaire, les encyclopédistes, les Hume, les Lyttleton, les Grenville, le tyran athée de la Prusse et le charlatan de l'histoire M. Pitt, tous ces gens-là ne sont pour moi que des imposteurs, chacun dans son genre. La renommée ou l'intérêt, voilà leur seul but, et après avoir vu toutes leurs parades, mon opinion est qu'un laboureur qui sème, lit son almanach et croit que les étoiles ne sont que des chandelles à un sou, créées uniquement pour l'empêcher de tomber dans les fossés, quand il regagne le soir sa cabane, est un être plus sage, plus raisonnable et certainement plus honnête qu'aucun d'eux. Oh ! je suis bien las des visions et des systèmes qui se heurtent et se repoussent, pour reparaître encore, comme les figures dans

[1] Catherine Clive l'actrice et sa voisine de Strawberry-hill.

un tableau à ressort. Plus je vois le monde, plus Rabelais brille pour moi d'un vif éclat; il le traite comme il le mérite, il rit de tout, et, comme j'en juge d'après moi-même, il cesse de le haïr, car la haine ne me paraît qu'une injustice. Adieu!

XXVI

A LA TRÈS-HONORABLE LADY HERVEY

Paris, 28 novembre 1765.

Eh quoi! encore une lettre! Oui, oui, madame. Bien que je sois au fouet et à l'éperon, il me faut essayer d'élever mes remerciments à la hauteur de vos faveurs : pour toute autre forme de reconnaissance, vous m'avez complétement distancé. Cette lettre est destinée à vous accuser réception de la duchesse d'Aiguillon[1]; vous estimerez

---

[1] Lady Hervey avait donné à Walpole une lettre de recommandation pour la duchesse d'Aiguillon, dont elle était l'amie depuis longtemps. C'était la mère du duc d'Aiguillon, qui remplaça au ministère le duc de Choiseul, par la faveur de madame Du Barry : elle était née Rohan-Chabot. Madame Du Deffand a fait d'elle un portrait qui est tracé de main de maître; nous ne pouvons résister à la tentation d'en reproduire quelques traits : « Madame la duchesse d'Aiguillon a la bouche enfoncée, elle a le regard fol et hardi, et malgré cela elle est belle. L'éclat de son teint l'emporte sur l'irrégularité de ses traits. Sa taille est grossière, sa gorge, ses bras sont énormes. Cependant elle n'a point l'air pesant ni épais : la force supplée en elle à la légèreté. Son esprit a beaucoup de rapport à sa figure : il est pour ainsi dire aussi mal dessiné que son visage et aussi éclatant. . . . . Semblable à la trompette du jugement dernier, elle est faite pour ressusciter les morts : ce sont les impuissants qui doivent l'aimer, ce sont les

cette dette à la somme que vous voudrez : la duchesse est charmante, c'est la femme de qualité par excellence avec le caractère le plus enjoué. Pour prouver du reste à Votre Seigneurie que je suis sincère, que ma tête n'a pas tourné et que j'ai gardé encore quelques-uns de mes préjugés, je maintiens que la gaieté, n'importe ce qu'elle a pu être autrefois, n'est pas une fleur qui s'épanouisse dans ce pays-ci. Je proteste aussi que Paris peut produire des femmes de qualité que je n'appellerai pas des femmes à la mode, que je ne veux pas non plus accuser de vulgarité, le terme est trop dur, et qui cependant, par la grossièreté de leurs manières, mériteraient d'être traitées encore plus sévèrement. Malgré ces défauts, dont le dernier est énorme à mes yeux anglais, beaucoup de femmes sont excessivement agréables. Je ne puis pas en dire autant des hommes, toujours à l'exception du duc de Nivernois. Vous vous amuseriez un quart d'heure avec sa femme, c'est le duc de Newcastle mis à sa vraie place, c'est-à-dire qu'elle ne cesse de caqueter sur la dévotion, en prenant le diable à partie, afin de pouvoir disposer de certains évêchés dans l'autre monde.

---

sourds qui doivent l'entendre. » Elle était aussi d'un caractère passablement emporté quoiqu'elle s'apaisât facilement. Walpole raconte que lord et lady Holland étant à Paris en 1763, et désirant assister aux fêtes qui eurent lieu pour la paix, la duchesse leur donna des billets pour l'une des meilleures loges d'où l'on pouvait voir le feu d'artifice et les y mena dans son carrosse. En arrivant, il se trouva que lord Holland avait oublié les billets, voilà la duchesse dans une véritable rage et, *sans marchander*, injuriant si grossièrement lord Holland, que sa femme rougit et ne voulut plus lui parler. Non contente de cela, quand le laquais ouvrit la portière, la duchesse s'écria à deux reprises différentes devant toute la cour : « *C'est une des meilleures têtes de l'Angleterre et voici la bêtise qu'il a faite !* » Il rit, et le lendemain, elle reconnut ses torts et s'excusa. La duchesse d'Aiguillon mourut d'apoplexie en juin 1772.

On attend aujourd'hui madame d'Egmont[1], ce qui va me mettre encore en retard avec vous. Je ne sais comment cela se fait ; mais si, je le sais : il est tout naturel d'abuser de la bonté et je fais comme le reste du monde, en abusant de la vôtre, qui est la plus grande que je connaisse. Outre que vous êtes la meilleure amie qui existe, vous êtes aussi, madame, la meilleure *commissionnaire* qu'on puisse trouver. Vous savez tout comprendre, depuis l'amitié jusqu'aux ciseaux : le modèle ci-joint m'a été confié pour en avoir deux paires aussi bien faites que possible : je rougis en vérité de mon impertinence. Cependant, toute la peine que j'entends donner à Votre Seigneurie ne consiste qu'à envoyer votre valet les commander, en même temps qu'une autre paire de la grandeur ordinaire à l'usage d'une dame ; il faut que cette dernière soit aussi exécutée avec tout le soin imaginable, pour l'honneur de l'acier d'Angleterre.

Les deux sacs à nœuds de madame Geoffrin sont partis il y a deux jours, par l'occasion d'un ecclésiastique ; nous avons concerté ensemble toutes les manœuvres, qu'il lui faudra mettre en jeu, pour éluder la vigilance des employés de la douane. J'envoie aussi à Votre Seigneurie *l'Orpheline léguée*[2], qui devait être d'abord intitulée *l'Anglomanie :* c'est seulement à cause de cela que je vous l'adresse. C'est une pièce qui n'a ni grand mérite ni grand succès, puisqu'elle n'a eu que cinq re-

---

[1] La comtesse d'Egmont, fille du maréchal de Richelieu. C'était une des femmes les plus belles, les plus aimables et les plus généralement aimées de son temps. Elle avait de l'esprit, mais surtout du cœur et de la bonté : deux qualités dont son père était complétement dépourvu.

[2] Comédie en trois actes et en vers libres de Saurin. Elle avait été jouée avec quelques succès à Fontainebleau, mais elle tomba à Paris pour ne plus se relever. — *Mémoires de Collé*, tome III, page 214.

présentations, mais il n'y a pas autre chose de nouveau.

L'état du dauphin est toujours languissant et désespéré et il le supporte avec autant de sang-froid que de fermeté. Quelqu'un lui ayant donné la *Préparation à la mort*[1], il dit : « *C'est la nouvelle du jour.* » Je n'ai plus rien à ajouter, sinon ce que j'ai toujours à vous dire, madame, depuis le commencement de mes lettres jusqu'à la fin, c'est que je suis, de Votre Seigneurie, le plus obligé et le plus dévoué serviteur.

28 novembre, 3 heures.

O madame, madame, madame, que croyez-vous que j'aie trouvé, depuis que j'ai écrit ma lettre ce matin? J'en perds la tête. Rien est-il comparable à mon bonheur! Il ne m'abandonne jamais! J'ai trouvé le portrait du comte de Gramont[2]. Ce jour sera désormais une fête pour moi. J'étais allé aux Grands-Augustins pour voir les tableaux qui représentent la réception des chevaliers du Saint-Esprit; on m'a mené dans une pièce remplie de leurs portraits et je cherchais Bassompierre, lorsque mon *laquais de louage* ouvrit une porte et me dit : « Il y en a encore ici. » Le premier qui frappa mes regards, ce fut Philibert, comte de Gramont. Il est vieux et nullement beau, mais il y a dans toute sa mine une finesse étonnante. Je n'aurai pas de repos maintenant que je n'en aie la copie; quand même je n'aurais rien fait, ni rien vu de plus ici, je n'en serais pas moins ravi de mon voyage.

[1] Livre de dévotion.
[2] On sait que Walpole avait imprimé à Strawberry-hill une édition in-4°. des *Mémoires du comte de Gramont*, par Hamilton.

XXVII

A L'HONORABLE H. S. CONWAY

Paris, 29 novembre 1765.

Le duc de Richmond me dit que Choiseul a tout promis ; je souhaite que cette promesse soit exécutée *et promptement* : cela vous permettrait d'ouvrir le parlement avec un grand *éclat*. Mon opinion, vous le savez, est que le moment est venu de les pousser et d'obtenir.

Merci pour tout ce que vous me dites de ma goutte. Nous avons eu huit jours d'une gelée très-forte qui m'a fait grand bien. Mon enflure de jambe a disparu, mais ce dont je me suis encore mieux trouvé, c'est d'avoir abandonné le thé, auquel je devais ma faiblesse d'estomac, puisque je ne m'en suis plus ressenti depuis. Bref, je me crois guéri de tout, excepté de ma peur. Vous parlez bien froidement d'aller aussi loin que Naples et vous me proposez de vous y accompagner, mais je ne me déciderais pas à faire un pareil voyage, quand même Naples serait la route directe pour aller à la nouvelle Jérusalem. Je n'ai d'autres pensées ni d'autres désirs que de retourner chez moi et d'y être tranquille pour le reste de mes jours ; ce que je ferai dès que la saison me le permettra, et si je puis regagner Londres, je ne serai guère tenté de coucher une autre fois dans une auberge. J'ai refusé d'aller à Aubigné quoiqu'on ne dût s'arrêter qu'une nuit en route : vous devinez combien j'ai souffert, d'après la peur qui m'en est restée. Me voici pourtant revenu à mon système d'eau, essayant de regagner ma vigueur, mais rien n'a encore pu m'adoucir envers les médecins.

Vous voyez que je vous ai répondu sérieusement, quoique j'eusse plutôt envie de sourire à votre proposition. Aller en Italie! Pourquoi faire? oh! pour quitter...! vraiment c'est là une idée aussi oiseuse que l'autre. Je vous en prie, restez où vous êtes. Faites quelque bien à votre pays, ou retirez-vous, quand vous ne le pourrez pas, mais ne vous mettez pas le doigt dans l'œil et ne soupirez pas trop après les vacances et les dragées de Park-Place. Vous êtes engagé, il faut marcher, sous peine d'être laissé en arrière. Pourriez-vous en dire la raison à tout le monde? Ne prétendrait-on pas que vous vous êtes trouvé incapable de faire ce que vous aviez entrepris? La patience me manque, en vous voyant de si oiseuses pensées ; elles se refléteraient sur votre intelligence et sur votre caractère ; ce serait un manque de résolution indigne de vous. Mon avis est qu'il vous faut demander le premier grand gouvernement qui vaquera, si vous ne voulez pas revenir à la tête de votre régiment ou agir honnêtement et vigoureusement où vous êtes. Les choses ne sont pas assez stables dans notre pays, pour vous laisser une longue perspective d'esclavage. Votre défaut est l'irrésolution. Puisque vous avez pris un parti, travaillez en conséquence, et si vous êtes renvoyé, votre retraite sera alors aussi honorable et plus satisfaisante que votre administration. Je vous parle avec franchise, comme me le dicte mon amitié pour vous. Ma manière de faire, quoique d'une nature toute privée, est la conséquence de ma doctrine. J'étais déterminé, quand même votre opposition l'emporterait, à renoncer à la politique et vous voyez que j'ai suivi ma résolution en venant ici. Cela doit vous convaincre que je dis toute ma pensée. Je ne vous demande pas de me pardonner, parce que je serais obligé de me le demander à moi-même, si je ne vous disais pas ce qui me paraît le mieux dans votre intérêt. Vous avez devant vous assez de vie et de Park-Place et vous n'avez pas eu cinq mois de goutte. Rendez-vous honorablement indépendant, ce que vous pouvez faire en acceptant un gouvernement, mais si vous voulez m'en croire, vous ne prendrez pas une place ministérielle, quand vous cesserez d'être ministre. Le premier de ces emplois est une récompense due à votre carrière et à vos services, l'autre serait une déchéance. Vous connaissez toute ma fierté et je vous conseille ce que je ferais moi-même.

J'envoie à lady Aylesbury *l'Orpheline léguée;* une assez sotte pièce, mais le sujet m'a fait penser que cette lecture l'amuserait. J'ai par-dessus la tête et les oreilles de la vente aux enchères du comte de Caylus[1] : j'en ai acheté la moitié pour avoir une chanson, mais je suis toujours le plus fortuné et le plus chanceux des mortels, car j'ai trouvé par pur hasard un portrait du comte de Gramont, après l'avoir cherché pendant quinze ans et après qu'on m'eut juré qu'il n'en existait point. *A propos,* je vous ai promis le mien, mais outre qu'il n'y a ici personne qui excelle à peindre les squelettes, sérieusement leurs pein-

---

[1] Anne-Claude-Philippe de Tubières, comte de Caylus, célèbre archéologue et écrivain distingué. Il était né en 1692 et mourut en 1765. Sa mère était la marquise de Caylus, auteur des charmants *Souvenirs* qui sont devenus classiques. Le comte de Caylus avait beaucoup voyagé et s'était occupé avec succès de peinture et de gravure. Il a laissé plusieurs écrits sur les antiquités et sur les arts, et des *Œuvres badines,* qui ont été recueillies en 1787.

tres sont détestables et aussi inférieurs à Reynolds et à Ramsay que Hudson l'est à van Dyk. J'attendrai jusqu'à mon retour. Adieu !

XXVIII

A SIR HORACE MANN

Paris, 30 novembre 1765.

Alleluia, monsieur l'envoyé ! J'allais mettre votre adresse avec ce titre, car si vos lettres de créance ne sont pas encore arrivées, comme je l'espère, j'aurais été le premier à vous notifier votre élévation ; mais je ne sais comment votre nouvelle cour le prendrait et j'ai retardé votre surprise jusqu'après l'ouverture de ma lettre ; cependant si elle traîne en route comme les précédentes, je perdrai toute patience. Le roi vous a donc nommé envoyé, et vous pouvez juger de ma joie de l'avoir obtenu par la vexation que je vous avais montrée dans la crainte de ne pas réussir. J'avoue qu'il y avait injustice de ma part à vous écrire que je me méfiais de tout le monde, à l'exception de M. Conway, et à croire que seul il pût faire ce que je désirais. Aussi ai-je éprouvé une satisfaction complète de pouvoir vous être agréable, sur un point qui vous tenait si fortement au cœur, mais, rappelez-vous-le bien, je ne rétracte pas mon sermon. Je pense absolument de même, qu'on a tort de faire reposer la paix de son âme sur les cours et sur les honneurs. Leurs joies sont éphémères, violemment contre-balancées par des déceptions, et vides lorsqu'on les possède. Je ne vous excuse donc pas d'avoir quelques unes de ces préoccupations, mais je me réjouis avec vous d'un triomphe, dont je vous rendrai la justice de croire que je suis plus heureux que vous. Il faut remercier M. Conway, comme si c'était à lui seul que vous dussiez tout. Je déteste qu'on parle de moi en pareil cas; je vous prie donc de ne prononcer mon nom à personne qu'à votre frère. Ce sera la dernière faveur que je demanderai. Mon plan a toujours été de n'être *personne*, et pour le reste de ma vie je serai encore plus *personne* que jamais.

A mesure que je me trouve mieux, je me reconcilie davantage avec ce pays-ci et pourtant je reviendrai chez moi au printemps. L'appréhension de la goutte rend aussi vieux que la goutte elle-même et vous guérit de toute perspective d'avenir ; il me faut donc abandonner celle que j'ai si longtemps caressée, d'aller vous voir à Florence et votre nouvel emploi m'enlève celle de vous retrouver en Angleterre. Si je n'avais consulté que mon intérêt, je vous aurais laissé dans l'embarras et vous seriez revenu ; heureusement je ne suis pas assez égoïste pour cela. J'ai appris aussi à ne pas baser ma vie sur les plaisirs ; ils ne sont pas de mon âge; je marche vers la vieillesse, il faut m'habituer à l'ennui et essayer de vivre aussi à mon aise que possible, dans un pays dont je n'aime pas les habitants. Ma gaieté pense que ce n'est pas là une tâche facile, mais à quoi peut servir la gaieté lorsqu'on n'a plus à ses côtés ceux avec lesquels on pouvait rire autrefois? Je ne me plais point aux nouvelles connaissances, parce que je ne puis avoir aucune confiance en elles. L'expérience et le temps élèvent, entre les plus âgés et les plus jeunes, une barrière qu'on ne peut franchir avec agrément et quoique ma tournure d'esprit ait envie de rester toujours jeune, je sens heureusement tout le ridicule de la jeunesse qui dure trop longtemps. J'aime mieux jouer un rôle contraire à ma nature qu'un rôle insensé ; je n'aime jamais d'ailleurs à en jouer aucun et si je m'en trouve trop las, je reviendrai ici pour changer de scène. Ce pays-ci est plus favorable au déclin de la vie que l'Angleterre, et d'ailleurs ce que fait un étranger est partout sans conséquence. Adieu, mon cher *envoyé*. Mes lettres ont un air fort grave, mais, en les analysant, vous les trouverez tout à fait folles.

1ᵉʳ décembre 1765.

J'ai reçu votre lettre du 14. Ma parole d'honneur, notre correspondance ne se presse guère : que fait-on de de vos lettres? Elles ne sont pas devenues plus importantes qu'elles ne l'étaient avant. — Bons maîtres de poste, secrétaires d'État, ou qui que vous soyez, recachetez promptement cette lettre-ci et envoyez-la : vous garderez la prochaine aussi longtemps que vous le voudrez. Si votre curiosité n'est pas satisfaite, après avoir lu les niaiseries que j'ai écrites à sir Horace pendant vingt-quatre ans, je n'ai rien à dire ; vous me faites trop d'honneur et j'espère que vous serez récompensés par vingt-quatre nouvelles années, à moins que sir Horace et moi nous ne nous rencontrions plus tôt. Je vous promets de continuer à lui écrire pour votre agrément.

Eh bien, donc, mon cher ami, vous êtes *envoyé* et j'espère que vous serez ravi de toute cette étiquette et de toutes ces cérémonies autrichiennes. Pour moi, j'en serais assez fatigué d'avance, pour renvoyer mes lettres de créance sans les ouvrir. Jusqu'à présent vous avez joui de tous les bénéfices de la vie des cours sans avoir de cour : certainement la coque valait mieux que l'amande.

XXIX

A GEORGE SELWYN[1].

Paris, 2 décembre 1765.

Mon cher George,

En retour des quelques lignes aimables dont vous avez chargé pour moi M. Beauclerk, je vous envoie toute une lettre; mais j'étais votre débiteur pour m'avoir cédé madame Du Deffand qui est charmante, c'est-à-dire aussi souvent que je puis la ramener à cinquante ans en arrière : malheureusement elle est aussi occupée de ce qui se passe tous les jours que moi du siècle dernier. Je soupe chez elle deux fois par semaine

---

[1] George-Augustus Selwyn, né en 1719, autre condisciple de Walpole à Eton, était fils de Mary Farringdon, femme de chambre de la reine Caroline et mariée au colonel John Selwyn, écuyer de la reine. L'esprit et les bons mots de George sont souvent cités dans la correspondance de Walpole, qui avait pour lui une sincère affection. Il venait fréquemment à Paris, où il avait été fort bien accueilli dans la société élégante d'alors et son nom revient souvent dans les lettres de madame Du Deffand. Il est mort en 1791.

et je supporte toute sa sotte compagnie en l'honneur du Régent. Je pourrais aller bien plus souvent chez elle, mais ma curiosité de voir tout le monde et toutes choses est devenue d'autant plus insatiable, que j'ai perdu plus de temps à rester dans ma chambre. J'ai été longtemps malade et plus longtemps encore à me remettre, perdant tous les deux jours le terrain que j'avais regagné. L'humidité et les brouillards, plus forts et plus fréquents, ne vous en déplaise, ici qu'en Angleterre, sont ma mort. Cependant c'est le pays par excellence pour y être malade et pour y vieillir. Le premier acheminement vers la mode, c'est de perdre un œil ou une dent. Quant aux jeunes gens, je présume qu'il y en a ici, mais impossible de deviner où ils existent; ce n'est pas que je m'en plaigne, c'est charmant d'arriver *clopin clopant* à la rogue. Si je pouvais courir toute la matinée, j'irais bien volontiers boiter le soir en bonne compagnie; on est si gracieux pour moi, on me dorlote tant, on est si obligeant en me laissant assis dans mon fauteuil, sans me lever pour offrir la main à personne; on remarque si peu que je ne suis qu'un squelette, que j'en arrive à les aimer infiniment et à trouver fort agréable la vie qu'on mène ici, ce qui n'était pas le cas dans les premiers moments. Il faut dire qu'alors il n'y avait pas une âme à Paris, excepté les philosophes, que j'aurais bien envoyés au ciel quoiqu'ils n'aient guère envie d'y aller : ils sont si insolents et si mal élevés!

Votre ancienne passion, la reine, a été d'une amabilité parfaite pour moi, à ma présentation. Elle est, depuis lors à Fontainebleau, soignant son fils, dont on attend la fin tous les jours, quoiqu'il soit de mode de ne pas l'avouer, comme s'il appartenait à l'immortelle maison de Brunswick. Madame Geoffrin est tout à fait telle que je me la figurais, seulement avec moins d'esprit et plus de bon sens que je ne m'y attendais. La duchesse d'Aiguillon est ravissante, franche, gaie, bonne et belle, avec une vraie dignité. Il existe une autre société dans laquelle je vais souvent et qui est tout à fait de mon goût, quoique fort différente de toutes les personnes que j'ai nommées, c'est madame de Rochefort et la coterie du Luxembourg. Ma plus nouvelle connaissance est M. de Maurepas, dont je me suis fort épris, quoiqu'il ressemble trop à feu lord Hardwicke. D'après le peu que je l'ai vu, je crois que nous aurions raison de remercier madame de Pompadour de sa disgrâce. J'ai dîné chez le marquis de Brancas avec le duc de Brissac et ses bas rouges ; bref, je crois que cet hiver passera fort gaiement pour moi, que M. Garrick et M. Pitt soient en scène ou non.

L'affaire du parlement de Bretagne et le projet de jugement par *commission* du fameux M. de la Chalotais, jugement contre lequel le parlement de Paris se déchaîne avec violence, voilà le grand sujet de discussion ; mais je connais trop ce dont il s'agit et nos parlements m'ont trop ennuyé, pour que je prenne quelque intérêt à ceux-ci. L'hôtel Carnavalet vous envoie ses bénédictions ; je ne passe jamais devant lui sans dire un *Ave Maria* de Rabutin-Chantal, *gratia plena*. L'abbé de Malherbe a donné des ordres pour que je pusse visiter Livry quand je voudrais. Dites-moi, je vous en prie, quel était le couvent de *nos sœurs de Sainte-Marie*[1] où notre amie allait le soir,

[1] Ce couvent était situé grande rue de Chaillot ; il est aujourd'hui démoli.

quand madame de Grignan partait pour la Provence.

J'oubliais de vous dire que je vais quelquefois chez le baron d'Holbach [1], mais j'ai planté là ses dîners : c'était à n'y pas tenir avec ses auteurs, ses philosophes et ses savants, dont il a toujours un plein pigeonnier. Ils m'avaient fait tourner la tête avec un nouveau système de déluges anté-diluviens, qu'ils ont inventé pour prouver l'éternité de la matière. Le baron est convaincu que *Pall-Mall* est pavé avec de la lave ou des pierres du déluge. En somme, folie pour folie, j'aime mieux les Jésuites que les philosophes. Y eut-il jamais deux hommes aussi pareils de leur personne et aussi différents de caractère que le docteur Gem [2] et Brand ? Une des premières fois que je vis le docteur Gem, il me dit : « Monsieur, je suis un homme sérieux, j'ai une tournure d'esprit très-sérieuse. » Oui vraiment !

Dites beaucoup de choses de ma part à lord March et à la *touffe ébouriffée* du chien de Rena. Le vieux président Hénault vous enverrait ses compliments, s'il se rappelait de vous ou de toute autre chose.

Lorsque nous nous retrouverons tous les trois ensemble à Strawberry, j'espère que je serai au moins capable de divertir M. Williams, mais jusque-là il vous faut suivre mes conseils. Madame Du Deffand prétend que j'ai le *fou*

---

[1] Le baron d'Holbach, né à Heidelsheim, dans le Palatinat, et établi à Paris, où il avait épousé mademoiselle d'Aine. Il s'est rendu célèbre par ses dîners philosophiques et par son *Système de la nature*, où il professe l'athéisme le plus absolu. Il est mort en 1789, à l'âge de 66 ans.

[2] Le docteur Gem était un médecin anglais, établi depuis longtemps à Paris, où il est mort, dans un âge très-avancé. C'était un philosophe matérialiste, qui devint républicain à l'époque de la révolution : cela ne l'empêcha pas d'être mis en prison à Versailles. — Voir les détails de sa captivité dans les *Mémoires de madame Elliott*, page 182.

moquer, et je ne me suis pas fait peu de tort en riant du whist et de Richardson, quoique je ne me sois pas mal tiré du chapitre de Hume : c'est là la seule Trinité qui soit maintenant en faveur ici. *A propos*, je vois par les journaux que l'évêque de Londres [1] supprime les chapelles catholiques. Quand il était évêque de Peterborough et ministre à Twickenham, il en souffrait une sous son nez : n'est-ce pas la duchesse de Norfolk [2] qui l'a fait nommer à Londres? J'en conclus que c'est la première occasion qu'il a pu trouver de se montrer ingrat. Adieu, mon cher monsieur; tout à vous bien sincèrement.

XXX

A L'HONORABLE H. S. CONWAY

Paris, 5 décembre 1765.

Une ligne suffira pour ce que j'ai à vous dire, mais comme lord Ossory part demain, j'en profite pour vous l'envoyer. Le dauphin, s'il est encore en vie, ce dont tout le monde n'est pas convaincu, ne se soutient plus que par des cordiaux, bien que l'évêque de Glandèves ait affirmé à la reine qu'il avait la parole même de Dieu comme garantie de sa guérison, ce qu'elle s'obstine à croire, que son fils soit mort ou non.

Les remontrances du parlement de Paris sur la disso-

---

[1] Le révérend Terrick.
[2] La duchesse de Norfolk était catholique.

lution de celui de Bretagne sont fort convenables[1]. Le premier doit avoir une audience la semaine prochaine. Aucune allusion n'a été faite à la Chalotais, parce qu'il est accusé de trahison. Vous imaginez-vous quelle peut être cette trahison? C'est une correspondance avec M. Pitt, à qui on lui reproche d'avoir dit que Rennes est plus près de Londres que Paris. On croit maintenant que les lettres anonymes attribuées à la Chalotais ont été fabriquées par un jésuite; celles qui sont adressées à M. Pitt pourraient bien ne pas venir d'un aussi habile faussaire.

Le duc de Richmond[2] est toujours à Aubigné, et je m'étonne qu'il puisse y tenir, car il gèle cruellement. M. Hume ne va pas en Irlande, où votre frère trouve qu'il ne serait nullement le bienvenu : mon idée est qu'il restera ici jusqu'au retour de ce même frère. Le duc de Praslin doit, dit-on, se retirer à Noël ; comme Laborde, le grand banquier de la cour, essaye de se retirer aussi, mon cousin Thomas Walpole, qui est fort lié avec lui, soupçonne le duc de Choiseul de n'être pas lui-même très-solide.

J'ai soupé avec M. de Maurepas et un autre soir avec le maréchal de Richelieu ; le premier est extrêmement agréable et sensé et je suis charmé qu'il ne soit pas ministre. L'autre est une vieille machine à galanterie toute

---

[1] Ces remontrances, modérées dans la forme, amenèrent un heureux résultat. « Elles touchèrent le roi, qui était bon, quand elles lui firent connaitre que l'activité de la procédure allait mener à la mort des magistrats, dont le crime commençait à lui paraitre douteux. Excité par le duc de Choiseul, qui s'affichait pour le protecteur des parlements, il se hâta de renvoyer l'affaire à ses juges naturels. » — *Histoire de France*, de Th. Burette, tome IV, page 549.

[2] Le premier duc de Richmond, fils de Charles II, avait été fait duc d'Aubigné par Louis XIV.

déjetée, mais qui s'efforce encore de se remettre en état : il me rappelle lord Chesterfield, car on rit avant de savoir ce qu'il a dit, et on a raison, parce qu'on ne rirait certainement pas après.

J'ai envoyé à lady Aylesbury les paroles et la musique du plus joli opéra comique qui existe : j'aurais voulu lui envoyer aussi les acteurs. Adieu.

9 décembre.

Lord Ossory ayant ajourné son voyage, cette lettre ne partira que par M. Andrew Stuart.

La face des choses a bien changé ici et je suis fort impatient de vous voir reconnaître que c'est la vérité et non pas un système, que je me pique de vous envoyer. La rigueur de la cour a terrifié les parlements : celui de Pau s'est soumis ; les procureurs, etc., etc., de Rennes qui, disait-on, devaient refuser de plaider devant la nouvelle commission, ont été avertis que s'ils ne plaidaient pas le lendemain, on les pendrait sans jugement. Jamais tentative de corruption n'a opéré avec une pareille promptitude !

On m'a dit l'autre jour qu'un ministre espagnol, dont j'ai oublié le nom, étant mort, ce serait Squillace qui prendrait son département et que Grimaldi aurait celui des Indes occidentales ; ce serait le pis qui pût nous arriver, car nous n'avons pas de plus mortel ennemi.

Le dauphin vit certainement encore, mais de la manière la plus déplorable ; les os lui percent la peau : il est fort enflé par derrière et si relâché, que les intestins apparaissent de ce côté : hier, on soupçonnait la gangrène. Le duc et la duchesse de Richmond sont à Fontainebleau; aussitôt leur retour, je remettrai à la duchesse la commission de lady Aylesbury.

XXXI

A LA COMTESSE DE SUFFOLK

Paris, 5 décembre 1765, partie le 11.

Madame,

Depuis que Paris a commencé à se remplir, en dépit de Fontainebleau [1], je me suis tout à fait réconcilié avec lui et j'ai vu beaucoup de gens qui me plaisent. Je suis installé dans deux ou trois coteries, où je soupe tous les soirs, quoique j'aie toujours résisté au whist et que je reste plus constant pour mes vieilles amours, *la Bête*, que je ne crois l'avoir jamais été pour mes autres passions. Il y a ici une jeune comtesse d'Egmont, fille du maréchal de Richelieu, qui est jolie et charmante; si je pouvais supposer que cela pût briser quelque cœur en Angleterre, je deviendrais certainement amoureux d'elle, et je pourrais l'être ici dans toutes les règles. Oui, madame, j'ai vingt ans de moins que les talons rouges que son père s'acharne à porter et il a encore une ride à prendre avant de les quitter.

Le dauphin ne se soutient plus que par des cordiaux, mais la reine et la dauphine ne doutent pas de sa guéri-

---

[1] Où la cour attendait la mort du dauphin.

son, sur la foi de l'évêque de Glandèves qui leur a remis, écrite et scellée de sa main, la promesse que Dieu lui en a faite, dans une vision. Le dauphin montre du reste beaucoup de courage et de tranquillité ; mais il est si touché de la tendresse et des attentions de sa famille, qu'il exprime maintenant le désir de vivre.

Si l'on ne parle pas en Angleterre de politique et de parlement, je puis vous envoyer d'ici en ce genre tout ce que vous voudrez ; si vous manquez d'Anglais, je puis vous en expédier une cinquantaine et il nous en restera encore une bonne provision. Il y avait hier chez lady Berkeley trois tables de jeu, pleines de lords, de ladies, de *gentlemen* et de *gentlewomen*. La maison de Richmond est allée passer une semaine à Aubigné : la duchesse ne pouvant pas avoir son audience, avant que le sort du dauphin soit décidé. Je n'ai pas voulu les accompagner par le froid qu'il fait, après tout ce que j'ai souffert.

Hier, j'ai dîné chez Laborde[1], le grand banquier de la cour. Mon Dieu ! madame, combien toutes nos maisons de Londres paraissent petites et misérables auprès de celle-là ! D'abord, il vous faut avoir un jardin aussi long

---

[1] Jean-Joseph de Laborde, célèbre financier, connu par le luxe qu'il déploya non-seulement à Paris, mais dans ses châteaux de la Ferté-Vidame et de Méréville. Député à l'Assemblée constituante, il se fit remarquer par son attachement à la famille royale, et périt sur l'échafaud en 1793. Il eut quatre fils, dont l'un fut le comte Alexandre de Laborde, et deux filles dont l'une fut la duchesse de Mouchy, et l'autre la duchesse des Cars. Son hôtel à Paris était situé rue Grange-Batelière : c'est aujourd'hui la mairie du IX° arrondissement. Les quatre tableaux de la salle à manger avaient été peints par Desportes et la plupart des peintures qui ornaient l'hôtel étaient l'œuvre de Lemoine, artiste d'un véritable talent, comme décorateur, n'en déplaise à Walpole. Quel prix atteindraient aujourd'hui tous les objets d'art que renfermait cet hôtel !

que la moitié du *Mall*, puis quatorze croisées, dont chacune soit aussi grande que l'autre moitié et qui ait vue sur ce jardin ; chaque croisée ne doit former que huit panneaux de glace. Ensuite doivent se trouver une première et une seconde antichambre, dans lesquelles il n'y ait rien que des laquais fort mal tenus : à côté doit être le grand cabinet tendu en damas rouge, encadré d'or et couvert de huit grands tableaux fort mauvais, qui auront coûté quatre mille louis : je ne puis pas vous les passer à un sol meilleur marché. Sous ces peintures, pour donner à tout cela une apparence de légèreté, il faudra placer des bas-reliefs en marbre ; on devra y mettre aussi de grandes *armoires* en écaille et *or moulu*, incrustées de médailles. Alors, il vous faudra passer dans le petit cabinet, puis dans la grande *salle*, dans la *salle* de billard et dans la *salle à manger ;* dans toutes ces pièces devront être suspendus des lustres en cristal avec des glaces depuis le haut jusqu'en bas : ensuite on les remplira, plus qu'elles n'en peuvent contenir, de tables en granit, d'urnes en porphyre, de bronzes, de statues, de vases et Dieu et le diable savent de quoi encore. De peur que toutes ces magnificences ne vous mènent à votre ruine et à celle de la nation, madame de Gramont vous aura donné *ceci* et madame de Marsan *cela*. Pour peu que vous rencontriez une personne de goût pour vous diriger, votre *salle à manger* sera ornée de grands sujets de chasse dans des cadres d'or de toutes les couleurs et comme couronnement de l'un d'eux, vous mettrez un chien d'arrêt faisant lever une perdrix de bois, qui s'envolera un peu plus loin sur le lambris. Pour chauffer et éclairer ce palais, vous ne dépenserez pas moins de vingt-huit mille livres par an, en bois et en chandelles. Si vous n'avez pas le moyen de faire de pareils frais, il faudra vous résigner à attendre le retour de lord Clive avec le reste des Indes. La maîtresse[1] de cette fête des *Mille et une nuits* est fort jolie, et sir Lawrence[2] Laborde en est tellement épris, qu'il s'assied à table à côté d'elle et qu'il l'appelle sa *guenon*, sa *boule*, ou je ne sais quoi encore.

Lady Mary Chabot me charge toujours de parler d'elle à Votre Seigneurie d'une manière toute particulière. Il y a aussi quelques personnes près desquelles je voudrais bien que Votre Seigneurie me rendît le même service, mais je vous ai déjà donné trop de peine et je me contenrai de vous désigner miss Hotham, M. Chetwynd, lady Blandford et Saint-James square.

XXXII

A LA TRÈS-HONORABLE LADY HERVEY

Paris, 2 janvier 1766.

En venant à Paris, madame, je ne m'attendais guère à me trouver en Sibérie : il n'y fait certainement pas plus froid. Nous n'avons pas eu deux beaux jours de suite, depuis le milieu d'octobre, et pourtant je ne me plains pas, car je suis bien portant et fort satisfait, quoique re-

---

[1] Madame de Laborde était mademoiselle Nettine, fille d'un riche banquier hollandais.
[2] Walpole lui prête ici le nom d'un opulent financier de Londres.

grettant un peu, tout Français que je suis, votre temps étouffant d'Angleterre. Je me suis complétement débarrassé des dîners en ville et je mène la vie que j'ai toujours aimée : me coucher et me lever tard. Il est vrai que ce régime est en opposition avec les ordres de Votre Seigneurie, mais j'ai en perspective trop de sots dîners et de tristes soirées à mon retour en Angleterre, pour que toute votre amabilité me persuade de faire le sacrifice de mes plaisirs de Paris. Beaucoup de mes idées sont assez fantastiques ; peut-être est-ce une de celles-là de penser que rien n'active autant la goutte que de faire ce qui ennuie. La goutte est comme une proche parente, elle visite toujours ceux qui ont d'autres misères. La confiance de Votre Seigneurie dans les eaux de Sunning-hill est mieux fondée, je l'espère, mais mon système est sensiblement plus agréable.

Madame d'Aiguillon et madame Geoffrin ont toujours les mêmes bontés pour moi. J'ai fort peu vu madame d'Egmont, qui paraît très-bonne et qui est ici en grande estime ; elle vient d'éprouver une cruelle affliction par la mort subite de M. Pignatelli, ministre à Parme, qu'elle avait élevé et qu'elle destinait généreusement à sa petite-fille, héritière d'une immense fortune. Rien de si délicat, de si touchant que les paroles de madame d'Egmont à sa belle-fille dans cette circonstance : *Vous voyez, ma chère, combien j'aime mes enfants d'adoption.* Cette belle-fille est délicieusement jolie, gaie, polie et d'une conversation charmante, quoique ce ne soit pas une beauté régulière comme madame de Monaco.

La rigueur du froid me supprime les promenades de curiosité. Je me console avec la bonne compagnie et encore plus avec l'absence de la mauvaise. Quelque négative que soit cette satisfaction, ce n'en est pas moins un grand bonheur de vivre dans une ville comme celle-ci et d'être sûr, tous les jours, de ne rencontrer aucun visage qu'on déteste ! Je ne connais guère de plaisirs positifs qui vaillent celui-là.

Vous rirez tant qu'il vous plaira avec lord Holland de ma peur d'être trouvé *charmant*, mais je ne nierai pas cette *panique*, car rien n'est si redoutable que d'avoir ses membres sur des béquilles et son intelligence en lisière. Le prince de Conti s'est moqué de moi, l'autre jour, à ce sujet. Je me plaignais à la charmante vieille aveugle madame Du Deffand de ce qu'elle me préférait M. Crawfurd : « Quoi ! dit le prince, est-ce qu'elle ne vous aime pas ? — Non, monseigneur, lui répondis-je ; je ne lui plais pas plus que si elle m'avait vu. »

M. Hume emporte en Angleterre cette lettre et Rousseau. Je désire qu'il n'ait pas trop à se repentir de s'être associé avec ce dernier, qui est toujours en contradiction et en querelle avec le monde entier, uniquement pour conquérir son admiration[1]. Les moyens qu'il emploie et son but me semblent bien au-dessous d'un tel génie : si je possédais ses talents, je dédaignerais les suffrages de tout ce qui ne serait pas à ma hauteur et je rougirais de devoir une part quelconque de ma réputation à des affectations et à des singularités ; mais les grands talents ressemblent à de hautes tours, bâties sur de hautes montagnes, plus

---

[1] Walpole était prophète. C'est à la suite de ce voyage qu'éclata entre ces deux personnages la querelle qui fit alors tant de bruit et dans laquelle Walpole lui-même se trouva compromis. — Voy. les *Lettres de madame Du Deffand*, tome I.

exposées ainsi à toutes les tempêtes et plus susceptibles de s'écrouler.

Charles Townshend est emporté par le vent de tous les points de la boussole, Rousseau persiste à prétendre qu'il vente du nord et du sud à la fois, et Voltaire démolit la Bible pour lui substituer le fatalisme : ainsi sont compatibles les plus grandes intelligences avec les plus grandes absurdités!

C'est madame d'Aiguillon qui m'a donné pour vous la lettre ci-incluse. Je voudrais avoir autre chose à vous envoyer, mais il n'y a pas encore de livres nouveaux et la mort du dauphin a fait fermer les théâtres. C'est, je crois, la plus grande perte que la France ait faite depuis Henri IV.

XXXIII

A SIR HORACE MANN

Paris, 5 janvier 1766.

La poste, mon cher sir, est aussi désobligeante que possible et me refuse même des faveurs que le ministère m'accorde. Je me faisais une joie au fond du cœur d'être le premier à vous annoncer votre nomination d'*envoyé*, mais il se trouve que le valet de lord Cowper en a aussi mal usé envers moi, que s'il était le directeur des postes; il a glissé à travers Paris avec la lettre de M. Conway, sans passer chez moi et sans me laisser la chance que vous ouvriez d'abord la mienne. Bah! tout cela est de l'égoïsme pur, car il devrait me suffire que vous pussiez apprendre la nouvelle, n'importe de quel côté.

Je ne sais que vous dire sur le ruban rouge; on ne m'en a pas écrit un mot. Les faveurs appellent ordinairement les faveurs, parce que les cours aiment les visages qu'elles ont l'habitude de voir. Je ne répondrais pas qu'il en fût de même pour vous et il me serait bien plus commode de vous persuader d'y renoncer, mais je vois que vous faites un triste disciple pour un philosophe. Cependant, comme ce ruban a de la valeur à vos yeux, j'ai travaillé à vous l'obtenir avec plus d'ardeur que ne le comporte une pareille puérilité. Considérez que j'étais dans la coulisse, lorsque mon père a fait revivre cette *décoration*. Je savais qu'elle était destinée à remplacer les billets de la banque et j'ai été surpris que mon frère l'acceptât, lorsqu'elle était déjà tombée bien au-dessous du pair. Si j'ai encore quelque crédit de reste à la banque, il pourra vous servir, c'est-à-dire que si quelques-uns de vos amis du dehors veulent faire de nouvelles démarches en votre faveur, le souvenir de ma demande les aidera peut-être. Que pensez-vous de Tommy Pelham[1]? Il professe beaucoup d'attachement pour vous.

Le ministère triomphe, tant il a dépassé ses plus ardentes espérances. Dans la chambre des lords, que l'opposition avait choisie comme le champ d'une victoire assurée, les ministres ont obtenu 80 voix contre 24:

---

[1] Thomas Pelham, créé plus tard lord Pelham.

aux Communes, la défaite a été encore plus honteuse. George Grenville, qui le premier jour avait fait de l'opposition à l'adresse, a été obligé de se rétracter et elle a passé à l'unanimité. Le quatrième et dernier jour de cette courte session, quoiqu'il eût ménagé une surprise et que pas un ministre ne fût présent, leur réélection n'étant pas encore terminée, il a été battu par 70 voix contre 35 : une victoire sans généraux ! Bref, jamais ministres disgraciés ne sont tombés si à plat ni si radicalement que ceux d'aujourd'hui.

Quelque faux et vénal que puisse être un parlement (et celui-ci l'emporte sur tous les autres à ces deux points de vue) ce n'eût pas été une raison pour abandonner aussi complétement les anciens ministres, si la haine générale n'était pas venue peser sur eux.

Grand bien lui fasse, à ce parlement, qui pas plus tard que l'année dernière soutenait si rondement ce ministère ! Lord Temple, qui s'est uni à son frère George[1], semble n'avoir apporté avec lui que le mépris de la nation. M. Pitt, comme Milton le dit de la lune, reste à part dans une *nuageuse majesté;* on dit qu'il favorise le ministère et il est certainement hostile à l'opposition. Tel est le résumé de la politique anglaise. Lorsque les Communes se réuniront le 14, je ne pense pas que le ministère soit moins fort qu'avant les vacances, car le nombre des abstentions dans les deux chambres indique combien il y a de membres qui attendent les événements et j'ai peine à croire qu'ils se rallient aux armées vaincues. On tracassera sans doute les ministres, car lord Temple ne pourra

---

[1] George Grenville.

pas s'empêcher de leur jouer de mauvais tours, Sandwich d'user d'artifices et Grenville, plutôt que de se taire, débitera sa harangue, quand même il n'y aurait pas dans la chambre un seul homme de son côté. Pour le faire taire, il faudrait un ministre algérien, qui commençât par lui faire couper la langue.

Le plus jeune frère du roi, le prince Fréderic, est mort d'hydropisie et de consomption ; c'était un joli garçon qui promettait. Les *Jarretières* vacantes ont été données au prince de Galles, au prince héréditaire et à lord Albemarle. Le nombre des Jarretières données aux membres de la famille royale et aux princes étrangers, leurs parents, en fera une curiosité prodigieuse sur une poitrine anglaise. Si vous obtenez le ruban rouge, ne pensez pas, je vous en prie, à le troquer contre un bleu. Sérieusement, attendez l'arrivée de vos lettres de créance et votre installation comme envoyé. Mitchell, à ce qu'il parait, a un ruban rouge et Draper aura sans doute l'autre. A la première vacance, il faudra charger le duc d'York de vous recommander encore. Comme il n'obtiendra probablement pas beaucoup de faveurs, on sera bien aise de le gratifier d'un ruban rouge pour un ami et il aimera mieux que vous le lui deviez qu'à un simple particulier. Quand vous serez bien assis sur votre siége d'envoyé, écrivez à Son Altesse royale que vous n'avez pas voulu l'importuner au sujet de votre poste diplomatique, mais que vous espérez devoir à sa protection ce qu'il a si gracieusement entrepris de vous obtenir : je crois qu'il se montrerait piqué, si le *Bain* n'était pas accordé à sa sollicitation. Faites attention à ce conseil, mais agissez comme bon vous semblera. Vous êtes un véritable enfant, et je ne puis m'empêcher de vous taquiner un peu. Bonne nuit.

P. S. — J'ai deviné juste : les journaux me disent que Draper a le ruban rouge.

XXXIV

A JOHN CHUTE, ESQ.

Paris, 7 janvier 1766.

Je sais, mon cher monsieur, qu'il est inutile de vous gronder, malgré toute l'envie que j'en aurais ; cependant c'est mon devoir. Oui, vous qui ne coucheriez pas une nuit en automne à Strawberry, de peur de la goutte, vous restez à la campagne jusqu'à cette époque-ci, pour lui donner tout le temps de vous prendre ! Vous me direz, je le sais bien, qu'elle ne vous est survenue qu'après deux jours passés à la ville ; dites tout ce que vous voudrez, mais je n'aurai pas plus pitié de vous que si j'étais votre femme et que j'eusse désiré revenir à Londres, il y a deux mois.

Ma santé est excellente, bien qu'assurément la Laponie soit la zone torride en comparaison de Paris. Par la gelée effroyable qu'il fait depuis ces quinze derniers jours, je viens d'aller dîner à neuf milles d'ici, dans une maison de campagne toute pareille à une serre, sauf qu'il n'y avait du feu que dans une seule pièce. Nous étions quatre dans un carrosse fermé, dont toutes les fentes étaient bouchées avec des fourrures, et pourtant les glaces étaient gelées. Nous avons dîné dans une salle carrelée, peinte à fresque, avec une fontaine à l'une des extrémités, car dans ce pays-ci la vie est un opéra perpétuel : on persiste à se croire jeune quand on est vieux et à étouffer quand on gèle. A l'autre bout de la salle, grelottaient trois glorieux lataniers, un grand cacatoès et trois pauvres perroquets qui poussaient les hauts cris, comme *les Enfants dans la forêt* après leur foyer paternel ! Je suis revenu chez moi, et quoique je souffle mes bûches entre chaque phrase, je puis à peine remuer les doigts. Il faut pourtant que je m'habille tout de suite pour aller chez la comtesse de la Marche[1], qui me donne audience à neuf heures du soir. Il peut vous sembler étrange d'être présenté à une princesse du sang à pareille heure ; mais, je vous l'ai dit, il n'existe pas un point sur lequel nos mœurs s'accordent avec celles d'ici. J'ai été présenté vendredi dernier au prince de Conti[2], beau-père de la comtesse. Au milieu du *lever*, on a vu entrer une jeune femme trop simplement vêtue, selon moi, pour n'être pas une de ses proches parentes, et je n'en ai plus douté quand, après avoir causé un moment avec le prince, elle a parcouru tout le cercle pour en faire les honneurs. J'ai demandé alors à un gentilhomme, mon voisin, si ce n'était pas la comtesse de la Marche : il s'est mis à éclater de rire, en me disant que c'était

---

[1] La comtesse de la Marche était née princesse de Modène : elle avait épousé le comte de la Marche, fils unique du prince de Conti.

[2] Louis-François de Bourbon, quatrième descendant du grand Condé, était né le 13 août 1717. Après avoir brillamment servi, il encourut la disgrâce de Louis XV et vécut au Temple, qui lui appartenait, au milieu de tous les plaisirs. Il est mort le 2 août 1776.

une danseuse, nommée mademoiselle Auguste. Maintenant qui avait tort?

Je vous donne ces échantillons de beaucoup de scènes qui m'ont diverti et qui deviendront une nourriture délicieuse à Strawberry. Au travers de tous ces ridicules que je vois, il existe une *douceur* dans la société des femmes de bonne compagnie qui me captive entièrement. J'aime cette manière de vivre, quoiqu'elle manque d'animation, quoique les hommes soient ennuyeux et disposés à l'arrogance, quoique enfin il manque encore vingt ingrédients, pour arriver à la perfection du style. Je me suis totalement lavé les mains de leurs *savants* et de leurs philosophes; je ne vous envie même pas Rousseau, qui s'est affublé de toute la *charlatanerie* du comte de Saint-Germain pour se rendre original et faire parler de lui. Je présume que madame Montagu, mylord Lyttelton et une certaine dame de mes amies[1] seront d'autant plus enchantées de lui, qu'il leur est amené par M. Hume. J'admire son talent, mais ni lui ni aucun autre *génie*, que j'aie connu, n'ont jamais eu assez de bon sens pour contrebalancer l'impertinence de leurs prétentions. Ils détestent les prêtres, mais ils tiennent absolument à avoir un autel à leurs pieds. Voilà pourquoi il est beaucoup plus agréable de les lire que de les connaître. Adieu, mon cher monsieur!

15 janvier.

Cette lettre a été écrite cette semaine, mais elle a attendu une occasion pour partir et elle ne l'a pas encore trouvée. Favre me dit que vous êtes rétabli, mais je ne le sais pas par vous-même. Je joins à cette lettre une bagatelle [1] que j'ai écrite dernièrement, qui s'est répandue partout et qui a fait un bruit énorme dans une ville où l'on se jette en gloussant sur tout événement, comme un poulailler sur un grain de raisin. Cela m'a mis à la mode et a fort irrité contre moi le prince de Conti, ainsi que madame de Boufflers, qui espère toujours s'envoler au temple de la Renommée, en s'accrochant à la robe arménienne de Rousseau [2]. Je suis désolé qu'avec tout son talent, il soit devenu un pareil saltimbanque ; mais ce qui me fait encore plus de peine, c'est qu'après avoir reçu Wilkes avec la plus grande politesse, il ait voulu faire sa cour à Hume, en se plaignant de la visite et de l'indiscrétion de ce même Wilkes.

En résumé, je suis bien aise d'être venu ici, parce que condamné comme je le suis à vivre en Angleterre, c'est une certaine consolation pour moi d'avoir reconnu que les Français sont dix fois plus méprisables que nous.

[1] La lettre prétendue du roi de Prusse à Rousseau.
[2] Malgré cette plaisanterie de Walpole, la comtesse de Boufflers était une des femmes dont il prisait le plus l'esprit et le jugement ; il l'avait connue en Angleterre, où il lui avait donné une fête à Strawberry-hill, fête dont il donne lui-même la description dans une lettre à George Montagu, que nous avons reproduite dans l'Introduction. Walpole rencontrait souvent madame de Boufflers chez madame Du Deffand, qui l'appelle toujours l'*idole du Temple*, à cause de ses rapports intimes avec le prince de Conti qui y demeurait. On trouvera plus loin, dans une lettre adressée à Gray et qui est une véritable galerie de portraits, celui de madame de Boufflers en quelques coups de pinceau qui ne sont pas tous à l'avantage du modèle, mais il est rare que Walpole peigne en beau. Il avait déjà dit, lorsqu'elle vint à Londres en 1765 : « Samedi dernier, est arrivée madame de Boufflers, savante, galante, grande amie du prince de Conti et admiratrice passionnée de nous autres Anglais. » Ce ne fut pas du reste la dernière fois qu'il la vit en Angleterre : elle y retourna en 1789, pour accompagner sa nièce, l'infortunée Amélie de Boufflers, duchesse de Biron. (Voy. p. 140.)

Il y a là un peu d'ingratitude de ma part ; mais je ne puis m'empêcher de voir avec mes yeux, quoique bien d'autres ne se soucient guère de voir avec les leurs. J'ai des histoires sans fin, pour vous divertir à notre première rencontre, qui aura lieu vers la fin de mars. Il est beaucoup plus ennuyeux d'être à la mode que d'être impopulaire. Je me suis fait à cette dernière situation et je sais comment m'y comporter, mais je ne puis me présenter comme membre du parlement de Paris. Adieu !

XXXV

A LA TRÈS-HONORABLE LADY HERVEY

Paris, samedi soir, 11 janvier 1766.

Je viens, madame, de recevoir les ciseaux par le général Vernon. Malheureusement, il ne m'était pas arrivé de leurs nouvelles, faute d'occasion, et j'avais écrit à mon valet de s'informer auprès des vôtres comment ils avaient pu être envoyés. Je crains que cela n'ait ajouté un peu de peine à toutes celles que vous avez bien voulu prendre et pour lesquelles je vous offre dix mille remerciements ; mais Votre Seigneurie est si exacte et si amicale, que j'en suis presque découragé : je ne puis m'imaginer vraiment que dix mille obligations puissent devenir de nouvelles lettres de crédit.

J'ai vu madame F...; son mari peut bien être aussi heureux que bon lui semblera, mais je ne puis m'empêcher de la plaindre. Elle m'a dit qu'il faisait ici plus froid qu'en Angleterre, et vraiment je le crois. Je souffle mon feu entre chaque article de ma lettre et je suis complétement sevré de mes promenades ; il n'y a que l'agrément des soirées qui compense quelque peu cet ennui. Je vais aujourd'hui souper chez madame d'Aiguillon avec madame d'Egmont, et, je l'espère, avec madame de Brionne[1] que je n'ai pas encore vue; mais elle n'est pas très-bien portante et il est douteux qu'elle vienne. Ma dernière nouvelle passion que je crois la plus forte, c'est la duchesse de Choiseul : elle a une jolie figure, pas très-jolie ; toute sa personne est un petit modèle : gaie, modeste, pleine d'attentions, avec la plus heureuse propriété d'expressions, une remarquable promptitude de raison et de jugement, vous la prendriez pour la reine d'une allégorie, qu'on craint de voir finir, autant qu'un amoureux, si elle voulait en admettre un, pourrait souhaiter d'en voir la fin. En un mot, madame, quoique vous soyez la dernière personne qui voudra le croire, la France est si agréable et l'Angleterre tellement l'inverse, que je ne sais quand je reviendrai. La politesse, l'amabilité, les honneurs, dont je suis l'objet, sont si grands et si nombreux, que je suis contraint, à toute minute, de me rappeler combien peu je les mérite et combien j'en suis redevable à Votre Seigneurie. A mon retour, je vous parlerai de tout cela, jusqu'à extinction. Me permettrez-vous de vous répéter mille fois que madame Geoffrin est la femme la plus raisonnable du monde et ma-

---

[1] Mademoiselle de Rohan-Chabot, qui avait épousé le comte de Brionne, de la maison de Lorraine. Elle avait pour fils le prince de Lambesc, grand écuyer du roi, qui en 1789, exécuta à la tête de son régiment cette charge si imprudente au pont tournant des Tuileries.

dame d'Aiguillon la plus animée et la plus obligeante? Oui, vous me le permettrez : vous *savez* endurer le panégyrique de vos amis : si vous devenez impatiente de les entendre vanter, vous n'aurez qu'à venir ici. Le meilleur air du monde est celui où l'on se plaît et les eaux de Sunning ne sont rien auprès de cela. La gelée est si dure qu'il n'y a pas moyen d'avoir la goutte et bien que nous n'ayons pas ici la fontaine de Jouvence, celle de l'âge avancé s'y trouve, ce qui revient exactement au même. Ici, personne n'est jamais vieux, ni considéré comme tel; on fait des vers comme à dix-sept ans, par exemple :

ON MADAME DE FORCALQUIER, SPEAKING ENGLISH [1].

Soft sounds that steal from fair Forcalquier's lips,
Like bee that murmuring the jasmin sips!
Are these my native accents? None so sweet,
So gracious, yet my ravish'd ears did meet.
O power of beauty! thy enchanting look
Can melodise each note in Nature's book.
The roughest wrath of Russians, when they swear,
Pronounced by thee, flows soft as Indian air,
And dulcet breath, attemper'd by thine eyes,
Gives British prose o'er Tuscan verse the prize.

Ces lignes, madame, n'ont pas grandes prétentions : la seule même qu'elles puissent avoir, c'est de couler

---

[1] SUR MADAME DE FORCALQUIER, PARLANT ANGLAIS.

O belle Forcalquier, de ta bouche vermeille,
Quand s'échappent ainsi les accents enchanteurs,
 Comme le doux bruit de l'abeille
Qui bourdonne tout bas en butinant les fleurs,
 Est-ce ma langue maternelle?
C'est la beauté qui parle et je vole auprès d'elle.
O double enchantement de la voix et des yeux!
 Oui, lorsque la lèvre murmure,
 Sur un rhythme si gracieux,
La note que tu lis au livre de Nature,

assez facilement et de pouvoir être aisément comprises par la charmante écolière, qui apprend notre langue. Ne les montrez pas, je vous en prie ; elles ne sont pas adaptées au méridien de Londres, où je ne voudrais pas, vous le savez, apparaître sous la forme d'un tendre berger. Laissez-leur croire que je suis absorbé par les *bills* du Canada et que je dévore tous les pamphlets sur les colonies et sur l'Acte du timbre.

Je suis désolé des renseignements que vous me donnez sur lord Holland : il parle, dit-on, d'aller à Naples. Il faut certainement faire beaucoup pour sa santé, mais je me demande si, à ce prix, ce n'est pas la payer bien cher. En admettant que Paris pût bien remplir son but, je comprendrais qu'il y vînt, mais vivre avec les Italiens, ce doit être un supplice, qui me rendrait malade *ipso facto*. Il est vrai que je suis un mauvais juge en pareille matière, n'ayant jamais tâté d'une autre maladie que la goutte, qui, malgré ses tourments, me semble préférable à toute autre souffrance : on sait que l'accès aura une fin, en nous laissant tout à fait dispos et qu'il nous dispensera ainsi des aberrations des médecins. Or l'absurdité est encore plus pénible que la douleur : la goutte au moins n'apporte pas le découragement, ce que d'autres souffrances ne manquent jamais de faire.

Voici un siècle que je n'ai entendu parler de M. Chute,

C'est une mélodie à ravir les mortels.
Le plus affreux juron du Tartare en ivresse,
Deviendrait dans ta bouche une tendre caresse,
    Et nous te devons des autels,
    Car de la prose britannique
Les accents un peu durs, par ton souffle adoucis,
    Grâce à ta puissance magique,
Sur la lyre toscane ont remporté le prix.

mais je suis de trop bonne humeur pour chercher querelle à personne; aussi n'ai-je aucune hâte de revoir l'Angleterre, où l'on est toujours sûr de se chamailler avec quelqu'un. Si l'on m'y tourmente encore, je reviendrai ici à l'instant, avec la satisfaction de savoir que Votre Seigneurie ne m'en blâmera point.

XXXVI

A L'HONORABLE H.-S. CONWAY

Paris, 12 janvier 1766.

Je me repens presque d'être venu ici, car j'aime tant cette manière de vivre et nombre de ceux que je vois, qu'en quittant Paris, j'emporterai certainement bien plus de regrets que je ne m'y attendais. Vous me croiriez trop de vanité si je vous disais les distinctions et les honneurs que je reçois et à quel point je suis à la mode : mais franchement quand tout cela me vient des plus belles femmes de France et des plus respectables, au point de vue du caractère, puis-je m'empêcher d'en être un peu fier? Si j'avais vingt ans de moins, je ferais des vœux pour qu'elles ne fussent pas tout à fait aussi respectables. Madame de Brionne, que je n'ai jamais vue et avec laquelle je devais souper hier soir chez la délicieuse madame d'Egmont, l'a chargée de m'inviter pour mercredi prochain : j'étais engagé ailleurs et j'hésitais : « *Comment!* me dit madame d'Egmont, *savez-vous que c'est ce qu'elle ne ferait pas pour toute la France ?* » Cependant, je ne veux pas que vous ayez peur de me voir revenir sous la forme d'un vieux berger et j'étudie mes rides : je compare ma personne à tous les plats de mauviettes que je vois et je traite mon intelligence avec aussi peu de cérémonie. Il faut dire que ma présente renommée provient d'une bagatelle, qui a fait ici un bruit incroyable. Un soir que je me trouvais chez madame Geoffrin, je m'étais mis à plaisanter sur l'affectation et les contradictions de Rousseau et j'avais dit quelque chose qui avait amusé la compagnie. En rentrant chez moi, j'en fis une lettre et je la montrai le lendemain à Helvétius et au duc de Nivernois : ils s'en divertirent de si bon cœur, qu'après avoir relevé quelques fautes de langage, qui ne pouvaient manquer de s'y trouver, ils m'encouragèrent à la laisser voir. Vous savez que je suis fort disposé à me moquer des charlatans politiques ou littéraires, quelque talent qu'ils puissent avoir, et j'y consentis. On s'en est arraché les copies et *me voici à la mode !* Mon règne finira avec la semaine et j'en attends la fin fort tranquillement. Voici la lettre :

LE ROI DE PRUSSE A MONSIEUR ROUSSEAU

Mon cher Jean-Jacques,

Vous avez renoncé à Genève, votre patrie ; vous vous êtes fait chasser de la Suisse, pays tant vanté dans vos écrits ; la France vous a décrété. Venez donc chez moi ; j'admire vos talents, je m'amuse de vos rêveries, qui (soit dit en passant) vous occupent trop et trop longtemps. Il faut à la fois être sage et heureux. Vous avez fait assez parler de vous par des singularités peu convenables à un véritable grand homme. Démontrez à vos ennemis que vous pouvez avoir quelquefois le sens commun : cela les fâchera sans vous faire tort. Mes États vous offrent une retraite paisible ; je vous veux du bien et je vous en ferai, si vous le trouvez bon. Mais si vous vous obstiniez à rejeter mon secours, attendez-vous que je ne le dirai à personne. Si vous persistez à vous creuser l'esprit pour trouver de nouveaux malheurs, choisissez-les tels que vous voudrez. Je suis roi, je puis vous en procurer au gré de vos souhaits, et ce qui sûrement ne vous arrivera pas vis-à-vis de vos ennemis, je cesserai de vous persécuter, quand vous cesserez de mettre votre gloire à l'être.

Votre bon ami
Frédéric [1].

[1] Rousseau paraît avoir été d'abord la dupe de cette plaisanterie, car on a trouvé dans ses papiers la lettre suivante en réponse à celle du roi de Prusse :

« Sire, je suis étonné que mon nom soit parvenu jusqu'à Votre Majesté. Si je dois cette faveur à mes faibles écrits, je dois être plus étonné encore que, d'après la franchise connue de mes sentiments, elle ait pu me prendre pour le but d'une plaisanterie dont le motif paraît tellement au-dessous de sa dignité.

« Sire, il manquait à mes ennuis d'être le jouet de celui que la Providence a placé au-dessus des autres hommes, en lui imposant le devoir de es rendre heureux. Le héros du Nord veut bien descendre jusqu'à moi, usqu'à un être faible, isolé, abattu, et c'est pour mettre le comble à ses malheurs par une froide ironie que j'eusse dédaignée de la part d'un petit maître français, et dont les conventions humaines me forcent de respecter l'amère gaieté.

« Oui, Sire, je suis né dans un pays libre et j'ai eu le droit de renoncer à ma patrie, lorsqu'elle a renoncé à ceux de sa liberté. Mon expulsion de la Suisse, dictée par la malveillance des ennemis qui, sur une terre étrangère, se sont acharnés contre moi, démontre la faiblesse actuelle d'un peuple qui fut grand un moment, lorsqu'il brisa les fers du despotisme. La

La princesse de Ligne [1], dont la mère est Anglaise, m'a fait hier soir une excellente observation ; elle m'a dit : « *Je suis roi, je puis vous procurer des malheurs*, c'est bien là le trait d'une plume anglaise. » Je lui ai répondu, qu'alors je n'étais certainement pas bien entré dans le rôle que j'avais pris. Vous me direz peut-être que je suis bien audacieux de m'attaquer à la fois à Voltaire et à Rousseau ; c'est vrai, mais je les vise au talon, comme à leur partie vulnérable.

Pardonnez-moi de vous faire perdre votre temps à de pareilles niaiseries. Après-demain, nous allons en cavalcade avec la duchesse de Richmond à son audience. J'ai déjà ma cravate et mes souliers de chamois. Adieu !

France par un décret solennel, me repousse d'un asile où elle admet souvent les plus vils proxénètes ! Elle m'accordera peut-être un cachot.

« Marqué partout du sceau de la réprobation sans l'avoir mérité, je me reposerai sur ma propre conscience. Les hommes, les souverains peuvent me persécuter, ma destinée mortelle est en leur pouvoir ; ils ne m'humilieront jamais. Je saurai conserver la dignité de l'infortune et, vêtu de la robe sans tache, je me présenterai sans crainte et sans remords aux pieds du trône de l'Éternel, qui voit du même œil le monarque et le sujet, l'aigle et le vermisseau.

« Tels sont, Sire, les sentiments de celui qui ne s'honorera jamais d'être le sujet de Votre Majesté, mais qui sera toujours l'admirateur de ses grandes qualités. »

[1] La princesse de Ligne était la fille du marquis de Mézières, qui avait épousé miss Oglethorpe.

XXXVII

A M. GRAY[1]

Paris, le 25 janvier 1766.

Si j'ai différé si longtemps de vous répondre, ce n'est pas faute d'y penser ni de nouvelles à vous donner. C'est le temps qui me manque ; je suis si constamment occupé, engagé, amusé, que je ne pourrais pas faire tenir dans la mesure d'une lettre la centième partie de ce que j'aurais à dire : vous n'y perdrez rien, vous connaissez ma volubilité, quand je suis plein de sujets nouveaux, et j'ai devant moi bien des heures de conversation pour vous à mon retour. On ne peut savoir par cœur toute une nation en quatre ou cinq mois, mais dans cet espace de temps bien peu de gens ont pu, je crois, voir, étudier et connaître les Français comme moi. De ce que je vous ai dit de leurs opinions religieuses ou plutôt irréligieuses, il ne faudrait pas conclure que les personnes de qualité soient athées, du moins les hommes. Heureusement pour eux, les pauvres gens ! ils sont incapables d'aller aussi loin dans la libre pensée. Ils donnent leur assentiment à beaucoup de choses, lorsque c'est la mode et parce qu'ils ne sauraient comment s'y prendre pour les contredire; ils auraient

---

[1] Quelques-uns des portraits contenus dans cette lettre ont déjà été publiés.

honte de défendre l'Église catholique romaine, parce qu'il est d'usage absolu de la fronder, mais je suis convaincu qu'ils y croient au fond du cœur. Ils détestent les parlements et les philosophes et ils sont enchantés de les voir faire encore une idole de la royauté. En ce moment ils triomphent : la cour a montré un peu de fermeté et les parlements beaucoup moins ; mais comme le duc de Choiseul, assez flottant, indécis et enclin aux philosophes, a fait un compromis avec celui de Bretagne, les parlements pourraient s'aventurer encore à rentrer en campagne, si, par hasard, comme je l'imagine, ils ne trouvent pas plus commode d'abandonner une cause dont les inconvénients commencent à les fatiguer.

Les hommes, en général et plus qu'en général, sont niais et vides. Ils ont pris le masque de la gravité, croyant que c'était philosophique et anglais, de sorte qu'ils n'ont rien acquis à la place de leur légèreté et de leur gaieté naturelles. Cependant, comme la haute opinion qu'ils avaient de leur pays ne s'est pas modifiée, quoiqu'ils ne puissent plus désormais en donner un motif plausible, ils ont pris des airs méprisants et contraints, au lieu d'étaler franchement une impertinence ridicule et par cela même pardonnable. J'avais été surpris d'abord, connaissant mes compatriotes, que nous eussions pu atteindre à une telle supériorité, mais mon étonnement a cessé et j'ai pris un peu plus de respect qu'avant pour les têtes anglaises.

Les femmes ne semblent pas être du même pays : si elles ont moins de gaieté qu'autrefois, elles sont plus instruites, assez même pour qu'on puisse fort bien converser avec elles. J'en connais six ou sept d'une intelligence vraiment supérieure et quelques-unes avec de l'esprit, de la grâce et beaucoup de bon sens.

Madame Geoffrin, dont vous avez souvent entendu parler, est une femme extraordinaire, qui possède plus de sens commun que je n'en ai jamais rencontré, une promptitude extrême pour découvrir les caractères et les pénétrer jusqu'aux derniers replis et un crayon qui n'a jamais manqué un portrait, ordinairement peu flatté; elle exige et elle conserve, en dépit de sa naissance et des préjugés absurdes d'ici sur la noblesse, une véritable cour et beaucoup d'attentions. Elle y réussit par mille petites manœuvres et par des services d'amitié, en même temps que par une franchise et une sévérité qui semblent être son seul moyen pour attirer chez elle un concours de monde : car elle ne cesse de gronder ceux qu'elle veut s'attacher. Elle a peu de goût et encore moins de savoir, mais elle protége les artistes et les auteurs et elle courtise un petit nombre de personnes pour avoir le crédit nécessaire à ses protégés. Elle a fait son éducation sous la fameuse madame de Tencin, qui lui a conseillé de ne jamais rebuter aucun homme, parce que, disait son institutrice, quand même neuf sur dix ne se soucieraient pas plus de vous que d'un sol, le dixième peut devenir un ami utile. Elle n'a ni adopté ni rejeté le plan dans son entier, mais elle a pleinement gardé l'esprit de cette maxime. En un mot, elle est un abrégé d'empire, qui se maintient par des récompenses et par des châtiments.

Sa grande ennemie, madame Du Deffand, qui a été un instant la maîtresse du régent, est maintenant fort vieille et complétement aveugle, mais elle conserve toute sa vivacité, ses saillies, sa mémoire, son jugement, ses passions et son agrément. Elle va à l'Opéra, à la Comédie, aux soupers et à Versailles. On soupe chez elle deux fois par semaine, elle se fait lire tout ce qui paraît de nouveau, elle compose des chansons et des épigrammes vraiment admirables et se rappelle tout ce qui a été fait en ce genre depuis quatre-vingts ans. Elle correspond avec Voltaire, dicte de charmantes lettres à son adresse, le contredit, n'est bigote ni pour lui ni pour personne et se moque aussi bien du clergé que des philosophes. Dans la discussion, où elle se laisse facilement entraîner, elle montre beaucoup de chaleur et pourtant elle a rarement tort : son jugement sur tous les sujets est aussi juste que possible et sa conduite sur tous les points est une erreur continuelle, car elle est tout amour et tout aversion : passionnée jusqu'à l'enthousiasme pour ses amis, toujours anxieuse d'être aimée (il ne s'agit pas d'amants, bien entendu), enfin, ennemie violente, mais franche. Privée de tout autre amusement que la conversation, la solitude et l'*ennui* lui sont insupportables et la mettent à la discrétion de gens indignes, qui mangent ses soupers, quand ils ne peuvent le faire chez des personnes d'un rang plus élevé, qui clignent de l'œil l'un à l'autre et se moquent d'elle, gens qui la détestent parce qu'elle a quarante fois plus d'esprit qu'eux et qui osent la détester, parce qu'elle n'est pas riche. Elle a un vieil ami, dont il faut vous parler : c'est M. de Pont-de-Veyle[1], auteur du *Fat puni*, du *Complaisant* et de quelques jolis romans : *le Comte de Comminges*, le

---

[1] M. de Pont-de-Veyle avait pour frère aîné le marquis d'Argental, l'ami de Voltaire et du grand Frédéric. Ils étaient fils de M. de Fériol, ambassadeur à Constantinople, qui en avait ramené mademoiselle Aïssé; leur mère était sœur de la fameuse madame de Tencin et du cardinal de ce nom. Pont-de-Veyle mourut en 1774.

Siége de Calais et *les Malheurs de l'amour*[1]. Ne vous attendiez-vous pas à ce que ce vieillard fût un homme agréable? Il peut l'être en effet, mais c'est très-rare : il a pourtant un talent d'un tout autre genre et qui est fort amusant; c'est celui de la parodie, où il est unique dans son espèce. Il compose des paroles sur des airs de danse : par exemple, il a adapté à l'un de ces airs le *Daphnis et Chloé* du régent et il l'a rendu dix fois plus indécent, mais il est si vieux et il chante si bien, qu'on le lui permet dans toutes les réunions. Il a encore mieux réussi dans *les Caractères de la danse*, auxquels il a ajusté des paroles, qui expriment toutes les phases de l'amour. Avec tout cela, il n'a pas la moindre gaieté dans la conversation; il ne parle guère que sur des sujets sérieux et encore assez rarement. C'est un original très hautain, drapé dans son admiration pour son propre pays, comme le seul capable de bien apprécier son mérite. Il a l'air froid et déplaisant, mais demandez-lui de chanter ou de vanter ses ouvrages : vous verrez alors ses yeux et son sourire briller et s'épanouir. Bref, je puis vous le montrer : c'est le poëte s'applaudissant lui-même dans le *Progrès du libertin* d'Hogarth. La seconde estampe ressemble tellement à toute sa personne, y compris sa perruque, que vous le connaissez aussi bien que si vous étiez venue ici, car assurément il n'ira pas vous trouver.

L'intelligence de madame de Mirepoix est excellente dans le genre utile, et, quand elle le veut, dans le genre agréable. Elle a de la lecture, mais elle le montre rarement, et son goût est parfait. Elle a des manières froides,

---

[1] Il y a là une erreur; ces trois romans se trouvent dans les œuvres de madame de Tencin.

mais très-polies, et elle sait même dissimuler l'orgueil du sang lorrain, sans l'oublier jamais. Personne, en France, ne connaît mieux le monde et personne n'est si bien avec le roi. Elle est fausse, artificieuse et insinuante outre mesure, quand son intérêt le demande, mais elle est aussi indolente et peureuse. Elle n'a jamais eu d'autres passions que le jeu et elle y perd toujours. Le seul fruit de son assiduité à la cour et de toute une vie d'artifices est l'argent qu'elle tire du roi pour payer ses dettes et en contracter de nouvelles, dont elle se débarrasse aussitôt qu'elle le peut. Elle a affiché la dévotion pour devenir *dame du palais de la reine*, et le lendemain même cette princesse de Lorraine se laissait voir sur le devant du carrosse de madame de Pompadour.

Lors de l'assassinat du roi, ce prince fut effrayé jusqu'au fond du cœur et sa maîtresse fut également prise de panique ; elle alla consulter d'Argenson pour savoir si elle ne ferait pas bien de disparaître un moment : « Dépêchez-vous, » répondit d'Argenson, qui était son ennemi ; madame de Mirepoix lui conseilla de rester. Le roi reprit courage, d'Argenson fut exilé et la maréchale hérita une partie du crédit de la maîtresse.

Il faut que j'interrompe un instant mon histoire de femmes illustres, pour vous conter une anecdote sur M. de Maurepas, avec lequel je suis en rapports fréquents et dont la tête est du petit nombre de celles qu'on pourrait presque appeler bonnes ; heureusement pour nous, il a été disgracié et la marine est tombée, car c'était son département et sa préoccupation favorite. Il chargea Pont-de-Veyle de faire une chanson contre la Pompadour ; cette chanson est aussi spirituelle qu'amère et n'épargne pa même Sa Majesté[1]. Maurepas fut assez absurde pour la chanter en soupant à Versailles; il fut banni, et afin de le perdre sans retour, la favorite persuada au roi qu'il avait empoisonné madame de Châteauroux, à qui elle avait succédé. Maurepas est très-agréable et excessivement gai ; seulement j'ai vu parfois passer un nuage silencieux sur son front quand on parlait politique.

Madame de Boufflers, qui a été en Angleterre, est une *savante* et la maîtresse du prince de Conti, dont elle désire ardemment faire son époux. Il y a en elle deux femmes ; celle d'en haut et celle d'en bas. Je n'ai pas besoin de vous dire que celle d'en bas est galante et qu'elle a encore des prétentions : celle d'en haut est fort sensée ; elle possède une éloquence mesurée qui est juste et qui plaît, mais tout cela est gâté par une véritable rage d'applaudissements. On dirait qu'elle pose toujours pour son portrait devant son biographe.

Madame de Rochefort diffère de tout le reste. A une intelligence juste et délicate elle joint une finesse d'esprit qui est le résultat de la réflexion. Ses manières sont douces et féminines, et, bien que *savante*, elle n'affiche aucune prétention. Elle est l'amie décente de M. de Nivernois, car vous ne devez pas croire une syllabe de ce que vous

---

[1] En voici le premier couplet :

> Une petite bourgeoise
> Élevée à la grivoise,
> Mesurant tout à sa toise
> Fait de la cour un taudis :
> Le roi, malgré son scrupule,
> Pour elle froidement brûle.
> Cette flamme ridicule
> Excite dans tout Paris,
> Ris, ris, ris, etc., etc.

lirez dans les romans français. Il faut ici une extrême curiosité et une extrême habitude pour découvrir les moindres rapports entre les deux sexes. Aucune familiarité n'est permise que sous le voile de l'amitié, et le dictionnaire de l'amour est aussi sévèrement prohibé qu'à première vue on pourrait supposer que l'est son *rituel*. Tout ce qu'on dit, mais en le prononçant avec une nonchalance parfaite, c'est que monsieur *un Tel* a eu madame *une Telle*.

Le duc de Nivernois a du talent et ses ouvrages sont au sommet du médiocre, mais, comme le dit madame Geoffrin, *il est manqué partout : guerrier manqué, ambassadeur manqué, homme d'affaires manqué, et auteur manqué* : non, ce n'est pas *un homme de naissance manqué*. Il serait volontiers libre penseur, mais il a quelque ambition de devenir gouverneur du dauphin et il a surtout peur de sa femme et de sa fille [1], qui sont des *fagots d'église*. La première l'emporte en caquetage sur le duc de Newcastle et la seconde épuise une éloquence digne de M. Pitt à défendre l'archevêque de Paris [2]. M. de Nivernois vit dans un petit cercle d'admirateurs subalternes, où madame de Rochefort est la grande prêtresse, pour un mince salaire de crédit.

La duchesse de Choiseul, la seule jeune de toutes ces héroïnes, n'est pas très-jolie, mais elle a de beaux yeux : c'est un vrai petit modèle en cire. N'ayant pas eu pendant quelque temps la permission de parler, sous prétexte qu'elle en était incapable, elle en a contracté une modestie que la cour n'a point guérie et une hésitation,

---

[1] La comtesse de Gisors.
[2] M. de Beaumont.

qui est compensée par le son de voix le plus intéressant et que fait oublier le tour le plus élégant et la plus parfaite propriété d'expressions. Oh! c'est bien la plus gentille, la plus aimable, la plus gracieuse petite créature qui soit jamais sortie d'un œuf enchanté : si juste dans ses paroles et dans ses pensées, si pleine d'attentions et de bonté! Tout le monde l'aime, excepté son mari, qui lui préfère sa propre sœur, la duchesse de Gramont, une amazone fière et hautaine, qui aime et déteste vigoureusement et qui est abhorrée [1]. Madame de Choiseul, passionnément éprise de son mari, était le martyr de cette union, mais, à la fin, elle s'est soumise de bonne grâce ; cela lui a fait gagner un peu de crédit près de lui et elle passe encore pour l'idolâtrer, mais j'en doute ; elle se donne trop de peine pour le montrer.

Je ne puis clore ma liste, sans y joindre un caractère d'une nature plus commune, mais qui est plus complet dans son genre qu'aucun de ceux dont j'ai parlé : c'est celui de la maréchale de Luxembourg [2]. Elle a été fort belle, fort galante et fort méchante ; sa beauté s'en est allée, ses

---

[1] Walpole se montre beaucoup trop sévère, injuste même pour la duchesse de Gramont. Elle était grande et laide, d'une taille épaisse et commune, mais elle était aussi spirituelle qu'énergique et bonne, fort aimée d'ailleurs et fort considérée, quoi qu'en dise notre auteur. Ce qui prouve que ce n'était pas une personne vulgaire, c'est le courage qu'elle montra devant le tribunal révolutionnaire, où, en se sacrifiant elle-même, elle fit tous ses efforts pour sauver la duchesse du Châtelet, qui périt avec elle.

[2] La maréchale de Luxembourg, sœur du duc de Villeroy, avait d'abord épousé le duc de Boufflers, dont elle eut un fils, qui mourut de la petite vérole à Gênes, où il commandait les troupes destinées à envahir la Corse. Devenue veuve, elle se remaria avec le vieux maréchal de Luxembourg et son hôtel devint un des centres les plus recherchés de la société élégante et lettrée. Elle avait été plus que galante ; mais c'était une femme distinguée dans toute l'acception du mot. Les *Confessions* de Jean-Jacques Rousseau lui ont valu d'ailleurs une véritable célébrité.

amants aussi et elle croit à présent que c'est le diable qui va venir. Cet affaissement moral l'a adoucie jusqu'à la rendre agréable, car elle est spirituelle et bien élevée, mais à voir son agitation incessante et l'effroi qu'elle ne peut dissimuler, on jurerait qu'elle a signé un pacte avec le démon et qu'elle s'attend à être sommée dans huit jours de l'accomplir.

Je pourrais ajouter ici bien d'autres portraits, mais aucun ne serait aussi intéressant : dans ceux que je vous envoie, il n'y a pas un trait qui soit dessiné de fantaisie, ni exagéré. Quant aux beautés, dont quelques-unes sont remarquables, telles que mesdames de Brionne, de Monaco et d'Egmont, elles n'ont pas encore été obligées de quitter leur rôle pour en prendre un autre. Vous auriez tort d'attribuer à la simple curiosité mon intimité avec Paris : un incident m'en a ouvert toutes les portes à deux battants, grâce à ce *passe-partout* qu'on appelle la mode; et qui donc, selon vous, personnifierait cette mode? Moi-même! Oui, ainsi que la reine Éléonore de la ballade, j'ai fait un plongeon dans Charing-Cross et je me suis redressé dans le faubourg Saint-Germain. Une plaisanterie sur Rousseau, dont le passage par ici pour aller en Angleterre m'a dévoilé une foule d'anecdotes, qui répondaient parfaitement à l'idée que j'avais conçue de lui, une simple *plaisanterie*, dis-je, a obtenu plus de succès qu'elle n'en méritait. Elle s'est répandue partout comme le feu et elle a fait de moi le sujet de toutes les conversations. Les dévotes à Rousseau ont été furieuses; madame de Boufflers, sur le ton du sentiment et avec les accents de l'humanité souffrante, m'a déchiré de tout son cœur, tandis qu'elle se plaignait à moi-même avec la plus extrême douceur. J'ai joué la contrition, mais j'ai failli tout gâter, à cause de l'odieux ennui que m'a donné une seconde lecture de la lettre, faite par le prince de Conti, qui, prenant la balle au bond, s'est posé en héros d'une histoire où il n'avait jamais eu rien à voir. J'ai écouté, je n'ai pas compris la moitié de ce qu'il a dit (ni lui non plus), j'ai oublié le reste, j'ai répondu oui, quand je devais dire non, j'ai bâillé quand je devais sourire et j'ai pris la mine d'un pénitent, quand je devais me réjouir de mon pardon. Madame de Boufflers se désolait encore davantage, parce que le prince en avait raconté vingt fois plus que moi : elle fronçait le sourcil, lui faisait des signes, mais elle avait cassé le robinet et il n'y avait plus moyen de l'arrêter. Dès l'instant qu'elle s'est mise en colère, le maître de la maison a paru enchanté, et c'est ma faute si je ne suis pas aujourd'hui à la tête d'une secte nombreuse; mais, après avoir quitté en Angleterre un parti triomphant, je ne suis pas venu ici pour me mettre à la tête de la mode. On n'en a pas moins couru après moi, comme après un prince africain ou un serin savant, et j'ai été notamment mené de force[1] chez la princesse de Talmont[2], cousine de la reine et logée gratis

[1] Par la duchesse d'Aiguillon, que la princesse avait chargé de lui amener Walpole de gré ou de force.
[2] Elle était Polonaise et se disait cousine de la reine Marie Leczinska, avec qui elle était venue à Paris. Elle y épousa le prince de Talmont, qui la laissa bientôt veuve. On lui donna alors un appartement au Luxembourg. Elle avait eu dans sa jeunesse toute la grâce et l'originalité de son pays : inégale et fantasque, belle et jalouse des hommages, coquette dans ses manières avec les hommes, elle possédait un grand charme de conversation. Elle avait eu des amants et le dernier était le prétendant Charles-Édouard. Nous trouvons, à ce sujet, dans les Mémoires de Bachaumont, une anecdote qui fait honneur à la princesse : « Lors de l'arrestation du prétendant, le 10 décembre 1748, en entrant à l'Opéra, un des gens de madame de Talmont fut arrêté dans la foule et conduit à la Bastille. Cette dame écrivit le

dans un appartement du Luxembourg. Elle se tenait sur un petit lit tendu d'images de saints et de Sobieskis, dans le coin d'une vaste chambre, près de deux flambeaux clignotants. Dans mon voyage pour arriver jusqu'à elle, j'ai trébuché sur un chat, sur un tabouret et sur un pot de chambre; mais, en revanche, elle n'a pas trouvé une syllabe à me dire, et la visite s'est terminée par la demande qu'elle m'a faite de lui envoyer un bichon. Dieu merci! quoique ce soit le premier mois, c'est la dernière semaine de mon règne et j'aurai grand plaisir à déposer ma couronne devant la *bouillie* de châtaignes qu'on vient d'inventer, et dont les annales seront illustrées par tant d'indigestions, que Paris n'aura besoin de rien autre chose d'ici à trois semaines.

Je joins la fatale lettre [1] à celle-ci qui est déjà énorme; j'y ajouterai seulement qu'il a fallu la gelée pour m'empêcher de poursuivre mes recherches sur madame de Sévigné. L'abbé de Malherbe m'a donné pleins pouvoirs pour mettre Livry à sac. Je ne vous ai pas dit qu'au moment où j'y pensais le moins, je suis tombé sur un portrait original du comte de Gramont. Adieu! Je serai à Londres à la fin de mars; vous y êtes ordinairement à cette époque.

« d'une gloire immortelle en faisant arrêter le prince Édouard; je ne doute
« pas que Sa Majesté ne fasse chanter le *Te Deum* pour remercier Dieu d'une
« victoire qui lui fait tant d'honneur, mais comme mon laquais nommé
« Lafleur, qui a été pris dans cette grande journée, ne peut rien ajouter aux
« lauriers de Sa Majesté, je vous prie de me le renvoyer. » — La princesse
« de Talmont mourut en 1767.

[1] Celle du roi de Prusse à Rousseau.

XXXVIII

A LA TRÈS-HONORABLE LADY HERVEY

Paris, 3 février 1766.

Je regrette de vous informer, madame, que vous ne verrez point cette année madame Geoffrin, parce qu'elle part pour la Pologne au mois de mai[1] : le roi l'y a invitée avec la promesse de lui donner un appartement exactement selon ses idées et de ne lui faire voir que les personnes qu'elle choisirait. Ceci ne vous étonnera point, madame, mais voici qui vous surprendra, j'en suis sûr ; avant tout, il faut que je vous prie de n'en parler à personne, pas même à madame Geoffrin, parce que c'est un secret absolu ici et qu'elle ne se doute pas que je le sache : c'est un de vos amis qui me l'a confié. On dit donc qu'on a quelque idée de la faire partir avec un caractère officiel ou au moins avec une commission du gouvernement français : honneur tout à fait extraordinaire et qui n'a été conféré, je crois, qu'à la maréchale de Guébriant[2]. Comme

[1] « Le grand événement de la vie de madame Geoffrin fut le voyage qu'elle fit en Pologne en 1766, pour aller voir le roi Stanislas Poniatowski ; elle avait alors soixante-sept ans ; elle avait connu le roi tout jeune homme à Paris et l'avait rencontré comme tant d'autres dans ses bienfaits. A peine monté sur le trône de Pologne, il lui écrivit : *Maman, votre fils est roi*, et il la pria avec instance de le venir visiter. Elle n'y résista point, malgré son âge déjà avancé ; elle passa par Vienne et y fut l'objet marqué des attentions des souverains. » — (Sainte-Beuve, *Causeries du lundi*, tome II, page 326.)

[2] Louis XIII l'avait envoyée en Pologne avec le titre d'ambassadrice. Dans une autre lettre, Walpole reconnaît son erreur en ce qui regarde madame Geoffrin.

on a parlé des d'Usson, et que madame Geoffrin a des ennemis, ce secret divulgué pourrait avoir des inconvénients pour elle. Je n'aurais pas voulu en dire un mot à tout autre mortel qu'à Votre Seigneurie, mais je n'ai pu résister à vous faire un pareil plaisir. Je n'ai pas besoin de vous supplier de ne faire dans votre réponse aucune allusion à ce que je vous ai dit.

Je continue à être en faveur ici et la faveur n'est jamais désagréable. Pour moi, c'est aussi une nouveauté et j'aime naturellement tout ce qui est curieux. Il me faut pourtant regarder du côté de chez moi et peut-être n'ai-je fait ici que me ménager un trésor de regrets : après tout, en mettant les choses au pire, mon esprit s'est meublé de toute une série d'idées nouvelles, et c'est une ressource pour un homme cordialement fatigué de ses anciennes. Quand je vous dirai que je joue au whist et que je vais jusqu'à supporter la musique française, vous ne pourrez plus vous étonner d'aucun changement dans ma personne; je suis loin cependant de prétendre aimer tous les gens et toutes les choses que je vois. Il y a des chapitres sur lesquels je crains encore de ne pas être de votre avis, mais il me faut rendre à Votre Seigneurie la justice d'avouer que jamais vous ne m'avez dit un mot de trop en faveur des amis auxquels vous avez eu la bonté de me recommander. Madame d'Egmont, dont j'ai encore peu parlé, est une des meilleures femmes qu'il y ait au monde et qui, sans frapper au premier abord, gagne beaucoup à être connue. Le colonel Gordon, avec cette lettre, vous porte de sa part encore quelques graines. J'ai aussi pour vous une boîte de pommades, qui vient de madame de Boufflers : elle partira par la première occasion. Comme le colonel attend mon paquet, je n'ai que le temps de vous répéter combien je suis, madame, votre obligé, humble et fidèle serviteur.

XXXIX

A GEORGE MONTAGU, ESQ.

Paris, 4 février 1760

Je vous écris sur du petit papier, afin que *le rien* que j'ai à vous dire puisse avoir la tournure d'une lettre. Paris, qui me fournit des distractions, ne me donne aucune nouvelle, et l'Angleterre ne m'en envoie pas : de celles au moins dont je voudrais vous parler par la poste. Tout semble en confusion... mais j'en ai fini avec la politique!

Le mariage de vos cousins me rappelle les deux hiboux d'un conte oriental, qui, disait le vizir au sultan, étaient en train d'arranger le contrat de mariage de leurs enfants, dans lequel ils comptaient comme apport je ne sais combien de villages en ruines. Ne vous tourmentez pas de cela ; nos ancêtres étaient des gueux et telle sera notre postérité.

Madame Roland m'a envoyé demander mes ouvrages par lady Jerningham ; elle les aura certainement dès que je serai de retour à Londres, mais comment en est-elle venue à oublier que vous et moi nous sommes des amis? Croit-elle que tous les Anglais se querellent pour des questions de partis? Si elle le croit, elle n'a peut-être pas si tort et une des raisons pour lesquelles j'ai dit adieu à la politique; c'est que je ne veux pas qu'on exige de moi d'aimer ceux que je hais et de haïr ceux que j'aime.

J'ai soupé hier au soir avec la duchesse de Choiseul et j'ai vu une robe magnifique, qu'elle doit porter aujourd'hui à un grand mariage entre un Biron et mademoiselle de Boufflers [1]. Cette robe est de satin bleu, toute couverte de broderies en mosaïque, de faux diamants et d'or : dans chaque diamant se trouve une étoile d'argent bordée d'or et entourée de paillettes du même genre ; elle est garnie d'un double rang de martre zibeline, entremêlée de nœuds et de glands d'or : la tête, le cou, la poitrine et les bras doivent être couverts de diamants. Madame de Choiseul sera vraiment la reine des fées, car c'est la plus jolie, la plus raisonnable, la plus aimable *Titania* que vous ayez jamais vue : mais elle n'est pas aimée d'*Oberon* : il lui préfère une grande *Hermione*, qui est sa sœur.

Il faut, avant de vous quitter, que je vous conte une historiette : le canton de Berne ordonna la saisie de tous les exemplaires de *l'Esprit* d'Helvétius, et de *la Pucelle* de Voltaire. L'officier de justice chargé de cette mission

---

[1] Ce mariage si brillant, où tout ce qui semblerait devoir faire le bonheur en ce monde était réuni, tourna de la manière la plus désastreuse. Le marié était Armand-Louis de Gontaut-Biron, duc de Lauzun, si connu par ses aventures galantes, sa prodigalité et son courage et qui devint plus tard le général Biron : il épousait Amélie de Boufflers, petite-fille et héritière de la maréchale de Luxembourg. Bientôt délaissée, maltraitée même par son mari, cette jeune femme, aussi vertueuse que jolie et distinguée, dut se résigner, dès les premiers temps de son mariage, à l'existence la plus difficile et la plus pénible. Elle la supporta avec courage, sans se plaindre et sans chercher d'autres consolations que celle de la piété. Au moment de la révolution, elle émigra en Angleterre avec la comtesse de Boufflers, mais, étant revenue à Paris pour des affaires de famille, elle fut arrêtée, et monta sur l'échafaud, où son mari l'avait précédée six mois auparavant.

revint devant le conseil et dit : « Magnifiques seigneurs, après toutes les recherches possibles, on n'a pu trouver dans toute la ville que fort peu d'*Esprit* et pas une *Pucelle.* » Adieu !

XL

A SIR HORACE MANN

Paris, 9 février 1766.

Je vous félicite du succès de vos labeurs comme ministre[1], quoiqu'en ma qualité d'Anglais, je reste fort indifférent dans la question. Il est tout à fait au-dessous d'une nation comme l'Angleterre de se troubler la tête pour savoir si, à Rome, un vieux mendiant appellera ou non un malheureux fugitif *re d'Inghilterra* ou *principe di Galles.* Cela n'a d'importance que pour les sectateurs de ce pauvre garçon, et tout ce qui les empêchera d'aller en son honneur à Tyburn[2] est une bonne chance pour eux : quant à lui, il est cruel de se voir refuser un vain titre par un vieux derviche pour lequel on a perdu la réalité. Rome est le seul lieu du monde où il puisse décemment résider; au moins là il pourra prendre *le pas* sur une foule de saints. L'appeler prince de Galles et lui refuser le titre de

---

[1] Allusion aux ordres donnés par la cour d'Angleterre à sir Horace Mann de s'interposer près du pape, pour l'empêcher de reconnaître comme roi d'Angleterre le fils aîné du feu chevalier de Saint-Georges. — *Note de Walpole.*

[2] Lieu où l'on pendait les condamnés.

roi, c'est une absurdité digne d'un patriarche irlandais. Ici on allègue beaucoup de raisons pour ce refus : telles que la jalousie de ces sots qui forment la noblesse romaine; la crainte que les Anglais ne veuillent plus aller à Rome, comme s'ils n'y avaient jamais été du temps de son père; la tendresse pour les catholiques d'Angleterre, tourmentés en ce moment par l'évêque de Londres, ce qu'ils n'étaient pas du temps de l'ancien prétendant qui était reconnu; d'autres appréhensions que causent la violence et l'ivrognerie du jeune homme; des doutes sur sa foi, ce qui est la meilleure raison de toutes; enfin ce qui est la pire de toutes, le soupçon que nous avons gagné par des présents la congrégation des cardinaux. Ce dernier motif m'indignerait fort, mais la rapacité des membres du parlement anglais me rassure.

Il court ici le bruit d'un refroidissement et même d'une querelle entre la cour de France et le nouvel empereur, qui insiste, dit-on, pour que Parme soit considéré comme fief de l'Empire et qui demande la restitution de la Lorraine. Je n'en serais pas étonné : la France, comme cela est arrivé à l'Angleterre, s'apercevra que la cour de Vienne ne reconnaît pas d'autre loi et n'observe pas d'autres traités que ceux qui lui sont dictés par son orgueil. L'Angleterre et la France étant les deux puissances qui sont le plus exposées à se heurter l'une contre l'autre, je désire qu'elles restent unies pour toujours. Si ce jeune César allemand débute ainsi, je sais comment il finira... — par l'impatience de régner sur les États de sa mère!

Nous devenons chaque jour plus anxieux d'avoir des lettres d'Angleterre, où la conduite de M. Pitt a causé une extrême confusion. Il s'est légèrement déclaré en faveur d'une certaine partie de l'administration, mais fortement contre le duc de Newcastle, violemment contre lord Bute [1] et péremptoirement contre le dernier ministère, dont il réprouve tous les actes, et ce qui est encore plus fort, contre le parlement lui-même, qui, dit-il, a imposé aux Américains des taxes, sans en avoir le droit et qui a rompu par cela même le pacte originel. Il a fort peu d'adhérents, mais son nom seul forme une sorte de parti et vous pouvez être sûr qu'il a tous les Américains avec lui. Lord Bute agit séparément de son côté, ce qui constitue un quatrième parti : si on lui permet de se conduire ainsi, que deviendra la foi jurée aux ministres actuels, lorsqu'ils ont reçu la direction des affaires ? Si lord Bute arrive à s'entendre avec la dernière opposition, à quel point ce marché complétera le scandale de leurs rôles à tous deux ! D'un côté, l'opposition s'appuiera de nouveau sur lui, et, de l'autre, dans son intérêt particulier, il ramènera à son maître ceux qui ont stigmatisé sa mère par un acte du parlement. Voilà comment il justifiera le titre qu'il prend d'*ami du roi !* Peut-on oublier le *North Briton*, n° 45 [2] ?

Nous voici encore dans la neige jusqu'aux oreilles, mais je me sens robuste et bien portant ; je deviens *très-Français*, ne dînant jamais, soupant toujours, veillant toute la nuit et restant au lit toute la journée. Bref, je jouis de tout cœur des vacances que je me suis données

---

[1] John Stuart Mackenzie, comte de Bute, gendre de la célèbre lady Mary Wortley Montague. Favori du roi George III, lorsqu'il n'était que prince de Galles, il devint premier ministre à son avénement au trône, en 1760. Chef du parti tory, il se rendit très-impopulaire par des mesures inopportunes, mais il termina, en 1763, par le traité de Fontainebleau, la guerre entre la France et l'Angleterre. Peu de temps après il se retira du ministère, tout en conservant une grande influence sur l'esprit du roi. Il est mort en 1792.

[2] On sait que le *North Briton* était rédigé par Wilkes.

hors du parlement. Cependant je pense retourner à la fin de mars, mais j'ai aussi l'idée de venir de temps en temps passer un hiver ici.

Si ma philosophie au sujet du ruban rouge ne peut pas vous convaincre, ne vous étonnez pas au moins que votre manque de philosophie ne me persuade pas : croyez bien pourtant que, s'il était en mon pouvoir de vous l'octroyer, je m'empresserais de le faire, pour vous réjouir. — Votre campagne triomphante contre la maison de Stuart ajoute un nouveau titre à vos prétentions, mais, dans le cas où un changement surviendrait en Angleterre, je pense que vous n'auriez guère de chance pour obtenir ce ruban, après avoir été en faveur auprès des ministres actuels. Le présent règne ne peut pas manquer d'être orageux avec un favori, poltron trop avéré pour aventurer sa personne, trop ambitieux et trop fourbe pour laisser subsister aucun autre que ses créatures. Que George Grenville revienne au pouvoir, je me consolerai du moins par le spectacle d'une ambition égale, d'un orgueil égal et d'une fourberie égale s'inclinant devant une idole qu'il avait abandonnée, dédaignée et insultée. Adieu !

XLI

A GEORGE MONTAGU, ESQ.

Paris, dimanche, 23 février 1766.

Je ne puis pas savoir que vous êtes chez moi sans vous souhaiter la bienvenue. Vous y êtes donc et je suis cordialement heureux que vous vous y plaisiez. Je n'ai ni temps ni sujet pour vous en dire davantage, car je saisis à l'instant une occasion qui se présente d'envoyer cette lettre avec plusieurs autres. Les nouvelles ne sont pas aussi fréquentes ici qu'à Londres; les parlements s'assemblent, rédigent des remontrances, demandent un jour pour les présenter, on le leur indique la semaine suivante et ainsi de suite. Au train dont ils y vont, Mathusalem serait premier président, qu'il ne verrait même pas la fin d'une seule question. Comme vos histoires sont un peu plus précipitées, j'attends qu'elles arrivent à quelque arrangement; c'est alors que je reviendrai: mais si l'ancien ministère doit rentrer aux affaires, bastille pour bastille, j'aime mieux rester où je suis. Aucun pouvoir ne me fait la moitié de la peur que les Français ont de M. Pitt. Adieu!

XLII

AU RÉVÉREND WILLIAM COLE

Paris, 28 février 1766.

Monsieur,

Comme vous ne pourriez pas, je pense, vous procurer une copie de la lettre à Rousseau et que vous êtes impatient de la connaître, je vous l'envoie, quoique sa brièveté ne doive pas répondre à votre attente. Ce n'est une réponse à aucun de ses ouvrages, mais une satire de ses affectations. On me dit qu'il ne réussit guère en Angleterre, où les singularités ne sont un objet de curiosité pour personne. Il faut pourtant qu'il reste là ou qu'il dépouille ses prétentions : quitter un pays où il peut vivre à son aise et sans persécution, ce serait avouer que la tranquillité n'est pas ce qu'il cherche. S'il veut encore des persécutions, qui le plaindra ? Je crois que les bigots eux-mêmes le planteraient là tout seul, sans plus s'en inquiéter.

J'approche du moment de mon retour, quoique je sois un peu tenté d'attendre la pousse des feuilles ; comme je suis exposé à ne jamais revenir ici, j'aimerais assez voir un peu les villas et les jardins, tout en regrettant de perdre le printemps et la fleur des lilas de Strawberry.

Le temps a été si mauvais et il fait toujours si froid que je n'ai pas encore vu à Paris tout ce que je voulais. Aujourd'hui je suis allé par le bois de Boulogne à la plaine des Sablons, pour assister à une course de chevaux montés en personne par le comte de Lauraguais[1] et par lord Forbes. Tout Paris était en mouvement depuis neuf heures du matin ; les carrosses et la foule étaient innombrables pour voir un spectacle si nouveau. Le croiriez-vous ? il y avait là un Anglais pour lequel tout cela était aussi nouveau, et cet Anglais, c'était moi. Bien que je demeure à deux milles d'Hounslow, que j'aie été cinquante fois dans ma vie à Newmarket et que j'aie passé par là à l'époque des courses, je n'en avais jamais vu une seule d'un bout à l'autre. J'y étais allé une fois de Cambridge tout exprès pour cela ; la course a commencé, elle m'a ennuyé et je suis reparti.

S'il y avait une revue en Laponie, peut-être pourrais-je voir aussi une revue, ce qui ne m'est encore jamais arrivé. Lauraguais a été distancé au second tour ; ce qui ajoutait au piquant de l'aventure, c'est qu'au même moment, son frère était à l'église pour se marier, mais comme Lauraguais est assez mal avec son père et avec sa femme, il a choisi cet expédient pour constater qu'il n'était pas au mariage. Adieu !

[1] Louis-Léon de Brancas, comte de Lauraguais, personnage assez excentrique, était né en 1735. Libertin dans les coulisses de l'Opéra, où il vécut longtemps avec Sophie Arnould, bel esprit avec des prétentions à la littérature et aux sciences, frondeur et plein de saillies, anglomane à outrance et premier organisateur des courses de chevaux en France, prodigue jusqu'à se ruiner deux fois, il fut un des types les plus complets de son époque. A la restauration, il devint pair de France, sous le nom de duc de Brancas. Il vécut jusqu'à l'âge de quatre-vingt-onze ans et mourut à Paris, en 1823. Sa femme était née de Niérodes et périt sur l'échafaud en 1793. Elle avait été dame d'honneur de la dauphine Marie-Josèphe de Saxe.

XLIII

A SIR HORACE MANN

Paris, 29 février 1766.

Le duc de Richmond est parti pour l'Angleterre, il y a quinze jours : il a beaucoup d'affaires, outre les engagements d'ici et s'il n'a pu vous écrire, je crois au moins qu'il a reçu vos lettres. Il en a été de même, je présume, pour M. Conway, mais je n'en ai pas la certitude, car je n'ai eu qu'une fois de ses nouvelles dans ces derniers temps. Il avait autre chose à faire qu'à penser aux prétendants, et à ceux qui ont des prétentions : c'est une question encore à peu près pendante de savoir si lui et ses amis resteront au ministère, si nous tirerons l'épée contre nos colonies et si nous provoquerons nos manufacturiers à la rébellion. La bonté de la Providence ou la fortune, par sa permission, s'est interposée et j'espère qu'elle a prévenu l'effusion du sang, bien que George Grenville et le duc de Bedford, qui ont montré tant de compassion pour la France en dédaignant nos victoires, deviennent des héros dès qu'il s'agit de conquérir nos propres frères. Ils ont fait une motion, eux et leurs *bandits*, pour envoyer des troupes en Amérique[1]. Le

---

[1] Le ministère à la tête duquel se trouvait George Grenville, pour réparer les brèches énormes faites au budget par la guerre contre la France, avait cru devoir demander au parlement d'imposer de lourdes charges aux colonies d'Amérique. Parmi ces charges figuraient l'impôt du timbre et des droits considérables sur l'entrée et la sortie des marchandises. L'acte fut voté au parlement, mais il rencontra une vive résistance aux colonies : il

fameux comte de Bute, qui n'a jamais peur quand sa personne ne court aucun danger, a réuni ses forces à ses anciens amis, devenus plus tard ses ennemis et redevenus maintenant ses alliés. Cependant cette nouvelle race d'Espagnols, si affamée d'or et si altérée du sang américain, a été battue par 274 voix : elle n'avait pu en réunir que 134. Le comte, surpris de sa défaite, a eu recours à cette espèce de politique, recommandée par Machiavel dans son chapitre *des Escaliers de derrière*. César lui-même a désavoué ses ministres, en déclarant qu'il n'avait pas été pour le *rappel* [1] et que ses serviteurs avaient usé de son nom sans y être autorisés. On lui a produit un papier, qui prouvait que ce désaveu n'était que de la duplicité, et les ministres, au lieu de repousser leurs sièges au milieu du cabinet, comme je l'aurais fait, ont eu le courage et la vertu de rester fermes à leur poste : ils ont ainsi préservé l'Europe et l'Amérique d'une destruction inévitable.

A cet instant, qui croyez-vous qui ait apparu comme l'ange gardien de lord Bute? Rien que l'un de ses plus cruels ennemis, un ange blanc comme la neige [2], blanc même jusqu'aux yeux et aux sourcils, un ange parfaitement myope, dont la langue court comme un archet de violon. Vous avez vu cette divinité et vous l'avez invoquée pour obtenir un ruban. Eh bien, ce dieu de l'amour est devenu le dieu de la politique et il a provoqué des réunions entre Bute, Grenville et Bedford, mais

s'ensuivit de graves désordres et dès lors commença cette lutte, qui se termina, quelques années plus tard, par la séparation des colonies d'Amérique et de la métropole.

[1] De l'acte du parlement.
[2] Le duc d'York.

il leur est advenu, ce qui arrive, après le vol, aux brigands de grands chemins : ils se sont querellés pour le partage du butin avant même de l'avoir conquis, de sorte qu'au départ des dernières lettres, le rappel devait probablement passer dans les deux chambres[1], au grand désespoir de la tyrannie. Telle est la quintessence de la situation actuelle en Angleterre. A combien de numéros 45 du *North Briton*, ce malheureux Écossais[1] peut-il fournir matière? Mais parlons de votre cardinal d'York[2]; ainsi par sa folie, il a laissé son frère dans une situation pire que celle où il l'avait trouvé ! York paraît un titre destiné fatalement à orner de sottes cervelles... Non, ne parlons plus de lui, il n'en vaut pas la peine.

La cour de France est plongée dans un autre grand deuil par la mort du vieux roi Stanislas, qui était tombé dans le feu : la flamme a gagné aussitôt sa robe de chambre et le prince a été cruellement brûlé avant d'avoir pu obtenir du secours. Ses sujets sont au désespoir, car c'était un modèle de bonté et d'humanité ; unissant ou plutôt créant la générosité avec l'économie. Les Polonais n'avaient pas eu le bon sens de le réélire après que ses vertus eurent été mises à l'épreuve, tandis qu'ils l'avaient choisi avant de savoir ce qu'il valait. J'ai ouï dire que telle était l'affection de ce vieillard pour son pays et sa conviction que son devoir était de lui faire tout le bien possible, qu'il serait retourné en Pologne si on lui eût offert le trône. Il a laissé à la reine six cent mille livres et une *rente viagère*

[1] Lord Bute.
[2] Henry-Benoît Stuart, frère du prétendant Charles-Édouard, né en 1725, Il vécut toujours à Rome et y mourut en 1807. En lui s'éteignit la famille des Stuarts.

de quarante mille *couronnes*, produits de la vente de ses biens en Pologne, de sa pension de deux millions et de sa propre libéralité. Ses bâtiments, ses établissements de charité, sa magnificence et son économie étaient un sujet continuel d'admiration. Non-seulement les tables de la cour étaient régulièrement et noblement servies, mais encore il traitait et défrayait la princesse Christine, petite-fille de son ancien ennemi [1], lorsqu'elle passait pour venir voir ici la dauphine sa sœur. Quand *Mesdames* ses petites-filles venaient lui faire une visite à l'improviste, il était si troublé par la crainte de déranger ses finances, qu'il se croyait toujours en déficit, qu'il s'enfermait une heure avec son trésorier, pour inventer des ressources : charmé alors d'apprendre qu'il ne courait pas le risque de faire des dettes, il entretenait magnifiquement les princesses. Sa fin a été calme et gaie comme sa vie, bien qu'il éprouvât de terribles souffrances ; il disait qu'une existence aussi extraordinaire que la sienne ne pouvait finir d'une façon vulgaire. A une dame dont la manchette avait pris feu à la même époque et qui avait eu le bras écorché, il dit : « *Madame, nous brûlons du même feu.* » C'était la pauvre reine qui lui avait envoyé la robe de chambre qui causa sa mort ; il lui écrivit : « *C'était pour me tenir chaud, mais elle m'a tenu trop chaud.* »

Nous avons eu hier l'oraison funèbre du dauphin et nous aurons bientôt celle de Stanislas : c'est un noble sujet, mais si j'avais du loisir, je voudrais composer une grande oraison funèbre pour tous les princes morts dans les six derniers mois ! Quels beaux portraits, quelles

---

[1] Auguste II, électeur de Saxe et roi de Pologne, l'heureux compétiteur du roi Stanislas.

comparaisons, quels contrastes ils pourraient fournir !
Le duc de Parme¹, et le roi de Danemark ², prince vertueux avec un pouvoir absolu ! l'Empereur à la tête de
l'Europe, embarrassé d'un simulacre d'aigle romaine et
attaché au cordon du tablier d'une *virago* bigote et
jalouse³ ! le dauphin cultivant la vertu à l'ombre d'une
si brillante couronne et se faisant admirer, au moment
où se fermait pour lui la perspective de la royauté ;
le vieux prétendant ⁴, disparaissant dans l'obscurité et
l'infortune, après avoir survécu au duc de Cumberland,
qui avait porté le dernier coup aux espérances de sa famille ; Stanislas enfin périssant par un accident, lui qui
avait surnagé au-dessus des vagues soulevées par Pierre
le Grand et Charles XII, et qui régnait encore, pendant
que son successeur ⁵, le second de son nom, était établi
sur son trône ! Ce n'est pas sortir de ce funèbre sujet que
d'ajouter qu'au milieu de tant de bons princes qui disparaissent de ce monde, la czarine est encore vivante !

Le public ici se croit encore à la veille d'une guerre,
par suite du rappel de Stahremberg, le ministre impérial :
son départ semble au moins détruire les chances d'un
mariage entre la plus jeune archiduchesse et le dauphin,
arrangement pour lequel on croyait que Stahremberg était
resté ici. J'aime votre grand-duc⁶ pour le chagrin qu'il
éprouve d'avoir perdu son ministre. Il est rare qu'un

---

¹ Don Philippe, fils de Philippe V, roi d'Espagne.
² Frédéric V.
³ François Iᵉʳ et l'impératrice-reine Marie-Thérèse.
⁴ Jacques III.
⁵ Stanislas II, Poniatowski, dernier roi de Pologne. Il était monté sur le trône en 1766.
⁶ Léopold de Lorraine, qui devint empereur d'Autriche, en 1790.

jeune souverain regrette son gouverneur avant d'avoir goûté les fruits de sa propre incapacité. Adieu !

XLIV

A GEORGE MONTAGU, ESQ.

Paris, 3 mars 1766.

J'écris parce que je vous ai promis de le faire et que j'ai une occasion par M. de Lillebonne ; j'aurais pourtant une meilleure raison pour me taire, c'est que je n'ai rien à dire. Ici on se marie, on meurt, on est promu, toutes choses dont nous nous soucions vous et moi, comme d'un fétu. Oui vraiment, et je suis blasé sur eux tous du fond du cœur, comme vous pouvez l'imaginer, puisque je me prépare à revenir. Il y a dans la pièce voisine un homme occupé en ce moment à clouer mes caisses ; cependant le mois d'avril aura commencé avant que je ne sois chez moi ; je n'ai pas eu même un simple rhume pendant tout cet hiver de Sibérie et je ne veux pas exposer la goutte à s'irriter d'un mauvais lit d'auberge, avant que la saison ne se réchauffe. Je voudrais aussi voir quelques feuilles à Versailles, etc., etc., mais je n'en verrais guère quand même je resterais jusqu'au mois d'août, car il n'existe pas un arbre, à vingt milles à la ronde, qui ne soit haché et rogné jusqu'à ce qu'il ressemble à l'un de ces moignons que les mendiants poussent dans les carrosses, pour exciter la charité et la tromper.

Je vais ce soir à la recherche de madame Roland ; je crains que nous n'ayons l'un et l'autre perdu nos lis et nos roses : elle doit avoir à leur place quelques pivoines et les miens ont été remplacés par des crocus.

Vous figurez-vous avec quel plaisir j'ai appris que George Grenville avait été battu, sifflé et conspué? J'en suis surtout enchanté par la déconvenue que cet événement a causée ici. Si vous avez envie de vexer cruellement les Français, vous n'avez qu'à prendre M. Pitt pour ministre : ils ne l'ont point oublié, quoi que nous ayons pu faire.

Le roi est venu ici ce matin à l'improviste, pour tenir un *lit de justice* : je n'ai encore aucun détail, je sais seulement que c'est à l'occasion de quelques remontrances du parlement de Paris au sujet de celui de Bretagne. Louis[1] m'a dit à mon réveil que le duc de *Chevreuil*[2], gouverneur de Paris, s'était mis en route en grande cérémonie.

Il me tarde de pouvoir bavarder avec M. Chute et vous dans le salon bleu de Strawberry, car si j'ai peu de choses à écrire, j'en ai beaucoup à dire. Adieu! je ne cachetterai pas cette lettre, avant d'avoir vu ou manqué madame Roland. Toujours à vous.

P. S. — Je n'ai pu me rendre chez madame Roland et il me faut renoncer à vous parler d'elle dans cette lettre.

---

[1] Domestique de Walpole.
[2] Le duc de Gesvres.

XLV

A JAMES CRAWFORD, ESQ[1].

Paris, 6 mars 1766.

Vous ne pouvez comprendre, mon cher monsieur, combien j'ai été heureux de recevoir vos lettres, non pas tant pour mon propre compte que pour celui de madame Du Deffand. Ce n'est pas seulement à cause du plaisir que votre lettre lui a causé, mais parce qu'elle efface les reproches qu'elle avait subis à votre sujet. On l'avait déjà tourmentée sur sa partialité pour vous et sur votre indifférence; cette sotte de madame de la Vallière avait même été très-dure pour elle à cet égard. Vous n'en serez point surpris, vous savez à quoi vous en tenir sur leur fausseté

[1] Cette lettre a paru pour la première fois dans l'édition complète des *Lettres de Walpole*, Londres 1866. — James Crawford d'Auchinames était un des fidèles de madame Du Deffand; c'est chez elle que Walpole avait fait sa connaissance. Il avait dû inspirer à ce dernier une bien grande confiance dans son caractère et dans son dévouement à sa vieille amie, pour que Walpole laissât parler son cœur comme il le fait dans cette lettre, car ce n'était guère son habitude. C'est peut-être la seule fois qu'il ait montré franchement toute sa reconnaissance pour l'amitié passionnée que madame Du Deffand lui avait vouée dès le premier abord. Sa méfiance fondée ou non envers ses amis de Paris, sa préoccupation de tout ce qui la touche, enfin son admiration pour l'intelligence et la faculté d'aimer qu'il reconnaît en elle indiquent bien que la dureté, qu'on a si souvent reprochée à Walpole n'était qu'à l'épiderme. Ici, il sait qu'il parle à un homme qui peut et doit le comprendre, et il dit franchement sa pensée : ailleurs il est sur ses gardes, il se méfie et la peur du ridicule le rend sceptique et railleur. James Crawford revint souvent à Paris et il s'y trouvait encore aux plus mauvais jours de la révolution. Walpole qui, dans d'autres lettres, le représente un peu comme un original, rend parfaitement justice à son esprit et à son cœur.

et leur jalousie et je le sais encore beaucoup mieux; le monde ici n'a pas seulement les défauts ordinaires du cœur humain, il y ajoute encore la duplicité et la malice, fruits d'un gouvernement arbitraire, dont les sujets n'osent lever les yeux vers rien de ce qui est grand.

Le roi vient de foudroyer les parlements et ils sont tous enchantés de penser qu'il leur faut toujours ramper aux pieds du trône... Mais parlons de choses qui en valent mieux la peine : notre excellente vieille femme a pleuré comme un enfant avec ses pauvres yeux qui n'existent plus, pendant que je lui lisais votre lettre. Je ne m'en étonne pas; elle est aimable, amicale, délicate et juste, si juste que je suis vexé d'être contraint de combattre si souvent la bonté de son cœur et de dissiper ses rêves chéris d'amitié : « Ah! m'a-t-elle dit enfin, il ne parle pas de revenir ! » Je lui ai répondu que si quelque chose pouvait nous ramener, vous ou moi, ce serait le désir de la voir. — Je le pense de vous et j'en suis sûr pour mon propre compte. En restant ici jusqu'à présent, je n'ai rien appris qu'à les connaître plus complètement: leur barbarie et leur injustice envers notre excellente vieille amie sont au delà de toute expression; l'une des plus forcenées vient de mourir, c'était madame de Lambert : je suis certain que vous ne la regretterez pas. Madame de Forcalquier, je le pense comme vous, est la plus sincère de ses amies; elle est incapable de faire comme les autres qui mangent ses soupers, — quand ils ne peuvent aller dans une maison plus à la mode, — qui se moquent d'elle, la trompent et cherchent à lui recruter des ennemis au milieu de ses soi-disants amis. Ils y ont si bien réussi, que maintenant cet indigne vieux radoteur de président la traite comme un chien. Son neveu, l'archevêque de Toulouse, ne lui est guère plus attaché, je le crois, que le dernier d'entre eux : mon seul espoir est qu'elle ne s'en aperçoive pas aussi clairement que moi. Je crois réellement que madame de Choiseul lui veut du bien, mais peut-être y a-t-il de la partialité dans mon jugement. La princesse de Beauvau lui montre aussi beaucoup de cordialité, mais je me méfie un peu du prince. Vous me pardonnerez ces détails, qui touchent une personne que vous aimez et que vous avez tant de raisons d'aimer : je ne rougis pas pour mon compte de prendre un intérêt excessif à tout ce qui la regarde. Pour ne rien dire de son intelligence extraordinaire, c'est assurément l'amie la plus généreuse qu'il y ait sur la terre, mais ni les qualités, ni les malheurs de sa situation ne peuvent toucher ses indignes connaissances. Savez-vous qu'elle a été tout à fait en colère de l'argent que vous avez laissé pour ses domestiques? Wiart n'aurait voulu y toucher pour rien et après avoir fait tous mes efforts pour obtenir qu'elle leur permit de le prendre, j'ai si mal réussi qu'elle a donné à Wiart cinq louis pour l'avoir refusé. Je vous rapporterai donc votre cadeau et vous ne me devrez que cinq louis; je les ai ajoutés à ce que vous m'aviez remis pour payer chez Dulac les deux objets en porcelaine, qui partiront avec les miens pour l'Angleterre.

C'est bien ! mais j'ai parlé trop longtemps de madame Du Deffand et j'ai négligé de vous remercier de ma propre lettre : je vous en suis reconnaissant, mon cher monsieur, du fond du cœur et très-sincèrement; je sens tout votre mérite et toute la gratitude que je vous dois, mais il faut que je vous prêche, comme je le fais pour votre amie. Considérez combien il y a peu de temps que vous me connaissez et combien sont rares les occasions que vous avez eues de connaître mes défauts ! Quant à moi, je les sais par cœur et, pour renfermer votre amitié dans de justes bornes, remarquez que mon cœur n'est pas comme le vôtre, jeune, bon, chaud, sincère et impatient de se prodiguer : le mien est las des bassesses, des trahisons, de la corruption que j'ai rencontrées ; il est soupçonneux, plein de doutes et refroidi. Je n'envisage tout ce qui m'entoure qu'au point de vue de l'amusement, parce que si je le regardais au point de vue sérieux, je le prendrais en horreur ; je ris pour ne pas pleurer. Je joue avec les singes, les chiens ou les chats, pour n'être pas dévoré par la bête du Gévaudan. Je fais la conversation avec mesdames de Mirepoix, de Boufflers et de Luxembourg pour ne pas trop aimer madame Du Deffand et pourtant elles n'arrivent qu'à me la faire aimer davantage. Mais vous, je vous en supplie, ne m'aimez pas ; non, ne m'aimez pas ! Les vieillards ne sont que de vieilles femmes, qui adorent leurs derniers amants, autant qu'elles ont adoré le premier : je serais encore capable de vous croire et je ne suis pas du tout de l'avis de madame Du Deffand, qui dit qu'il vaut mieux être morte que de n'aimer personne. Faisons un compromis entre nous ; vous l'aimerez, puisqu'elle désire l'être, et je serai votre confident ; nous ferons tout notre possible pour lui plaire, mais je ne puis aller plus loin ! j'ai pris le voile et rien au monde ne me ferait rompre mes vœux. Converser avec vous à travers la grille à Strawberry, voilà mon plus cher désir, mais pas un mot d'amitié ; je ne la sens pas plus que si je l'avais professée. C'est une lettre de crédit et comme tous les autres papiers de ce genre, il faut finir par la changer en argent comptant ; je pense que vous ne me *réaliserez* pas, mais comment savez-vous et comment sais-je moi-même si je serai aussi scrupuleux ? Le temple de l'Amitié, comme les ruines du Campo Vaccino, est réduit à une simple colonne dans le parc de Stowe. Tels de ces chers amis se sont détestés l'un l'autre, jusqu'au jour où quelques-uns d'entre eux ont été contraints de recommencer à s'aimer, et comme les crevasses sont soudées par la haine, peut-être ce ciment les fera-t-il tenir ensemble. Vous voyez mon opinion sur l'amitié ; ne serait-ce pas un joli présent à vous faire que de vous offrir la mienne ?

Vos ministres l'ignorent peut-être, mais la guerre a été sur le point d'éclater entre la France et l'Angleterre et pour un motif vraiment anglais, pour une course de chevaux. Les champions étaient lord Forbes et Lauraguais, ils ont couru et le second a perdu ; son cheval était malade, il est mort cette nuit et les chirurgiens qui l'ont ouvert jurent qu'il a été empoisonné. Les Anglais soupçonnent un groom qui, ayant sans doute lu Tite Live et Démosthènes, l'aurait empoisonné d'après une recette patriotique, pour assurer la victoire à son pays. Les Français, au contraire, regardent le poison comme aussi commun que l'avoine et les féveroles dans les écuries de Newmarket ; bref, il n'y a pas d'impertinences qu'ils n'aient débitées et les choses ont été si loin, qu'avant hier on prétendait que, pour éviter un redoublement d'animosité nationale, le roi avait interdit une autre course qui doit avoir lieu lundi entre le prince de Nassau et M. Forth. Pour moi, j'ai essayé d'étouffer tout ce feu, en les menaçant de la rentrée de M. Pitt au ministère et cela a produit quelque effet. Cet incident m'a confirmé une découverte que j'avais faite dès mon arrivée, c'est que l'anglomanie est usée et que s'il en reste quelque chose, ce n'est que de la *manie* contre les Anglais. Tout cela doit rester entre nous, car il est arrivé que quelques-unes de mes lettres adressées en Angleterre, et dans lesquelles je m'exprimais assez librement, ont été divulguées, pour me jouer un mauvais tour. Comme nous ne sommes pas des amis, je puis me fier à votre discrétion, n'est-il pas vrai? je n'en ai encore guère trouvé dont j'aie pu m'applaudir.

Vous ne me dites pas un mot de notre duchesse[1], si supérieure à toutes les duchesses d'ici-bas. Combien elle me paraîtra plus digne, après toutes les petites *tracasseries* de Paris! J'espère bientôt la voir : l'emballage a envahi tout mon appartement; mais, quoique je quitte le caquetage, je n'ai pas le projet de me mettre à diriger un escadron d'émeutiers d'un côté ou de l'autre. J'abhorre la politique autant que l'amitié et la seule chose que j'ambitionne est de converser chez moi, comme je l'ai fait ici, avec les dévots, les philosophes, Choiseul, Maurepas, la cour et *le Temple*[2].

Quel volume je vous ai écrit! mais n'ayez pas peur; vous n'avez pas besoin de me répondre, si le cœur ne vous en dit pas, car je serai en Angleterre presque aussitôt que je pourrais recevoir votre réponse ici. La *Geoffriniska* a reçu trois magnifiques robes d'hermine, de martre et d'agneau d'Astrakan, que la czarine a eu,

---

[1] La duchesse de Grafton.
[2] Résidence du prince de Conti.

je pense, le plaisir d'écorcher vifs de sa propre main : « *Oh! pour cela, oui,* » dit le vieux Brantôme, qui approuve toujours. Il n'y a rien autre de nouveau ici : M. Young fait des calembours et le docteur Gem n'en fait pas : Lorenzi s'embrouille plus vite qu'on ne saurait le redire ; Voltaire écrit des volumes plus vite qu'on ne saurait les imprimer et j'achète des porcelaines plus vite que je ne saurais les payer. Je suis charmé d'apprendre que vous ayez été deux ou trois fois chez milady Hervey : ce qu'elle dit de vous doit vous encourager, bien que vous perdiez ainsi l'approbation de madame de Valentinois ; sa pomme d'or, quoique *tout Paris* y ait déjà mordu, est réservée à lord Holdernesse. Adieu ! toujours à vous.

XLVI

A LA TRÈS-HONORABLE LADY HERVEY

Paris, 10 mars 1766.

Il y a deux points, madame, sur lesquels j'ai besoin de vous écrire, quoique j'aie été emprisonné chez moi, ces trois ou quatre derniers jours, par une inflammation aux yeux. Les veilles et les orgies m'ont sans doute enflammé le sang et m'ont disposé à subir un coup de froid, lequel, il faut le dire, m'a été vigoureusement administré. Nous étions vingt-deux chez la maréchale de Luxembourg, où nous avons soupé, non pas dans une salle à manger, mais dans un temple dont la voûte est ornée de dieux et de déesses et qui est pavé en marbre; seule la divinité du feu en était absente. Cependant, comme tout cela n'a pas de rapport avec les deux points en question, je n'en dirai plus un mot. Je vous envoie la boîte de lady Albemarle, que madame Geoffrin m'a apportée elle-même hier; je la trouve fort bien faite et charmante; elle ne dépasse le montant de la commission que d'une guinée et demie. Elle est doublée de bois entre les deux ors, le prix et la grandeur voulue n'ayant pas permis d'y mettre assez de métal en dehors, pour lui donner sans cela la solidité nécessaire.

Quant à l'autre question, j'ose à peine en parler, tant je suis en retard; je me sens encore plus coupable là-dessus que pour les ciseaux. Lord Hertford m'a écrit un mot, il y a une quinzaine de jours, disant qu'il y avait une commission d'enseigne vacante, pour laquelle il recommanderait M. Fitz-Gerald. J'ai oublié à la fois de l'en remercier et de vous en faire part, et vous l'aurez probablement su par une autre voie. J'ai assurément perdu la mémoire! Elle est si paresseuse et si jeune, que je commence à craindre d'avoir pris quelque chose de *l'homme à la mode*, ce dont j'avais tellement peur. Est-ce donc en Angleterre qu'il faut que je retourne pour recouvrer l'amitié et la politesse? J'ai réellement écrit à lord Hertford sans penser à le remercier. Vraiment, je ne suis pas d'habitude aussi mal élevé; pour cela je n'ai pas d'excuse, je suis aussi noir que de l'encre, et il faut que je devienne *méthodiste* pour m'imaginer que le repentir peut me rendre ma blancheur. Non, je ne le deviendrai pas, parce que je pourrais pécher encore, en me fiant trop au même spécifique.

J'ai eu l'honneur d'envoyer à Votre Seigneurie l'oraison funèbre du dauphin, et un traité qui se moque des sermons, — le poison et l'antidote sont tous deux devant vous. — Le premier de ces ouvrages est de l'archevêque de Toulouse[1], que l'on considère comme le grand homme du clergé : son discours est assez raisonnable, sans pathétique ni éloquence, et il indique clairement, selon moi, que l'orateur ne croit guère à sa propre doctrine. L'opuscule est de l'abbé Coyer[2] : il est écrit avec entrain sur une seule idée, et bien que je sois de son avis sur l'inutilité du remède, je n'ai pas meilleure opinion de ce qu'il voudrait y substituer. Les prédicateurs n'ont pas manqué depuis le commencement du monde jusqu'à nos jours, non pas parce que le spécifique est insuffisant pour guérir la maladie, mais parce qu'elle est incurable. Qu'on prêche les lions et les tigres, pensera-t-on leur extirper par ce moyen la soif du sang et l'envie de le boire, si l'occasion s'en présente? Non, quand ils ont été élevés à la Tour de Londres, et qu'on les a alternativement battus et caressés, s'apprivoisent-ils plus facilement dès qu'ils grandissent? Loin de là, toute la douceur et tous les soins du monde ne feront même pas qu'un singe, qui n'est pas un animal féroce, se souvienne d'une paire de ciseaux ou d'une commission d'enseigne.

Adieu! madame, ne me pardonnez point, avant que je ne me sois pardonné à moi-même. Je n'ose pas terminer

---

[1] Étienne-Charles de Loménie-Brienne, qui fut plus tard archevêque de Sens et cardinal. On sait le triste rôle que ce prélat a joué comme contrôleur général sous Louis XVI. Le peuple l'avait surnommé le cardinal de l'Ignominie : c'était le petit-neveu de madame Du Deffand. Il est mort en prison en 1794, à l'âge de soixante-sept ans.

[2] Le pamphlet de l'abbé Coyer a pour titre : *de la Prédication*.

ma lettre par des protestations; pourriez-vous jamais y croire de la part d'un homme qui avait tant de raisons pour se regarder comme

Votre très-humble et très-obéissant serviteur?

XLVII

A GEORGE MONTAGU, ESQ.

Paris, 12 mars 1766.

Je ne puis vous écrire que deux lignes, ayant été retenu chez moi ces quatre ou cinq derniers jours par une forte inflammation aux yeux, qui m'a empêché de retourner chez madame Roland. Je ne l'avais pas trouvée chez elle, mais j'y avais laissé votre lettre. Mon œil droit va bien maintenant, et je suis allé prendre l'air.

Comment osez-vous me demander la *permission* d'amener quelqu'un à Strawberry? ne pouvez-vous pas faire tout ce qu'il vous plaît avec moi et avec ce qui est à moi? Arlington-street ne comprend-il pas aussi Strawberry? Pourquoi n'allez-vous pas y demeurer, si cela vous est agréable? Il est probable que je ne reviendrai pas avant le milieu d'avril; mon indisposition m'a volé une semaine, et je ne voudrais pas manquer d'assouvir ma curiosité, maintenant que je suis ici. J'ai vu assez et trop des habitants. Je suis bien aise que vous soyez en bons termes avec Habiculeo; moins j'estime les gens, moins je voudrais me quereller avec eux.

Je ne m'étonne pas que Coleman et Garrick écrivent mal en collaboration, puisqu'ils écrivent mal séparément; cependant je suis enchanté du fond du cœur que la Clive ait une occasion d'y briller[1]. Adieu ! ne m'oubliez pas près de Charles-street. Embrassez Fanny, Mufti et Ponto pour moi, quand vous irez à Strawberry. Chères créatures, je soupire après le moment où je les embrasserai moi-même.

XLVIII

AU MÊME

Paris, 21 mars 1766.

Vous me rendez bien heureux, en me disant que vous vous êtes trouvé à votre aise dans ma maison. Si vous vouliez y dresser un lit, vous n'auriez jamais besoin d'en sortir ; il me faut vous inviter et non pas vous renvoyer de chez moi. Le 10 avril sera la fin de mon pèlerinage, et le 15 ou le 16, vous devez vous attendre à me voir, pas trop engraissé par les oignons d'Égypte, mais presque aussi content de me retrouver au milieu de vous que je l'étais de vous quitter.

Votre madame Roland ne m'aime pas la moitié autant qu'elle le dit : je suis allé deux fois frapper à sa porte,

---

[1] La comédie dont il est question ici est *le Mariage clandestin,* due à la collaboration de Coleman et de Garrick. Mistress Clive, amie et voisine de Walpole, à Twickenham, y eut un grand succès.

j'ai laissé votre lettre et mon adresse, et je n'ai pas même reçu un message, m'annonçant qu'elle est fâchée de ne s'être pas trouvée chez elle. Peut-être est-ce la première fois qu'elle voit Paris, et il est bien naturel pour une Française d'en avoir la tête tournée ; bien que ce qu'elle prend pour des rivières d'émeraudes et des hôtels de rubis et de topaze ne soit à mes yeux, éclaircis par l'enfraise et la rue, qu'un sale ruisseau dans lequel on lave tout sans le nettoyer, des maisons malpropres, de vilaines rues, des boutiques plus affreuses encore et des églises encombrées de mauvais tableaux. Telle est la partie matérielle de ce paradis ; quant à la partie corporelle, si madame Roland en est charmée, je n'ai rien à dire !

Merci de votre admiration pour ma vieille femme sourde [1]. Si je pouvais emporter avec moi ma vieille femme aveugle [2], je quitterais ce paradis aussi volontiers que s'il était bâti en opale et dessiné par ce pêcheur, qui pensait que ce qui fait un joli collier devait faire une habitation plus jolie encore. Nous n'avons pas eu besoin de votre soleil : il a brillé ici de tout son lustre pendant quinze jours, mais hier un vent du nord, soufflé sans doute par la czarine elle-même, est survenu et a produit un mois de mars *majeur*. Il a neigé ce matin et maintenant les quais et les rues ne sont que nuages de poussière balayés par un vent d'est si aigre, qu'il pénètre à travers la chemise. Je ne serais pas trop fâché qu'une bouffée de ce vent pinçât un peu le nez verdoyant de mes lilas et les forçât à attendre le retour de leur maître.

[1] Lady Suffolk.
[2] Madame Du Deffand.

La princesse de Talmont m'a envoyé ce matin les portraits de deux bichons et d'un lévrier noir et blanc, fort mal peints du reste ; je ne pouvais m'imaginer ce qu'il me fallait faire de ces croûtes, mais dans son billet, elle me signifiait que je ne devais pas espérer les garder. Elle me les envoyait seulement pour graver dans ma mémoire la taille, les traits et les taches de Diane, sa défunte levrette, afin que je pusse lui en procurer une autre exactement pareille. Ne trouvez-vous pas que ma mémoire reviendra bien meublée, si elle est parée de toute une galerie de défunts bichons ? La princesse est tellement dévote, que je n'ai pas osé lui répondre que je ne possède point un brin du balai de Jacob, avec lequel il rayait son bétail de la couleur qui lui convenait.

L'autre jour j'ai vu dans la rue un enfant en lisière, auquel sa bonne a donné un sol pour un mendiant : le *baby* a fait son aumône avec le tour de main le plus gracieux : je ne pense pas que le premier petit-fils de votre cousin Twitcher soit aussi bien élevé. Adieu !

Toujours à vous.

XLIX

A SIR HORACE MANN

Paris, 21 mars 1766.

Vous ne me rendez pas justice, mon cher sir, en me soupçonnant de vous négliger. Croyez-vous que Paris m'ait fait tourner la tête ou qu'il ait eu le pouvoir, que n'a jamais eu l'Angleterre, de me faire vous oublier ? N'en était-il pas de même à mon arrivée ici et n'avez-vous pas reconnu enfin que c'était la faute de la poste et non pas la mienne ? Je serai à Londres vers le milieu d'avril et alors je me flatte que notre correspondance n'aura plus d'interruptions, mais assurément vous auriez dû vous défier de tout, plutôt que d'une amitié inaltérable comme la mienne.

Nous ne connaissons pas encore le dernier mot du rappel de l'acte du timbre, mais nous avons de bonnes raisons pour conclure qu'il a passé de la manière la plus satisfaisante pour le ministère, puisque la seconde lecture a été emportée par 34 voix, bienqu'on ne s'attendit pas à une majorité de plus de cinq ou six. Les buveurs de sang ont protesté et veulent protester encore à la dernière épreuve : c'est un symptôme évident de leur désespoir et une démarche insensée, puisqu'elle dénonce leurs noms à la haine de la nation et constate leurs principes de tyrannie aux yeux de la postérité. C'est lord Lyttelton qui a rédigé la première protestation, et j'espère qu'elle sera reliée plus tard avec ses lettres *Persanes*, afin de bien montrer sur quelles doctrines contradictoires s'appuie Sa Seigneurie pour faire de l'opposition.

Grenville est tombé au-dessous du mépris : Sandwich et son vicaire *Anti-Sejanus*[1] ont été hués et jetés hors de la scène. Les aptitudes de M. Pitt ont brillé, m'a-t-on dit, d'un éclat plus vif que jamais et avec encore plus

---

[1] Un certain Scott, ministre protestant, soudoyé par lord Sandwich pour écrire dans les journaux contre M. Pitt. Il signait Anti-Sejanus. — *Note de Walpole.*

de variété. Le bruit court ici qu'il vient d'accepter le ministère : je ne crois pas que ce soit encore vrai, mais assurément ce ne sont pas les vœux des Français qui ont accrédité ce bruit. Je n'aurais jamais pu croire, si je n'étais venu ici, à quel point ils le redoutent.

C'est bien! tout cela ouvre la voie à ce que je désire : la liberté pour mon pays et la liberté pour moi. Mon ambition se borne à la tranquillité : voir Grenville et de pareils scélérats ramper dans la boue, cela dore mon horizon paisible. A combien de misérables l'Angleterre a échappé sous nos yeux ! J'en remercie Dieu, car je ne suis point assez philosophe pour ne pas lui en être reconnaissant. Je ne voudrais pas, comme les *savants* d'ici, être en lutte perpétuelle contre les pouvoirs supérieurs à ceux d'ici-bas : je puis repousser du pied les pygmées de ma taille, mais je ne mettrai pas en question pour cela ce que je ne puis mesurer. Les dieux de pierre et les rois de chair sont une dérision pour moi, mais de tous les dieux qu'on a jamais inventés, le plus ridicule est cette vieille Divinité épaisse et lourde des sophistes grecs, que les modernes lettrés veulent remettre en honneur : le *dieu Matière !*

Adressez-moi votre prochaine lettre dans Arlington street. Adieu!

L

A GEORGE MONTAGU, ESQ.

Paris, 3 avril 1766.

Il faut être juste pour tout le monde : j'ai découvert que madame Roland avait été à la campagne et à Versailles ; elle a eu l'obligeance de passer chez moi ce matin et j'ai été assez désobligeant pour n'être pas encore éveillé. J'entassais rêves sur rêves : bref, j'avais dîné à Livry, oui, oui, à Livry, avec M. de Langlade et M. de la Rochefoucauld. L'abbaye appartient maintenant à un abbé de Malherbe, que je connais et qui m'a donné une invitation permanente : j'ai tardé à m'y rendre jusqu'au dernier moment, afin que le *bois* et les *allées* pussent mieux servir de décoration par un peu de verdure et contribuer au charme de la vision, mais elle n'en avait pas besoin. Livry est fort agréablement situé sur un terrain plat, dans la forêt de Bondy, avec des hauteurs rapprochées en perspective. Il y règne un grand air de simplicité champêtre, d'un aspect un peu trop régulier pour notre goût, mais d'une tranquillité à la mode d'autrefois, sans rien de *colifichet*. Il n'y a plus un seul arbre qui se souvienne de la charmante femme, parce que dans ce pays-ci un vieil arbre est un traître dont la tête est vouée à la vindicte de la couronne, mais les plantations ne sont pas jeunes et peuvent très-bien ressembler à celles de son temps. La maison de l'abbé est simple et commode : à quelques pas se trouve le pavillon sacré, bâti pour madame de Sévigné par son oncle et à peu près tel qu'il était à son époque ; en bas, une petite salle à manger, puis une galerie dont les niches sont maintenant fermées et peintes à fresque avec des médaillons qui représentent madame de Sévigné, madame de Grignan, madame de la Fayette et la Rochefoucauld : au-dessus, une belle grande pièce, dont la cheminée, dans le style du meilleur temps de Louis XIV, est ornée d'un très-beau bas-relief représentant la Sainte Famille et du chiffre de *son* oncle de Coulanges : à côté, une jolie chambre à coucher et, à l'étage supérieur, deux ou trois autres petites pièces fort propres. Dans l'un des côtés du jardin qui mène à la grande route, on voit un petit pont de bois sur lequel la chère femme allait ordinairement attendre le courrier qui lui apportait les lettres de sa fille. Jugez avec quel respect et quelle satisfaction j'y ai posé le pied ! Si vous voulez venir en France avec moi l'année prochaine, nous irons sacrifier ensemble dans ce lieu consacré.

Sur la route de Livry, je suis passé devant une maison neuve, où les pilastres de la porte extérieure étaient surmontés de deux sphinx en pierre ; leurs têtes, coquettement inclinées, étaient coiffées de chapeaux de paille et ils étaient vêtus de mantelets à la française négligemment attachés, sans cacher leurs mamelles. Je ne sais si c'est moi ou Memphis, qui devons en rire de meilleur cœur.

Je pars le 10, dans huit jours, et je serai à Londres vers le 15 ou le 16, si le vent est favorable. Adieu !

LI

A L'HONORABLE H. S. CONWAY

Paris, 6 avril 1766.

Dans une certaine ville d'Europe[1], il est d'usage de porter des chapeaux rabattus, de longs manteaux et des collets montants. La médisance et le gouvernement appellent cela : *aller en masque* et ils prétendent que ce costume contribue à favoriser les assassinats. On publia une ordonnance qui commandait aux chapeaux indigènes de se retrousser, aux manteaux de se raccourcir et aux collets d'aller se promener. Tout le monde obéit le premier jour, mais le lendemain chaque chose reprit son cours accoutumé. Le soir, il y eut du bruit et l'on entendit crier : « Dieu bénisse le roi ! Dieu bénisse le royaume ! mais au diable Squillace[2], le premier ministre ! » A peine le mot d'ordre donné, sa maison fut assaillie, les fenêtres brisées et les portes enfoncées. La garde survint et fit feu sur les tisseurs de manteaux[3] : les tisseurs y répondirent et il y eut des morts de chaque côté. Comme l'heure du souper approchait, la foule eut faim et, se souvenant de la taxe établie sur le pain, elle en demanda le rappel. Le roi[4] céda aux

---

[1] Ce récit a trait à l'insurrection qui a eu lieu à Madrid, lorsque la cour a tenté d'introduire en Espagne le costume français. *Note de Walpole.*
[2] Squillace était un Italien que le roi fut obligé d'exiler, après en avoir fait son premier ministre. *Note de Walpole.*
[3] Allusion aux émeutes causées récemment, à Londres, par les tisseurs de soie. — *Note de Walpole.*
[4] Charles III.

deux requêtes : chapeaux et pâte furent mis en liberté. Le peuple ne se montra pas satisfait et il insista pour obtenir l'autorisation d'égorger le premier ministre, bien que Sa Majesté assurât ses fidèles *communes* que le ministre n'était jamais consulté sur les actes du gouvernement, que ce n'était pour le roi qu'un ami particulier, qui venait quelquefois le soir boire un verre de vin avec lui et causer botanique. Le peuple fut incrédule et l'émeute continuait au moment du départ des dernières lettres. Si par hasard vous supposiez, comme je l'ai fait, que cette histoire est arrivée à Londres, ne vous alarmez pas, car c'est à Madrid, et il est désormais prouvé qu'une nation, qui a supporté l'Inquisition, ne peut pas tolérer un chapeau retroussé. Tant il est nécessaire pour les gouvernants de savoir au juste si c'est du plomb ou une plume qui fera pencher la balance de l'intelligence humaine !

Je n'aurais pas voulu empiéter sur les droits de lord George[1] en vous annonçant une révolution, mais il est à Aubigné et j'ai cru bien faire de vous avertir à temps, dans le cas où vous auriez le projet d'envoyer un ballot de chapeaux rabattus pour appuyer les émeutiers. Ayant porté toute ma vie un chapeau à ailes, j'aurais le droit de vous offrir mes services pour les commander, mais convaincu que vous êtes un fidèle observateur des traités, quoique ami des *rappels*, j'irai en personne recevoir vos ordres.

En même temps, je me représente malgré moi la pompeuse protestation que mylord Lyttelton pourrait

---

[1] Lord George Lenox, frère unique du duc de Richmond.

débiter dans le rôle d'un vieux grand d'Espagne, contre la révocation de l'acte des chapeaux retroussés. Lady Aylesbury a oublié de me faire savoir par un mot votre guérison, comme elle me l'avait promis, mais j'ai eu la bonne chance de l'apprendre d'un autre côté. Je vous en prie, prenez soin de vous-même et ne vous imaginez pas que vous êtes aussi débile que moi et que, comme moi, vous pourriez échapper à la faux à force d'être petit : votre vie a plus d'importance que cela. Si vous ne voulez pas me croire, allez dans la rue, et demandez-le au premier que vous rencontrerez.

C'est aujourd'hui dimanche et mon départ est fixé à jeudi, à moins que la Clairon ne rentre au théâtre de mardi en huit, comme on le prétend. Je serais peut-être alors assez tenté d'emprunter encore deux ou trois jours, car je ne l'ai jamais vue : pourtant mes lilas poussent vigoureusement et je n'ai plus un sol de reste dans ma poche. Ayez bien soin de ne pas laisser une seule fente par laquelle George Grenville puisse se faufiler, avant que je n'aie sauvé toutes mes affaires de la douane. Adieu !

Toujours à vous.

LII

AU MÊME

Paris, 8 avril 1766.

Je vous ai envoyé hier quelques lignes par la poste avec le premier compte rendu de l'insurrection de Madrid. J'ai vu depuis Stahremberg, le ministre impérial, qui avait reçu un courrier, et si lord Rochford [1] n'en a pas envoyé, vous serez peut-être bien aise d'apprendre quelques nouveaux détails. Le peuple a désarmé les invalides, arrêté toutes les voitures, afin d'empêcher la fuite de Squillace, et ayant rencontré le duc de Medina-Celi, il l'a contraint, ainsi que le duc d'Arcos, à porter ses demandes au roi. Sa très-peureuse Majesté les a accordées immédiatement; sur quoi Son Altesse le peuple a dépêché un moine avec ces demandes par écrit, divisées en quatre articles : la réduction de l'impôt sur le pain et l'huile, la révocation de l'édit sur les chapeaux et les manteaux, le bannissement de Squillace et l'abolition de quelque autre taxe, que je ne me rappelle pas. Le roi a tout signé : on l'a de plus forcé de paraître à un balcon et de s'engager publiquement à exécuter tout ce qu'il avait promis. Squillace a été renvoyé avec une escorte à Carthagène, afin de s'embarquer pour Naples et le premier commis de la trésorerie a été nommé à sa place : ce qui ne

---

[1] William Henry Zulestein de Nassau, comte de Rochford, alors ambassadeur extraordinaire d'Angleterre à la cour d'Espagne.

m'a pas trop l'air d'observer les conventions. Quelques-uns disent que la Ensañada¹ est rappelé, et que Grimaldi n'est pas en odeur de sainteté près du peuple : si on le renvoie avec Squillace, nous voilà débarrassés de deux ennemis.

Lorsque les demandes eurent été accordées, le tumulte cessa, mais le roi s'étant retiré cette nuit-là même à Aranjuez, l'insurrection recommença le lendemain matin, sous prétexte que cette fuite était une atteinte portée à la capitulation. Le peuple s'empara des portes de la ville et ne laissa plus sortir personne. Les choses en étaient là au départ du courrier.

L'édit contre les déguisements semblerait indiquer qu'on avait conçu quelques soupçons, et pourtant la confiance était telle, qu'on n'avait pas deux mille hommes de troupes à Madrid. La conduite pitoyable de la cour fait supposer que les Italiens ont pris peur, et que la partie espagnole du ministère n'a pas été fâchée que les choses tournassent ainsi. Comme je présume qu'il n'y a pas de grande ville en Espagne qui ne possède une liste de griefs au moins aussi considérable que la capitale, on ne devrait pas s'étonner si la pusillanimité du roi les encourageait à se faire justice également par elles-mêmes.

Il y a ici ce qu'on appelle un changement de ministère, mais ce n'est qu'un chassé-croisé. Le duc de Praslin voulait se retirer depuis quelque temps et, ces quinze der-

---

¹ Zénon Silva, marquis de la Enseñada, avait été ministre des finances sous Ferdinand VI. Son administration fut des plus sages et des plus heureuses pour l'Espagne ; mais une intrigue de cour le fit disgracier à l'avénement de Charles III et il ne revint plus aux affaires.

niers jours, on avait beaucoup parlé de son remplacement par le duc d'Aiguillon, le duc de Nivernois, etc., etc. Mais il est clair, quoique tout le monde ne le croie pas, que le duc de Choiseul est tout-puissant. Pour boucher tous les trous et pour conserver le duc de Praslin, sur lequel il peut compter, il lui a cédé la marine et les colonies, pendant que lui-même garde le département des affaires étrangères et celui de la guerre. Son cousin a été de plus nommé *chef du conseil des finances*, charge fort pompeuse, fort honorable, mais parfaitement inutile, qui n'a jamais été vraiment remplie depuis le temps du duc de Sully. Le vicomte de Praslin, ce rejeton plein d'espérances que vous avez vu en Angleterre l'année dernière, va à Naples et le marquis de Durfort à Vienne : c'est un homme froid, sec, hautain, qui ressemble de figure et de manières à lord Cornbury. On s'attend aujourd'hui à de grandes affaires au parlement, qui s'assemble de nouveau. Il y a environ quinze jours qu'un mousquetaire, avec son fusil chargé d'une *lettre de cachet*, est allé chez le notaire dépositaire des registres du parlement et les lui a demandés. Le notaire les a refusés d'abord, mais sur l'exhibition de la *lettre de cachet*, il s'est décidé à les livrer. Le parlement prétend juger le notaire pour abus de confiance, ce qui fera certainement sa fortune, bien qu'il n'ait pas le mérite du parjure, comme Carteret Webb. Il y a eu des troubles à Bordeaux et à Toulouse à cause de la milice : dans cette dernière ville, vingt-sept personnes ont été tuées, mais tout cela est apaisé. Ces sortes de choses sont tellement en vogue, que je m'étonne que les Français ne s'habillent pas *à la révolte*. La reine est dangereusement malade. Cette lettre-ci est la dernière. Je serai parti avant le milieu de la semaine prochaine. Toujours à vous.

LIII

A SIR HORACE MANN

Calais, 20 avril 1766.

J'attends la marée, mon cher sir, et je ne peux pas mieux employer mes loisirs qu'à raviver une correspondance que le manque de nouvelles anglaises, la difficulté de parler de nos affaires au cœur de Paris, et l'inexactitude des courriers français ont laissé languir depuis quelque temps. Vous verrez désormais qu'il n'y avait ni mauvaise volonté de ma part, ni refroidissement dans mon amitié.

Le prince héréditaire[1] a débarqué ici, et il doit aller vous faire une visite avant son retour. Comme il a laissé les affaires encore en suspens, je ne crois pas beaucoup à l'adjonction de M. Pitt, à laquelle je ne doute pas que Son Altesse n'ait fortement travaillé. Ce prince ne sera sans doute pas aussi à la mode à Paris qu'il l'eût été, il y a deux ans; l'admiration des Français s'est usée plus vite que le sentiment de leurs pertes. Nos journaux disent qu'on a découvert la France au fond de l'insurrection des *White Boys* en Irlande. Nous sommes dans l'âge des révoltes, il vient d'en éclater une qu'on n'attendait pas

[1] De Brunswick.

ici et qui sans doute entravera leur meilleur instrument : vous n'hésiterez pas à deviner que je veux parler de l'insurrection de Madrid.

Peut-être Squillace est-il déjà débarqué chez vous. Le roi d'Aranjuez refuse de rentrer dans sa capitale : tantôt il est malade, tantôt c'est à cause de la saison, et dans les plus durs moments, il dit qu'il veut se fixer à Séville. Bref, qu'il ait été effrayé ou trahi, il a fait une fort piteuse mine, et je ne doute pas que la noblesse espagnole n'en soit enchantée au fond du cœur, si ce n'est plus encore.

Quand la couronne d'Espagne chancelle, quelle est la tête royale qui ne souffre pas? Je ne voudrais pas en répondre, mais il doit y avoir quelques tiraillements dans l'une de ces têtes[1], qui s'est récemment déclarée si omnipotente, retenant assez bien en cela les leçons de son ancien confesseur jésuite, sur la distinction à faire entre un serment à Dieu *pour* son peuple et un serment *à* son peuple. Une semblable déclaration a dû faire une impression profonde, quoique le bruit du tonnerre ait rendu muet tout le monde. Le premier instant de difficultés ou de désastre, la première guerre feront certainement revivre les ressentiments d'une nation qui a préféré tout subir avec calme, mais qui prétend aussi pouvoir dire que c'est volontairement et par affection. Quant à la noblesse, elle est ravie jusqu'au dernier de ses membres. Elle abhorre ces discussions et n'aime qu'à pouvoir penser à sa guise, ce qui est l'équivalent du mal de tête dans un homme de qualité.

---

[1] Louis XV. Il venait de tenir un *lit de justice*, où il avait très-fortement affirmé son autorité et défendu au parlement de discuter ses actes.
Note de Walpole.

Vous me demanderez ici naturellement jusqu'à quel point la France me plaît avec tout cela ; elle me plaît tant que j'y reviendrai assurément. J'ai reçu des politesses extraordinaires et des marques réelles d'amitié, et j'en conserverai toujours une extrême reconnaissance. Je souhaite que les deux nations vivent éternellement en paix, et je serais charmé de partager mon temps entre elles. Mes principes ne deviendront jamais monarchiques, mais jamais non plus je ne me suis mêlé le moins du monde de la politique française. D'abord, c'était la politique que je fuyais en venant ici, ensuite je trouve peu convenable pour un étranger de s'immiscer dans les affaires d'un pays où il est bien reçu. La tranquillité est tout ce que je demande pour le reste de mes jours, et je compte éviter avec soin toutes les occasions qui pourraient la troubler. Quand je réfléchis à la prodigieuse quantité d'événements dans lesquels j'ai été acteur ou témoin, ma vie me semble aussi interminable que celle de Mathusalem. Il y a des moments où je ne puis m'empêcher de croire que j'ai vécu deux fois, mais en vérité il n'y a pas eu de temps d'arrêt qui ait séparé ces deux existences. Ma vie *naturelle*, entre une excellente constitution et une goutte réparatrice, me paraît devoir ajouter un codicille à celle de ce même Mathusalem.

Je laisse le reste de mon papier pour Londres, où je passerai quelques jours avant d'aller à Strawberry-hill, quoique je meure d'impatience de m'y retrouver.

Bonsoir !

EXTRAIT

DES MÉMOIRES D'HORACE WALPOLE[1]

SUR LE RÈGNE DE GEORGE III (ANNÉE 1766)

Le duc de Choiseul, premier ministre, était un homme de beaucoup d'esprit, mais d'une légèreté et d'une indiscrétion dont beaucoup de Français se dépouillent avant l'âge où il était arrivé ou lorsqu'ils entrent aux affaires. A part les heures qu'il passait avec le roi, le reste de sa vie n'était que dissipation, plaisirs, prodigalités et *bons mots*. Entreprenant, téméraire et présomptueux, de bonne numeur sans être ni bon ni méchant, franc, gai et insouciant, il semblait être le souverain plutôt que le ministre d'un puissant royaume; méprisant ses ennemis plutôt qu'il ne les redoutait, il était rare qu'il se donnât la peine de les combattre ou de les punir. Il dissipait à la fois les finances du pays et les siennes propres, mais il ne réparait pas celles-ci au détriment des premières. Il n'a jamais pu digérer, ni pardonner la supériorité de M. Pitt, et bien qu'il fût incapable de la moindre mauvaise action dans son propre pays, les grands crimes avaient un certain attrait pour lui. Il a allumé la guerre entre les Russes et les Turcs pour se venger de la czarine et je l'ai vu triompher puérilement de ses premières défaites. Enfin il s'est abaissé jusqu'à écraser la Corse d'une oppression basse et cruelle, pour se dédommager par un laurier

---

[1] *Memoirs of the reign of George III*, t. II, p. 243.

en miniature des désastres de la grande guerre. Une galanterie sans délicatesse était sa constante préoccupation[1]; sa femme, le type le plus accompli de son sexe, l'aimait jusqu'à l'idolâtrie, mais quoiqu'il fût un mari convenable, il ne lui épargnait pas les mortifications que son insouciance pouvait lui infliger.

Sa sœur, la duchesse de Gramont, qui lui était trop ouvertement attachée par d'autres liens que ceux du sang, exerçait sur lui une influence absolue et s'en servait pour abreuver d'insultes aussi grossières que cruelles la duchesse de Choiseul, qui plus d'une fois fut sur le point de se retirer dans un couvent, bien qu'elle n'eût pas la moindre foi dans les doctrines qu'on y professait. Madame de Gramont, qui n'avait aucun des charmes dont était douée la petite, mais harmonieuse personne de la duchesse de Choiseul, possédait un bon sens masculin et presque les manières d'un homme. Elle était prodigieuse-

---

[1] Si Walpole se montre en général peu sympathique au duc de Choiseul, il ne semble pas que ce ministre éprouvât pour lui le même éloignement. Voici ce que notre auteur écrivait à sir Horace Mann, le 30 janvier 1770 : « J'ai reçu moi-même indirectement d'assez étranges ouvertures, non pas de l'administration ni de l'opposition, mais de la France. M. de Choiseul a un grand désir que je sois ambassadeur près de cette cour; comme pas un homme sur la terre n'est moins Français que moi, vous le savez, j'ai d'autant moins goûté cette proposition qu'elle me venait de lui. Je lui ai envoyé un mot de réponse, lui disant en propres termes qu'il ne pouvait pas souhaiter une personne qui lui convînt moins que moi; que malgré les connaissances particulières et les amis que j'avais en France, et ma gratitude pour le gracieux accueil que j'y avais rencontré, du moment que je serais ambassadeur, il me trouverait plus hautain et plus inflexible que tous les Anglais ensemble. J'ajoutais que, tout en souhaitant la paix entre les deux nations, je serais probablement plus propre à compromettre qu'à conserver cette union, car rien au monde ne pourrait me faire départir de la moindre formalité où l'honneur de mon pays se trouverait engagé. Je ne crois donc pas qu'il désire plus longtemps me voir envoyer en France. »

ment agréable, quand elle le voulait : c'était une véhémente amie, mais une ennemie rude et insolente. Le public vénérait et négligeait l'épouse, en détestant la sœur et en se courbant devant elle.

Le ministre avait écrasé les jésuites, car il aimait les coups d'*éclat* soudains, et pour amener cette mesure, il avait caressé les parlements jusqu'à les rendre presque ingouvernables. Agissant rarement d'après un système arrêté, il prenait parfois un ton d'autorité, pour s'en relâcher bientôt après : conduite qui troublait la nation et un peu les parlements ; mais cette guerre, soit par insouciance, soit pour ruiner son rival le duc d'Aiguillon, il la laissait faire principalement par ce dernier et il ne pouvait l'abandonner en de plus mauvaises mains. Fier, ambitieux, vindicatif, sans honneur ni principes, avec des talents assez médiocres, ce rival tâchait de se hisser au pouvoir près du trône, en se faisant l'instrument de sa tyrannie. L'infâme oppression que dut subir M. de la Chalotais, cet homme indomptable, n'était qu'une vengeance du duc d'Aiguillon qui, pour atteindre son but, s'était ligué avec les jésuites expulsés, et quoique cette alliance ne pût être un secret pour Choiseul, ce ministre souffrit plutôt qu'il n'encouragea un plan si contraire au service qu'il avait rendu à son pays, en abolissant cet ordre. Ce qui ne lui fait guère honneur, c'est que M. de la Chalotais dut son salut aux cris de honte et de réprobation du genre humain, plutôt qu'à la justice du premier ministre.

Les parlements de France étaient peuplés de grands magistrats, instruits et capables. La philosophie et l'étude avaient ouvert leurs yeux sur les droits de l'humanité et ils tentaient avec une héroïque énergie de briser les chaînes qui garrottaient leur patrie. Il y a pourtant une distinction à faire entre ces magistrats et les hommes, à qui on donnait ou qui se donnaient à eux-mêmes le nom de philosophes. Ces derniers n'étaient en réalité qu'une coterie d'auteurs et de *beaux esprits*, qui, singeant les idées de Montesquieu, de Rousseau et surtout de Voltaire, s'efforçaient de se guinder à une situation indépendante et à une sorte de législature en communauté. Après avoir attaqué et rejeté le christianisme, ils se lançaient tête baissée dans les plus chères et les plus absurdes doctrines des vieux philosophes de la Grèce et, avec la légèreté propre à leur nation, poussés par l'orgueil et la rage de se singulariser en attirant les yeux, ils ne mettaient que peu de réserve à écrire sur l'athéisme et aucune à le prêcher. Les chefs de ces soi-disant beaux esprits, aussi vains que bavards, étaient d'Alembert, Diderot et ce pitoyable écrivain de Marmontel. Il me coûte d'ajouter à cette liste le nom d'un homme bien plus aimable et bien plus profond, M. de Buffon, qui, à part leur indécente pétulance, ressemblait trop par ses idées au reste de ses contemporains. Les femmes, toujours si promptes à se jeter dans toutes les modes nouvelles et à les patronner, se mirent à discourir sur la matière et la métaphysique, avec aussi peu de retenue et autant d'ignorance que leurs professeurs. Mais les magistrats du parlement étaient de tout autres hommes : sobres de paroles sur la religion de leur pays, ils n'y touchaient qu'en tant que la liberté s'y trouvait intéressée et bien peu d'entre eux, même dans les conversations les plus intimes, se montraient assez audacieux pour adopter l'abominable licence des hommes que j'ai dépeints : mais s'ils étaient convenables sur la religion, ils ne montraient pas la même prudence dans la conduite des questions civiles. Échauffés par le mot de *parlement*, ils voulaient se croire ou du moins se faire reconnaître les mêmes droits que le sénat britannique. Rien ne pouvait être plus méritoire que la lutte en faveur d'un pareil système, mais les parlements de France n'étaient que des cours de justice et leurs prétentions, aussi prématurées qu'inopportunes, n'avaient encore aucune chance de réussite. Comme j'avais quelques amis dans le parlement de Paris, je leur remontrai le danger qu'ils couraient de compromettre par leur précipitation une cause excellente. Obtenir solidement et pas à pas quelques concessions de fait, telle était la vraie conduite à suivre. Le peu qu'ils pourraient gagner par cette voie serait toujours un bienfait pour la nation : le temps et les précédents y ajouteraient dans la suite. Une minorité ou la détresse publique pourrait ouvrir une plus large porte aux améliorations, tandis qu'en prenant pour point de départ des prétentions sans limites, qui n'avaient pas pour base leur constitution, ils avertissaient la couronne de se tenir sur ses gardes et, ce qui était pire encore, ils ne pouvaient compter sur aucun autre point d'appui que leur propre courage et la ressource, toujours incertaine, du martyre patriotique. La royauté, populaire en France et presque partout, quoi qu'elle se plût à faire, et puissante, même sans popularité, dans ce pays, ne pouvait manquer de regarder d'un œil jaloux leurs prétentions. La noblesse, ignorante, hautaine, satisfaite de la tyrannie d'un seul qui l'autorisait à tyranniser des milliers d'hommes, était et ne pouvait manquer d'être l'adversaire de l'extension des juridictions subalternes. Le parlement trouvait dans le clergé un ennemi naturel, encore irrité maintenant par des provocations. Le militaire, rarement épris d'autres franchises que des siennes, était dévoué à la couronne, et comme il se recrutait dans la noblesse, c'était elle qui le dirigeait : le parlement d'ailleurs ne se donnait guère de peine pour créer des dissentiments dans l'armée. Le peuple lui-même, qui aurait pu tirer le plus de bénéfice de cet acheminement vers la liberté, avait peu de sympathie pour les parlements. Les présidents achètent leurs charges et les exercent avec une mise en scène et une morgue peu goûtées du vulgaire. Des manifestes habilement faits sont de faibles armes contre une telle phalange de préjugés.

Pendant mon séjour en France, j'ai eu l'occasion de voir comment d'un souffle la couronne pouvait dissiper en un instant tout un nuage et une tempête de remontrances. Relancé de trop près, le roi, de grand matin, apparut inopinément dans la chambre du parlement. Les magistrats, qui étaient au lit, furent avertis et trouvèrent le roi entouré de ses gardes et de tout l'appareil de la royauté. Il ordonna à quatre de ses ministres de s'asseoir à ses pieds, dans une place à laquelle ils n'avaient aucun droit ; il se fit apporter les registres, en arracha les remontrances, enjoignit le silence au parlement et se retira. Dans la rue, il rencontra le saint sacrement, descendit de sa voiture, s'agenouilla dans la boue et reçut les bénédictions de toutes les vieilles mendiantes. Le soir, la consternation était générale : personne ne dit mot, sauf à la louange de la fermeté du roi. Les magistrats gémirent, mais respectueusement ; les philosophes perdirent la tête de frayeur. Quelques mois après, les parlements reprenaient courage et la cour se remettait à temporiser. On lut des mémoires; ils eurent leurs moments de vogue, en compagnie des poëmes et des opéras de la semaine, puis la sensation s'arrêta et les lettres de cachet ne perdirent rien de leur vigueur.

Il n'y eut guère un homme de qualité en France, au-dessus du rang de président, qui prit en main la cause du parlement. Un seul membre de la famille royale affecta de la protéger, mais il était trop méprisé à la cour, trop peu important et d'un esprit trop médiocre pour nuire à tout autre qu'à lui-même : c'était le prince de Conti. Beau et d'une tournure vraiment royale, gracieux à ses heures, mais d'une hauteur et d'une arrogance extrême, dissolu et prodigue, il avait formé autour de lui une sorte de cour, composée de ceux qui n'avaient rien à espérer de celle du roi; mais il lui manquait le pouvoir de leur donner ou d'en recevoir aucun appui. Confus dans ses idées, mais très-nettement convaincu de la supériorité de son intelligence, il se montrait à la fois diffus et incompréhensible. Tyrannisant à son aise son petit cercle, il se posait en patron de la liberté, et pourtant personne n'a poussé plus loin que lui l'abus de ses priviléges. La cour ne prit point ombrage d'un pareil ennemi [1].

Je ne pouvais manquer d'éprouver une singulière satisfaction, en trouvant dans une nation si opposée à la nôtre un si petit nombre d'hommes d'une capacité redoutable. Un ou deux ministres subalternes montraient de l'habileté

---

[1] Le roi l'avait surnommé : mon cousin *l'avocat*.

dans les questions domestiques et civiles. Le prince de Soubise, homme de sens et d'un caractère franc, très-avant dans la faveur personnelle du roi et qui aurait pu, disait-on, devenir ministre, s'il l'eût voulu, n'avait pas d'ambition. Le maréchal d'Estrées n'était qu'une vieille nourrice de bonne humeur, et le maréchal de Broglie qu'un des hommes les plus vides que j'aie jamais connus, excepté sur la théorie de la discipline. Le comte, son frère, avec plus de talents, n'en avait pas assez pour les rendre utiles : les deux frères d'ailleurs étaient en disgrâce. Le marquis de Castries, bon officier, en mauvais termes avec Choiseul, n'était point un profond génie. Le duc de Praslin, cousin du ministre, d'un caractère dur et désagréable, était loin de posséder un mérite supérieur. Le niveau du clergé était aussi fort peu élevé : l'archevêque de Toulouse [1], reconnu pour le personnage éminent de l'ordre, était ambitieux et rusé, mais il s'absorbait dans ses propres intrigues au point d'avoir un air de distraction perpétuelle : il n'était guère important que par comparaison. Aussi bien que beaucoup d'autres de son ordre, il ne déguisait pas son dédain pour sa propre religion. Les femmes, qui régnaient en première ligne, étant libres-penseuses, un ecclésiastique à la mode devait naturellement être un infidèle. L'homme le plus capable que j'aie connu, mais aussi indiscret que le duc de Choiseul, c'était le comte de Maurepas. Plein de vivacité, de gaieté et d'agrément, il paraissait ne pas souffrir de sa disgrâce, quoiqu'il eût à rougir de l'imprudence qui l'avait causée. Non-seulement il avait fait composer,

---

[1] Étienne Charles de Loménie-Brienne.

mais à sa table, à Versailles, devant une société nombreuse, il avait chanté des couplets sanglants contre madame de Pompadour. Sa chute et un long exil en furent la conséquence. Pour le perdre irrévocablement, la maîtresse outragée persuada au roi qu'il avait empoisonné la duchesse de Châteauroux. Par suite de la même animosité, madame de Pompadour avait détourné une somme importante que Maurepas destinait au rétablissement de la marine. Connaissant son antipathie contre notre nation, je lui ai dit, et ce compliment n'était qu'une vérité, que l'Angleterre était heureuse qu'il eût été depuis si longtemps éloigné du pouvoir [1].

[1] Le mérite du comte de Maurepas nous semble ici singulièrement surfait par notre auteur : son second ministère sous Louis XVI en est la preuve la plus évidente.

TROISIÈME VOYAGE

LIV

A L'HONORABLE H. S. CONWAY[1]

Paris, mercredi 9 septembre 1767.

La nuit dernière, un courrier de lord Rochford nous a appris la mort de Charles Townshend, à laquelle du reste votre lettre m'avait préparé. Je le regrette comme un homme d'un esprit incomparable et fort divertisssant pour un spectateur ; sa bonne humeur empêchait qu'on ne le détestât et sa légèreté qu'on ne l'aimât trop ; mais, au point de vue politique, j'avoue que je ne puis regarder cette mort comme un malheur ; sa déloyauté m'avait alarmé et j'en redoutais les conséquences : il eût été également fâcheux de le jeter dans les bras de l'opposition. Sa mort coupe court à ces deux sortes d'inconvénients. Je regarde comme assuré que vous aurez lord North pour chancelier de l'échiquier ; il a beaucoup moins d'esprit que Charles, mais il saura y suppléer par le courage et la fermeté.

Quant à mon frère, je n'aurais aucune crainte, s'il

---

[1] Dans le journal que Walpole avait tenu de ce voyage à Paris, on trouve : « Le 25 août, arrivé à Paris, à 7 heures moins un quart ; à 8 heures, chez madame Du Deffand. Trouvé la Clairon, jouant Agrippine et Phèdre. Elle n'est pas grande, mais j'aime sa manière de jouer plus que je ne m'y attendais. Soupé là avec elle et les duchesses de Villeroy, d'Aiguillon, etc., etc. »

était pareil aux autres hommes, mais je ne serais point surpris de le voir se débarrasser de son existence; j'ai trop vu dernièrement à quel point elle est précaire, pour n'être point préparé à l'événement, s'il doit arriver. Je ne dirai rien de M. Harris, c'est un vieillard et sa mort sera toute naturelle. Pour ce qui est de lord Chatham, il est fou, mais l'est-il réellement ou avec intention[1]? J'hésite entre les deux. Thomas Walpole a mandé ici à son frère que la veille du jour où lord Chatham est parti pour Pynsent, il avait écrit une procuration avec de pleins pouvoirs pour sa femme et qu'aussitôt après l'avoir signée, il s'était mis à chanter.

Vous pouvez compter que je ne resterai ici que jusqu'à la fin du mois, mais si vous avez besoin de moi plus tôt, envoyez un mot par le courrier de lord Rochford et j'arriverai à l'instant. Cette lettre part avec lady Mary Coke, qui se met en route demain matin, sur la nouvelle de la mort de Townshend[2]; sans cela, elle serait restée dix jours de plus.

Je viens de dîner *en famille* avec le duc de Choiseul : il a été fort poli pour moi, mais il l'a été beaucoup plus encore pour M. Wood, qui dînait avec nous; je lui pardonne cette marque de reconnaissance pour *les faiseurs de paix*[3]. Il faut que je m'arrête, car je vais chez lady Mary et je reviens ensuite souper avec la duchesse de Choiseul, qui est plus gracieuse pour moi que pour personne.

---

[1] Les ennemis de Pitt, devenu lord Chatham, prétendaient toujours que ses maladies étaient *politiques*.

[2] Charles Townshend avait épousé la sœur de lady Mary Coke.

[3] Robert Wood était sous-secrétaire d'État à l'époque du traité de Paris

LV

A SIR HORACE MANN

Paris 27 septembre 1767.

Me voilà donc, puisque vous insistez pour que je vous écrive d'ici ; j'avais le projet de différer encore de quelques jours, car je me remettrai en route d'aujourd'hui en huit. Pendant les cinq semaines que j'ai passées ici, il est survenu trois morts que l'on n'attendait guère, il y a six semaines : bien que ce soient des personnages considérables, leur perte aura peu d'influence sur l'état général des affaires.

M. de Guerchy était revenu de son ambassade en Angleterre un mois environ avant mon arrivée. Il avait été souffrant pendant quelque temps et il avait pris les eaux. Bien que le voyant si souvent, je ne le trouvais pas changé, et quand on me l'a fait remarquer, cela m'a paru peu de chose ; mais, à mon arrivée ici, j'ai été frappé de la rapidité de ce changement. Il était maigri, jaune, et à peine en état de se soutenir. La fièvre survint en dix jours ; la gangrène s'en est suivie et l'a emporté. On dit qu'il avait dissimulé et laissé trop tranquille une ancienne maladie contractée avant son mariage; c'est là le point de départ de sa mort, mais sans doute, la vexation et le désappointement ont envenimé la blessure; au lieu du duché qu'il espérait, il n'a trouvé ici qu'une réception glaciale. C'était un brave et loyal gentilhomme, universellement aimé chez nous et qui n'avait, je crois, aucun ennemi : aussi intelligent d'ailleurs que beaucoup de ceux qui affectent de déprécier son mérite.

Notre comète aussi a disparu ! Charles Townshend est mort ; tout cet esprit, tout ce feu se sont éteints, ces sels volatils se sont évaporés, cette éloquence, la première du monde, est muette désormais ! Cette duplicité est fixée, cette couardise a fini héroïquement ! Il plaisantait sur sa mort aussi naturellement que sur les vivants, sans y mettre l'affectation des philosophes, qui enveloppent leurs ouvrages de phrases à effet, qu'ils espèrent graver dans le souvenir. Robuste d'apparence, sa constitution a toujours donné des craintes. Après avoir eu la fièvre tout l'été, il s'était remis, au moins on le croyait, mais le mal est revenu, on l'a négligé, et il a dégénéré en une fièvre putride incurable.

L'opposition s'attendait à ce que la perte de ce lien si essentiel rompît tout le faisceau, mais il serait vraiment trop dur que sa vie et sa mort fussent également pernicieuses pour l'administration. Il s'était engagé à trahir cette dernière en faveur de la précédente ; je le savais depuis longtemps et lord Mansfield me l'a déclaré depuis. Sa mort ne me semble donc point un malheur. Les sceaux qu'il avait ont été immédiatement offerts à lord North[1], qui les a refusés : grande joie de l'opposition, mais elle devrait mieux connaître un homme qui a été élevé à son école ; lord North a depuis accepté les sceaux et la réversibilité de la pension de son père.

Tandis que Charles Townshend, ce génie excentrique, qu'aucun système n'a jamais pu captiver, est jeté hors

[1] Frédérick, lord North, qui devint plus tard premier ministre.

de la vie, un météore plus artificiel, lord Chatham, semble devoir rentrer dans la sphère politique ; au moins on assure que sa santé est rétablie ; mais il a perdu ses adorateurs, la populace, et je ne pense pas que les hommes sages consentent à voyager à sa lueur.

Vous avez dû, mon cher sir, être fort préoccupé de ce pauvre duc d'York[1] qui a terminé d'une piteuse façon sa sotte, joyeuse et bruyante carrière. Il était venu au camp de Compiègne sans l'autorisation de son frère et on l'avait reçu ici non-seulement avec toutes les marques convenables de distinction, mais avec une extrême amabilité. Il avait eu aussi du succès, et s'était montré attentif, poli, obligeant, gai, satisfait et fort heureux dans ses reparties ; charmé d'une cour si animée en comparaison des allures monastiques de celle qu'il quittait, il avait promis de revenir pour Fontainebleau ; puis il avait décampé aussi vite que possible à cheval et en carrosse pour faire le tour du midi de la France, avec le projet, s'il avait une minute à lui, de pousser jusqu'à Gênes, pour voir une dame dont il était amoureux. Le duc de Villars lui a offert un bal à sa maison de campagne entre Aix et Marseille. Le prince a dansé toute la nuit aussi vigoureusement que si la danse eût fait partie de son voyage : il en est sorti avec une transpiration violente et il s'est jeté dans sa chaise de poste, sans changer de linge. A Marseille, la scène s'est modifiée ; il y est arrivé avec la fièvre et, parmi ses lettres qu'il s'y était fait renvoyer, il en a trouvé une du roi son frère, qui lui défendait d'aller à Compiègne, d'après l'avis du prince héréditaire. Cette lettre,

---

[1] Édouard-Auguste, frère du roi George III ; il mourut, sans avoir été marié, le 17 septembre 1767.

à laquelle il avait désobéi par ignorance, l'impressionna singulièrement; il poursuivit pourtant son voyage, mais il devint si malade que ses gentilshommes l'emmenèrent à Monaco, où il arriva le 3 et où il languit dans de vives souffrances jusqu'au 17. Il montra une tranquillité parfaite et un grand courage, fit un testament fort court, et, la veille de sa mort, il dicta au colonel St-John[1] une lettre pour le roi, dans laquelle il lui demandait son pardon pour toutes ses offenses envers lui et le priait d'accorder des grâces à ses serviteurs. Il voulait lui recommander particulièrement St-John : « Monseigneur, lui dit fort à propos ce jeune homme, si cette lettre était écrite de la propre main de Votre Altesse Royale, j'en serais infiniment reconnaissant, mais je ne puis pas me nommer moi-même. » Le prince de Monaco, qui se trouvait là, eut pour lui des attentions sans bornes, le combla de soins et d'honneurs et ne manqua pas de le visiter tous les jours, jusqu'au moment où il fut trop faible pour le recevoir. Deux jours avant sa mort, le duc d'York envoya remercier le prince : ce dernier fondit en larmes sans pouvoir répondre, et, en les quittant, il pria les officiers du duc de ne point revenir, parce que le choc avait été trop violent pour lui. On arrangea un cercueil, couvert d'un manteau de cérémonie, aussi magnifique que le temps et le lieu le permirent, et, le 17 au soir, on embarqua le corps sur un navire anglais, qui le reçut avec les honneurs militaires, tandis que le canon de la ville le saluait des mêmes salves que pour un maréchal de France.

St-John et Morrison se sont embarqués avec le corps

[1] Henry, frère de Frédérick, vicomte de Bolingbroke et gentilhomme de la chambre d'Édouard, duc d'York.

et le colonel Wrottesley est passé par ici avec ces nouvelles : le pauvre garçon était en larmes tout le temps qu'il est resté.

Je vais prier madame de Barbantane de se charger de ma lettre. Il faut que je lui écrive pour lui demander cette faveur, parce que je ne lui fais point de visites. Pendant mon dernier voyage, j'ai soupé avec elle une ou deux fois en compagnie, mais sans faire très-ample connaissance. Elle est maintenant dans un couvent avec Mademoiselle, fille du duc d'Orléans[1]. Madame de Boufflers est à l'Isle-Adam et ne reviendra pas à Paris avant mon départ. Vous me parlez des Français, qui jouent le whist; eh bien, je l'ai trouvé établi ici la dernière fois que j'y suis venu. Je leur ai dit alors qu'ils étaient bien bons de nous imiter en quoi que ce fût, mais qu'ils avaient certainement adopté les deux plus sottes choses que nous eussions inventées, le whist et les romans de Richardson.

Ainsi vous et le pape, vous allez avoir l'Empereur ! Les temps sont un peu changés ; il n'y a plus maintenant ni guelfes ni gibelins. Je ne pense pas que le César d'aujourd'hui consente à tenir l'étrier de Sa Sainteté, quand elle montera sur son palefroi. Adieu[2] !

[1] C'est cette princesse, qui épousa depuis le duc de Bourbon et qui fut la mère de l'infortuné duc d'Enghien.
[2] Le voyage de Walpole, pour retourner en Angleterre, ne laissa pas que d'être assez pénible. Voici comment il le raconte à George Montagu : « J'ai eu une détestable traversée de huit heures, j'ai été noyé sans naufrage et malade à la mort. J'avais déjà été six fois sur mer, et jamais je n'avais souffert, ce qui m'a rendu le mal plus cruel encore. Cependant, comme Hercule n'était pas plus robuste que moi, avec mon air si peu herculéen, je n'ai pas même pris un rhume, quoique je fusse mouillé jusqu'aux os par la pluie, quoique je fusse lavé de la tête aux pieds par les vagues dans la chaloupe à dix heures du soir et que j'eusse marché dans la mer jusqu'aux genoux. *Qu'avais-je à faire dans cette galère ?* »

QUATRIÈME VOYAGE

LVI

A GEORGE MONTAGU, ESQ.

Calais, 18 août 1769.

Comme je n'ai point entendu parler de vous depuis les calendes assyriennes, qui sont beaucoup plus anciennes que celles des Grecs, vous êtes peut-être mort en Médie, à Ecbatane, ou en Chaldée, et alors il est certain que je ne dois pas vous en vouloir pour m'avoir oublié. Il n'y a pas de poste entre l'Europe et les champs Élysées, où j'espère que vous êtes établi en lord Pluton et, quant aux lettres qui sont envoyées par Orphée, Énée, sir George Villiers ou d'autres voyageurs de rencontre, personne ne doit s'étonner qu'elles s'égarent. Vous auriez pu vraiment m'envoyer un *griffonnage* par Fanny[1], car Cock-lane n'est pas fort éloigné d'Arlington-street, mais quand je l'ai interrogée, elle a ébauché, en grattant, *l'ombre* d'un *non*, qui a fait tinter encore les oreilles de quelqu'un. Si, contrairement à toute probabilité, vous étiez toujours au-dessus du sol, et si, ce qui est encore plus improbable, vous vous repentiez de vos péchés tandis que vous êtes encore en bonne santé, si enfin vous

[1] Une chienne que Walpole venait de perdre. On sait qu'il demeurait dans Arlington-street.

vous imposiez pour pénitence de recommencer à m'écrire, je me croirais en conscience obligé de vous informer que je ne suis point dans Arlington-street, ni à Strawberry hill, ni dans le Middlesex, non, pas même en Angleterre. Je suis, je suis… devinez où ! Ni en Corse, ni à Spa ; — enfin je ne suis pas à Paris, mais j'espère y être dans deux jours. Bref, me voici à Calais, où j'ai débarqué il y a deux heures, après une traversée de neuf autres mortelles heures, n'ayant pas une âme avec moi, à l'exception de Rosette[1]. Je me suis fort diverti du spectacle de l'arrivée d'un officier français et de sa femme dans une berline qui avait mené assurément leurs ancêtres à l'une des premières pièces de Molière. *Madame*, n'ayant pas de femme de chambre avec elle, aida fort prudemment *monsieur* à détacher les malles et à débarrasser la vénérable machine de tout son bagage. Puis reprenant l'un et l'autre les allures de leur qualité, *monsieur* offrit la main à *madame* et la conduisit en grande cérémonie à travers la cour, jusqu'à son appartement. Ici finit le commencement de ma lettre. Peut-être la continuerai-je quand je n'aurai rien de mieux à faire : vous ne pouvez avoir l'audace de vous plaindre, si je ne vous fais cadeau que de mes *moments perdus :* méritez-vous de moi mieux que cela ?

Samedi, matin.

J'ai réfléchi que tout le mérite de cette lettre est dans la surprise ; je me hâte donc de la finir et de l'envoyer par le capitaine du paquebot qui repart. Vous me ré-

---

[1] Sa chienne favorite.

compenserez de cette surprise, en m'adressant une lettre dans Arlington-street, d'où Mary me la fera passer. Vous n'aurez pas beaucoup de temps à réfléchir pour cela, car je quitterai Paris le premier octobre[1], d'après la promesse solennelle que j'en ai faite à Strawberry, et vous devez savoir que je garde beaucoup mieux que vous mes promesses à Strawberry. Adieu ! Le bateau de Boulogne !

LVII

A JOHN CHUTE, ESQ.[1]

Paris, 30 août 1769.

J'ai été tellement ahuri par les visites à recevoir et à rendre, que je n'ai pas eu un moment pour écrire. Nous avons subi une traversée assommante de neuf heures, faute de vent; mais à quoi bon vous parler de mon voyage? M. Maurice, que j'ai rencontré en route, a dû vous dire que j'étais sain et sauf en terre ferme.

Ma chère vieille femme est en meilleure santé que quand je l'ai quittée et elle a pris une telle animation, que je lui prédis qu'elle deviendra folle avec le temps.

---

[1] Walpole était arrivé à Paris le 18 août et il en partit le 5 octobre. Le 18 juillet, madame Du Deffand lui avait écrit : « Vous souhaitez que je vive 88 ans; et pourquoi le souhaiter si votre premier voyage ici doit être le dernier? Pour que ce souhait pût m'être agréable, il fallait y ajouter : « Je verrai encore bien des fois ma Petite, et je jouirai d'un bonheur qui n'était réservé qu'à moi, l'amitié la plus tendre, la plus sincère et la plus constante qui fut jamais. » Adieu ! mon plaisir est troublé, je l'avoue. Je crains que ce ne soit un excès de complaisance qui fasse faire ce voyage. »

Lorsqu'on lui demande l'âge qu'elle a, elle répond : « *J'ai soixante et mille ans.* » Nous sommes allés ensemble, hier soir après souper, nous promener en voiture sur le boulevard et nous y sommes restés jusqu'à deux heures du matin. Nous soupons aujourd'hui à la campagne et demain nous allons à onze heures du soir au théâtre des Marionnettes, pour lequel un de ses *protégés* a écrit une pièce. Je n'ai pas encore aperçu madame du Barry, et je n'ai même pas pu voir son portrait à l'exposition du Louvre, tant la foule y est énorme à cause de cela. Comme les curiosités royales sont celles dont je me soucie le moins, j'attendrai avec patience[1]. Dès que j'ai un moment, je visite les jardins, surtout afin que Rosette y fasse sa promenade ; elle ne peut aller nulle part ailleurs, parce que, dans ce moment-ci, il y a beaucoup de chiens enragés.

On va représenter une traduction d'*Hamlet*[2]. Quand on lui aura coupé, frisé et poudré les cheveux, je pense qu'il sera tout pareil à *monsieur le prince Oreste*. L'autre soir, j'étais à *Mérope* : la Dumesnil y est divine, et l'on m'a dit avec cela que son langage habituel est

---

[1] Il est probable que la curiosité patiente de Walpole n'eut pas le temps de se satisfaire : voici ce que nous lisons dans les *Mémoires de Collé* : « Le portrait de la du Barry, peinte presque toute nue, a révolté et scandalisé le public entier, au point que l'on s'est cru obligé de le soustraire à sa vue. — D'autres croient que c'est moins par respect pour ce pédant de public, que pour un propos qu'un mauvais plaisant a tenu sur ce tableau, que l'on a privé ce collet monté de public de cette pierre de scandale. Voici le propos : un jeune étourdi, en regardant attentivement le portrait de madame du Barry, s'est écrié qu'il était fort ressemblant, qu'il le reconnaissait à *ses cuisses*. Ce mot a couru Paris, il court à présent les provinces ; ce mot a probablement fait retirer ce tableau. »

[2] *Hamlet*, arrangé ou dérangé par Ducis. La première représentation eut lieu en effet, le 30 septembre, et il y en eut douze.

celui d'une *poissonnière !* Pendant le dernier acte, au moment où l'on attend la catastrophe, Narbas, plus intéressé que personne à voir le dénoûment, reste froidement sur la scène à écouter l'histoire. La demoiselle d'honneur de la reine entre sans fichu, très-artistement décoiffée, et en chancelant comme si elle était ivre : elle sanglote un long récit, qui ne se trouve pas vrai du tout, tandis que Narbas, avec les meilleures façons du monde, se montre plus attentif pour sa frayeur que pour ce qui est arrivé. Voilà pour les convenances ; passons maintenant à la vraisemblance : Voltaire a publié une tragédie intitulée *les Guèbres*. Deux colonels romains entrent en scène ; ce sont deux frères et ils se racontent l'un à l'autre comment ils ont récemment saccagé, par ordre de l'empereur, une ville des Guèbres, dans laquelle se trouvaient leurs propres femmes et leurs enfants. Ils se rappellent alors qu'ils ont une prodigieuse envie de savoir si leurs familles ont péri dans les flammes. Le fils de l'un et la fille de l'autre ont été arrêtés comme hérétiques et, se croyant frère et sœur, ils insistent pour qu'on les marie et qu'on les mette à mort pour leur religion. Le fils poignarde son père, qui est aussi un demi-Guèbre : le grand prêtre déclame et rugit. L'empereur arrive, reproche au pontife d'être un persécuteur et pardonne au fils d'avoir assassiné son père (qui n'en meurt pas) parce que... je ne sais pas quoi, mais afin qu'il épouse sa cousine. Les fossoyeurs d'*Hamlet* n'ont guère de chance de réussir, quand une pièce comme *les Guèbres* est écrite selon toutes les règles de l'art et de l'unité. Adieu, mon cher monsieur ; j'espère vous trouver tout à fait bien à mon retour.   Toujours à vous.

LVIII

A GEORGE MONTAGU, ESQ.[1]

Paris, 7 septembre 1769.

Vos deux lettres me sont arrivées ensemble, tout d'une haleine. Commençons par parler d'affaires : je pourrais certainement vous acheter ici bien des choses qui vous plairaient, ce sont des reliques de la magnificence du siècle dernier; mais, depuis que milady Holdernesse a envahi la douane à la tête de ses cent quatorze robes, sous le règne de ce monarque de deux sols, qu'on appelle George Grenville, les ports sont si bien gardés, qu'il faudrait être un contrebandier de profession pour faire passer quoi que ce fût en Angleterre, en fraudant les droits, et je pense que vous ne vous souciez pas de payer soixante et quinze pour cent sur des marchandises de hasard. Tout ce que j'ai transporté en Angleterre, il y a trois ans, a passé sous le pavillon du duc de Richmond; je connais peu notre représentant actuel et d'ailleurs il ne s'en va pas. L'argenterie est, de toutes les vanités terrestres, ce qu'il y a de plus *impassable* : comme métal, elle n'est pas contrebande, mais travaillée, elle le devient au suprême degré, et les douaniers n'étant pas assez philosophes pour séparer la substance de la superficie, ils les cassent toutes deux brutalement à coups de marteau et vous en

---

[1] Une partie de cette lettre a été publiée dans la *Correspondance inédite de madame Du Deffand*, par le marquis de Saint-Aulaire : Tome I*er*, page 176.

rendent... la valeur intrinsèque. C'est là une compensation insuffisante, je le crois, pour vous qui n'êtes pas membre du parlement. Je présume donc que vous ferez bien de vous retrancher votre propre générosité, à moins de la réduire au format d'un Elzévir et de vous contenter d'un objet qui puisse tenir dans la poche.

Ma chère vieille amie a été charmée de votre souvenir et elle m'a fait jurer de vous retourner mille compliments; elle ne peut concevoir pourquoi vous ne venez pas ici. Ne sentant en elle-même aucune différence entre l'imagination de vingt-trois ans et celle de soixante-treize, elle se figure que rien ne peut empêcher quelqu'un de faire ce qu'il veut, sauf la privation de la vue; sans cela, j'en suis persuadé, aucune considération ne la détournerait de venir me faire une visite à Strawberry Hill. Elle fait des couplets, elle les chante, elle se rappelle tous ceux qui ont été faits et, ayant vécu depuis l'âge le plus agréable, jusqu'à celui de la raison la plus avancée, elle possède à la fois ce qu'il y a d'aimable dans l'un et de sensé dans l'autre, sans la vanité du premier ni le pédantisme impertinent du second. Je l'ai entendue discuter avec toute sorte de gens, sur toute sorte de sujets et je ne l'ai jamais vue dans le faux. Elle humilie les savants, redresse leurs disciples et trouve un motif de conversation pour chacun. Affectionnée comme madame de Sévigné, elle n'a aucun de ses préjugés et son goût est plus universel. Malgré l'extrême délicatesse de sa constitution, son activité la jette au travers d'une vie de fatigues qui me tuerait si je devais séjourner pour longtemps ici. Revenons-nous à une heure du matin de souper à la campagne, elle me propose de nous faire mener sur le boulevard ou *à la foire de Saint-Ovide*, sous prétexte qu'il est trop tôt pour se coucher. Hier au soir, j'ai eu toutes les peines du monde, quoiqu'elle fût souffrante, à lui persuader de ne pas veiller jusqu'à trois heures du matin, en l'honneur de la comète : elle avait donné rendez-vous à un astronome, avec ses télescopes, chez le président Hénault, dans la pensée que cela pourrait me divertir. Bref, sa bonté pour moi est si excessive, que je ne me sens pas honteux de produire ma piteuse personne dans une série de divertissements que j'ai abandonnés dans mon pays. Non, je vous fais là un conte; j'en rougis et je soupire après mon paisible *château et cottage* à la fois. Mais il m'en coûte bien des angoisses, en songeant que je n'aurai sans doute jamais l'énergie d'entreprendre un nouveau voyage, pour revoir la meilleure et la plus sincère des amies, qui a pour moi autant d'affection que ma mère! Mais à quoi sert de regarder en avant? Qu'est-ce que l'année prochaine? Une bulle de savon qui peut crever pour elle ou pour moi, avant même que l'année qui s'enfuit ne puisse atteindre le bout de son almanach. Former des plans et des projets, dans une vie aussi précaire que la nôtre, n'est-ce pas comme ces châteaux enchantés des légendes, où chaque porte est gardée par des géants, des dragons, etc., etc.? La mort ou la maladie barrent toutes les issues par où nous cherchons à y pénétrer et si, après avoir surmonté ces obstacles, nous parvenons quelquefois à gagner la pièce la plus reculée du château, quel audacieux aventurier serait celui qui concentrerait ses espérances sur l'extrémité d'une pareille avenue! Quant à moi, je me contente de m'asseoir sur le seuil avec les mendiants et je ne pense jamais à passer plus loin, si les portes ne s'ouvrent pas d'elles-mêmes.

La chaleur ici est étouffante et c'est avec regret que je me vois forcé d'avouer qu'on achète au coin de la rue des pêches, bien préférables à celles que nos jardins produisent à si grands frais.

Adieu, mon autre cher vieil ami, je vous vois presque aussi peu que madame Du Deffand : ma seule consolation est de penser que nous n'avons pas changé l'un pour l'autre depuis quelque trente-cinq ans, et que ni vous ni moi nous ne marchandons, pour constater un aussi long bail.

J'ai fait hier une visite à l'abbesse de Panthemont[1], nièce du général Oglethorpe et qui n'est point une poulette : je lui ai demandé des nouvelles de sa mère madame de Mézières, et j'ai cru pouvoir dire à une femme, vouée spirituellement à l'immortalité, que sa mère devait être fort âgée : elle m'a interrompu assez aigrement pour me dire : « Point du tout, ma mère s'est mariée extrêmement jeune. » Que pensez-vous d'une sainte qui se préoccupe de dissimuler une de ses rides à travers la grille d'un cloître? Nous sommes des animaux bien ridicules; si les anges ont en eux le moindre fonds de gaieté, combien nous devons les divertir !

[1] C'était la sœur de la princesse de Ligne.

LIX

AU COMTE DE STRAFFORD[1]

Paris, 8 septembre 1769.

L'autre soir, à souper chez la duchesse de Choiseul, l'intendant de Rouen m'a demandé si nous avions des routes de communication par toute l'Angleterre et l'Écosse. Il croit, je le suppose, qu'en général nous habitons des forêts et des montagnes sauvages, sans le moindre sentier, et, qu'une fois par an, quelques législateurs viennent à Paris pour apprendre les arts de la vie civile, tels que ceux de semer du blé, de planter de la vigne et de faire des opéras. Si cette lettre trouve moyen de pénétrer au travers de ce *désert* du Yorkshire, où Votre Seigneurie a *essayé* d'améliorer une colline abandonnée et une vallée inculte, vous verrez que je n'ai point oublié votre recommandation de vous écrire de cette capitale du monde, où je suis venu pour le bien de mon pays. J'y étudie avec ardeur ces lois et cette belle forme de gouvernement, qui seules peuvent rendre une nation heureuse, grande et florissante, là où les *lettres de cachet* adoucissent les mœurs et où une juste proportion de luxe et de misère assure une commune félicité. Comme nous avons ici en ce moment une prodigieuse quantité d'étu-

[1] William Wentworth, second comte de Strafford. Il possédait une habitation à Twickenham et se trouvait ainsi le voisin de Walpole, dont il devint l'ami. Il avait épousé lady Ann Campbell, la plus jeune fille du *grand duc* d'Argyll. Lord Strafford est mort en 1791.

diants et d'étudiantes en lois, je ne veux pas anticiper sur leurs découvertes, mais étant votre ami particulier, il faut que je vous fasse part d'un rare perfectionnement de la nature, que ces grands philosophes ont inventé et qui pourrait ajouter de notables beautés à ces lieux que Votre Seigneurie a déjà arrachés au désert, et auxquels elle a appris à se donner un certain air de pays chrétien. Le secret est bien simple, mais il fallait l'effort d'un puissant génie pour le faire jaillir au grand jour. Voici ce que c'est : les arbres ont besoin d'être éduqués autant que les hommes, car ce ne sont que des productions bizarres et gauches, tant qu'on ne leur a point appris à se tenir droits et à saluer, quand il le faut. L'Académie des *belles-lettres* a même offert un prix à celui qui retrouvera l'art, perdu depuis longtemps, d'un vieux Grec, nommé le *sieur Orphée*, qui tenait une école de danse à l'usage des plantes et qui avait donné pour la naissance du dauphin de Thrace, un magnifique bal, où figuraient uniquement des arbres forestiers. Dans tout ce royaume, on ne voit pas un seul arbre qui ne soit très-bien élevé; ils sont d'abord vigoureusement tondus par en haut et ensuite élagués jusqu'en bas, si bien qu'il vous serait plus facile de rencontrer un homme avec les cheveux autour de ses oreilles, qu'un chêne ou un frêne dans le même cas. Comme il fait très-chaud en ce moment, que le sol est crayeux et la poussière blanche, je vous assure que, poudrés comme ils le sont tous, vous auriez toutes les peines du monde à distinguer un arbre d'un perruquier. Pour que cela n'ait pas l'air d'une hyperbole de voyageur, je dois prévenir Votre Seigneurie qu'il n'y a guère de différence entre eux pour leur taille, car tous les arbres de trente ans pouvant être marqués comme bois de construction pour le roi, les propriétaires ont soin de ne pas les laisser atteindre l'âge de l'enrôlement et ils les brûlent pour en planter d'autres, presque aussi souvent qu'ils changent de modes. Cela donne à toute la contrée un air de jeunesse éternelle : ce système, s'il était adopté chez nous, pourrait réaliser les rêveries de M. Addison et faire

Sourire nos monts noirs et nos rocs sourcilleux.

Les autres remarques que j'ai pu faire dans mes recherches infatigables de la science, il me faut les remettre à une meilleure occasion ; mais, comme Votre Seigneurie est mon amie, j'oserai vous avouer sans vanité que ni Solon, ni les autres philosophes de l'antiquité, qui ont voyagé en Égypte en quête des religions, des mystères, des lois et des fables, n'ont jamais veillé aussi tard que moi avec les dames, les prêtres et les présidents au parlement de Memphis ; par conséquent, ils n'ont jamais été aussi capables que moi de réformer un État. J'ai appris comment on fait des remontrances et comment on y répond. Cette dernière science me paraît faire complétement défaut dans mon pays [1] et pourtant elle est aussi aisée et aussi commode que le traitement des arbres et il n'y a pas grande différence. Cette science a été promulguée comme un oracle, dans une sentence de mon homonyme ? « *Odi profanum vulgus et arceo.* » Il vous faut évincer le vulgaire et avoir cent cinquante mille hommes

---

[1] Allusion à la quantité de remontrances qui, sous le nom de pétitions, ont été présentées cette année par la municipalité de Londres et par beaucoup d'autres corporations, au sujet de l'élection de Middlesex. — *Note de Walpole.*

pour le jeter à la porte : voilà tout. Je ne m'étonne pas que l'intendant de Rouen nous croie en l'état de barbarie, puisque nous sommes dans une ignorance si absolue des premiers éléments d'un gouvernement.

Le duc et la duchesse de Richmond sont à Aubigné, d'où ils reviennent à la fin du mois. Ils me pressent de m'en retourner avec eux par la Hollande, que je n'ai jamais vue : cette proposition est fort tentante, mais j'hésite, parce que ce voyage prolongerait mon absence de trois semaines et que j'éprouve une vive impatience de me retrouver dans ma grotte, en dépit de la sagesse dont je *m'imbibe* ici chaque jour : on ne peut pas se sacrifier sans relâche au bien public. Titus et Wilkes ont de temps en temps perdu un jour. Adieu ! mon cher lord, je vous prie de croire que je ne dédaignerai pas votre conversation ni celle de lady Stralford, bien que vous n'ayez que votre bonté de cœur et votre simplicité de mœurs pour vous recommander à l'intelligence beaucoup plus éclairée de votre vieil ami.

LX

A GEORGE MONTAGU, ESQ.

Paris, dimanche 17 septembre 1769.

Je suis franchement éreinté, mais, comme il est trop tôt pour se coucher, il faut que je vous raconte l'agréable journée que je viens de passer ; que n'étiez-vous là pour jouir avec moi de l'un de ces spectacles que nous avons toujours aimé à voir ensemble depuis notre naissance!

Je suis donc allé ce matin à Versailles avec ma nièce madame Cholmondeley, madame Hart, sœur de lady Denbigh et le comte de Grave, un des hommes les plus aimables, les meilleurs et les plus obligeants qui existent; nous nous proposions avant tout de voir madame du Barry. Arrivés trop tôt pour la messe, nous avons assisté au diner du dauphin et de ses frères : l'aîné[1] est le portrait du duc de Grafton, sauf qu'il est plus blond, et qu'il sera plus grand; il a l'air maladif et manque de grâce. Le comte de Provence a une physionomie fort agréable, avec un air plus sensé que le comte d'Artois, qui est le génie de la famille. On cite déjà autant de *bons mots* de lui que de Henri IV et de Louis XIV. Il a beaucoup d'embonpoint et c'est, de tous les enfants, celui qui ressemble le plus à son grand-père[2]. Vous pensez bien que ce repas royal ne nous occupa point longtemps : nous nous rendîmes alors à la chapelle, où un premier rang dans les tribunes nous avait été réservé. Madame du Barry vint se placer en bas, vis-à-vis de nous, sans rouge, sans poudre et réellement *sans avoir fait sa toilette* : étrange manière de se pré-

---

[1] Louis XVI.
[2] Dans une lettre, adressée à sir Horace Mann, le 22 octobre 1774, Walpole raconte un trait, qui fait honneur à l'extrême affabilité de ces deux derniers princes : « Laissez-moi, dit-il, vous rendre ma lettre un peu plus agréable, en vous faisant sourire. Un quaker est allé à Versailles et a désiré voir le comte de Provence et le comte d'Artois diner en public, mais il ne voulait pas se soumettre à ôter son chapeau. On le dit aux princes, et non-seulement ils l'admirent avec son *castor* sur la tête, mais ils le firent asseoir et diner avec eux. N'est-ce pas là une preuve d'intelligence et de bonté? Nous connaissons, vous et moi, quelqu'un qui n'aurait pas été si gracieux. »

senter, car elle était fort en vue, tout près de l'autel et au milieu de la cour et des assistants[1]. Elle est jolie, quand on la considère attentivement, mais si peu frappante, que je n'aurais jamais pensé à demander qui elle était. Il n'y a dans ses manières ni hardiesse, ni arrogance, ni affectation : elle était accompagnée de la sœur de son mari. Dans la tribune supérieure, au milieu d'une foule de prélats, se tenait l'amoureux monarque, qui est encore très-beau. On ne pouvait s'empêcher de sourire devant ce mélange de piété, de pompe et de sensualité.

En sortant de la chapelle, nous passâmes au dîner de Mesdames et nous fûmes presque suffoqués dans l'antichambre, où les plats de leur table chauffaient sur du charbon et où la foule nous empêchait de bouger. Dès que les portes s'ouvrent, tout le monde se précipite pêle-mêle, princes du sang, *cordons bleus*, abbés, femmes de chambre, enfin Dieu sait qui et quoi! Cependant Leurs Altesses sont tellement accoutumées à tout ce commerce, qu'elles mangent aussi tranquillement et d'aussi bon cœur que vous ou moi, dans notre propre salle à manger.

Le second acte a été beaucoup plus agréable; nous avons quitté la cour et une maîtresse régnante, pour une maîtresse défunte et un cloître. Bref, j'avais obtenu de l'évêque de Chartres l'autorisation d'entrer à Saint-Cyr,

---

[1] On sait que madame du Barry avait été donnée au roi par l'entremise du maréchal de Richelieu. Le duc de Choiseul, la voyant un jour passer par la galerie de Versailles, dit au maréchal : « N'est-ce pas madame de Maintenon qui passe? » C'était une satire à l'adresse de Richelieu, qui était assez vieux pour avoir connu cette dernière, et elle marquait bien le mépris du ministre pour la maîtresse et son flatteur. — (H. Walpole, *Memoirs of the reign of George III*, tome IV, page 15.)

et comme madame Du Deffand ne manque jamais une occasion de me faire plaisir, elle avait écrit à l'abbesse, en la priant de me faire voir tout ce qui pouvait être vu. L'ordre de l'évêque était d'admettre, moi, *M. de Grave et les dames de ma compagnie;* je priai l'abbesse de me rendre cette permission écrite, afin de la déposer dans mes archives de Strawberry Hill, ce qu'elle m'accorda aussitôt. Toutes les portes s'ouvrirent devant nous et les religieuses rivalisèrent d'attentions pour nous être agréables. Ce que je voulais voir d'abord, c'était l'appartement de madame de Maintenon : il se compose de deux petites pièces, une bibliothèque et une très-petite chambre à coucher : la même où le czar vint la voir et où elle mourut. On a ôté le lit, et la chambre est maintenant tapissée de mauvais portraits de la famille royale ; ce qui lui enlève son caractère grave et simple : elle est lambrissée de chêne, avec des chaises du même bois, couvertes de damas bleu foncé : partout ailleurs les sièges sont en toile bleue. On est frappé de la simplicité et de la propreté extrêmes de toute la maison, qui est fort vaste. Un grand appartement, situé au-dessus,— car celui dont j'ai parlé est au rez-de-chaussée, — et composé de cinq pièces, avait été d'abord destiné par Louis XIV à madame de Maintenon ; c'est aujourd'hui l'infirmerie. Elle est pleine de lits très-propres à rideaux blancs et décorée de tous les textes de l'Écriture sainte, qui peuvent donner à entendre que la fondatrice était reine. L'heure des vêpres ayant sonné, on nous a conduits dans la chapelle et, comme c'était *ma* curiosité qui nous avait amenés là, on m'a placé dans la tribune même de madame de Maintenon et le reste de la société dans une galerie adjacente.

Les pensionnaires, deux à deux, chaque classe conduite par une religieuse, vinrent en bon ordre prendre leurs places et chantèrent tout l'office qui, je l'avoue, m'a paru assez ennuyeux. Les demoiselles, au nombre de deux cent cinquante, sont vêtues de noir, avec de petits tabliers pareils, qui sont, ainsi que leurs corsages, attachés par des rubans bleus, jaunes, verts ou rouges, qui servent à distinguer les classes ; *les capitaines et les lieutenants*, ont des nœuds de couleur différente, pour se faire reconnaître. Elles portent les cheveux frisés et poudrés et pour coiffure une espèce de bonnet rond à la française ; elles ont aussi une pèlerine blanche et une grande chemisette plissée : bref, c'est un très-joli costume. Les religieuses sont tout habillées de noir, avec de longs voiles de crêpe, des guimpes d'un blanc mat, un bandeau de toile sur le front et des robes à longue traîne.

La chapelle est simple, mais fort jolie ; sous une dalle de marbre, au milieu du chœur repose la fondatrice. Madame de Cambis[1], l'une des religieuses, qui sont environ quarante, est belle comme une madone. L'abbesse ne se distingue que par une croix d'or plus grande et plus riche : son appartement ne se compose que de deux petites pièces. Nous n'avons pas vu là moins de vingt portraits de madame de Maintenon. Celui qui la représente jeune, regardant par-dessus son épaule, a le visage rond et sans aucun rapport avec ceux d'un âge plus avancé : le portrait en manteau royal, dont, vous le savez, je possède une copie, est le plus souvent répété, mais il y en a un autre dont le visage est plus long et plus mince et qui a

[1] Marie de Cambis, né en 1740. Elle avait été élevée à Saint-Cyr, où elle prononça ses vœux en 1708.

l'air beaucoup plus intelligent. Elle est en noir, avec une haute coiffure en dentelles, un bandeau et une robe à queue : elle est assise dans un fauteuil en velours cramoisi. Devant ses genoux, se tient debout sa nièce la duchesse de Noailles, encore enfant; dans le lointain, on découvre Versailles ou Saint-Cyr, ce que je n'ai pas pu distinguer parfaitement. On nous montra plusieurs riches reliquaires et le corps saint qui a été envoyé à la fondatrice par le pape[1]. Nous avons visité ensuite les salles de chaque classe : dans la première, les demoiselles, qui étaient en train de jouer aux échecs, reçurent l'ordre de nous chanter les chœurs d'*Athalie;* dans une autre, elles exécutèrent des menuets et des danses de campagne, tandis qu'une religieuse, non moins habile que sainte Cécile, jouait du violon. Dans les autres classes, elles jouèrent devant nous des proverbes et des dialogues, écrits par madame de Maintenon pour leur instruction, car elle n'est pas seulement leur fondatrice, elle est aussi leur sainte, et son culte a éclipsé totalement celui de la vierge Marie. Après avoir parcouru le dortoir, nous avons assisté à leur souper, et enfin nous sommes allés aux archives, où on nous a montré des volumes de lettres de madame de Maintenon : l'une des religieuses m'a même donné un petit morceau de papier, avec trois sentences écrites de sa main. J'oubliais de vous dire que cette aimable dame, qui me témoignait beaucoup d'intérêt, m'a demandé si nous avions en Angleterre un grand nombre de couvents et de reliques; je me suis trouvé fort embarrassé, ne voulant pas détruire la

---

[1] C'étaient les reliques de saint Cyr, présent fait à madame de Maintenon par le pape Clément XI, en 1702.

bonne opinion qu'elle avait conçue de moi, et je me suis contenté de répondre que nous en avions fort peu maintenant. Nous sommes aussi allés à l'*apothicairerie*, où on nous a régalés de cordiaux ; ce fut alors qu'une de ces dames m'apprit que l'inoculation était un péché, parce que c'était un motif *volontaire* pour manquer la messe et pour faire *gras*. Notre visite s'est terminée par le jardin, qui est devenu maintenant très-vénérable, et où les demoiselles ont joué devant nous aux petits jeux. C'est après un séjour de quatre heures, que nous avons pris congé et j'ai demandé à l'abbesse[1] sa bénédiction : elle sourit en me disant qu'elle craignait bien que je n'y eusse pas une foi très-vive : c'est une vieille et noble dame fort gracieuse et très-fière d'avoir vu madame de Maintenon Eh bien, n'avais-je pas raison de regretter que vous ne fussiez pas avec moi ? auriez-vous pu passer une journée plus agréablement[2] ?

Je vais clore ma lettre par un trait charmant de madame de Mailly, qui n'est point déplacé dans un chapitre sur les concubines royales. Comme elle allait à Saint-Sulpice, après avoir perdu le cœur du roi, un des assistants voulut lui faire faire place dans la foule : « *Comment !* s'écrièrent brutalement quelques jeunes officiers, *pour cette catin-là ?* » Madame de Mailly se retourna vers eux et avec la plus charmante modestie : « *Messieurs*, leur dit-elle, *puisque vous me connaissez, priez Dieu pour moi !* » Je suis sûr que cela vous mettra

[1] Marguerite-Suzanne du Han de Crèvecœur : elle était abbesse pour la troisième fois.
[2] Dans sa réponse à Walpole, du 22 octobre 1769, Montagu lui disait : « J'ai été enchanté de votre promenade à Saint-Cyr : il n'y a rien que je ne fusse prêt à faire pour avoir un pareil spectacle, sauf un voyage par mer. »

les larmes dans les yeux. N'était-elle pas le Publicain et madame de Maintenon le Pharisien? Bonne nuit! J'espère que je vais rêver de tout ce que j'ai vu : comme ce qui me plaît impressionne fortement mon imagination, il est possible que ma nuit soit encore plus fertile en idées que ma journée. Ce serait charmant, si madame de Cambis en fesait les principaux frais. Adieu !

Toujours à vous.

LXI

A SIR HORACE MANN

Calais, 8 octobre 1769.

Vous le voyez, mon cher sir, je suis impatient de renouer le fil de notre correspondance interrompue par mon voyage à Paris et je me hâte pour cela de profiter de mon séjour forcé ici, où me retient un vent trop favorable. Le résultat de cette disposition du temps est de retenir tous les navires sur la côte opposée et il n'en existe pas un seul dans le port qui puisse m'emmener. Je ne ferai cependant pas comme milady Orford, qui est revenue deux fois ici et qui, par peur ou par maladie, comme elle le prétend, est retournée à Paris et se disposait au moment de mon départ à reprendre le chemin de l'Italie. Il paraît que personne ne l'a vue, excepté mon cousin le ministre[1] et madame Geoffrin, qui n'a été nullement flat-

---

[1] Robert Walpole, quatrième fils d'Horace, premier lord Walpole : il était alors chargé d'affaires à Paris. — *Note de Walpole.*

tée de la visite de cette femme sage, venue de l'Orient pour l'adorer. Elle m'a raconté de la manière la plus plaisante l'*empressement* et les hommages de la comtesse, qui l'a embrassée je ne sais combien de fois avec toute la ferveur d'un pèlerin. Elle m'a dépeint aussi un pauvre chevalier de Saint-Étienne, bien maigre, bien humble, qui, dit-on, est un *savant*, mais que madame Geoffrin croit perdu dans les sciences occultes. Quel est cet infortuné paladin[1]? Avez-vous jamais entendu parler d'une expédition plus absurde?

En fait d'absurdité, les Français en valent bien d'autres. Au lieu de vanter ses prouesses guerrières, ils traitent Paoli[2] de misérable lâche. J'avoue qu'il ne me paraît pas avoir fort illustré sa catastrophe et je l'admirerai encore moins, si, comme le prétendent les Français, il a placé une grande fortune sur le continent. En tous cas, ce n'est pas à eux de rabaisser leur propre conquête. Le prince de Beauvau, qui n'est nullement l'homme aimable que nous prévoyions pour l'avenir, mais seulement un résumé complet de tout l'orgueil et de toutes les petitesses de Versailles, m'a parlé d'une lettre où l'Empereur dit au sujet de Paoli : *Minuit præsentia famam.* Je n'en crois rien ; d'abord parce qu'une citation, même connue, est au-dessus de la portée d'un empereur, ensuite parce que vous m'avez dit avec quelle estime ce prince

---

[1] C'était le chevalier Mozzi.
[2] Pascal Paoli, général corse, né en 1726. Il se révolta contre les Génois et parvint à leur enlever une grande partie de l'île, mais, Gênes ayant cédé la Corse à la France en 1768, Paoli fut battu par M. de Vaux et se réfugia en Angleterre. Il fut appelé en France en 1789, mais, s'étant brouillé avec la Convention, il retourna en Angleterre, où il mourut en 1807, laissant une fortune considérable.

avait parlé de lui. Nos journaux nous annoncent que sa *præsentia* n'a nullement diminué sa *famam chez nous*. Vous en saurez davantage sur son compte à mon arrivée. Jusqu'à présent, je ne sais s'il s'est joint à Wilkes [1] ou s'il a été enrôlé par le ministère contre mylord Chatham [2].

Parlons sérieusement : il me semble que les affaires ont pris une assez triste physionomie, c'est là du moins ce qui ressort des journaux pour moi qui n'ai eu aucune nouvelle pendant mon absence; si je suis frappé de cet aspect des choses, quel effet doivent-elles produire sur vous qui les voyez encore de plus loin? J'en suis vraiment désolé : je viens d'un endroit où j'ai vu combien nous sommes détestés, et combien de mauvais desseins se trament contre nous. Le duc de Choiseul ne nous pardonnera jamais son infériorité dans la dernière guerre; son ambition est sans limite, et si notre époque ressemblait à celle de Charles Ier, nous trouverions en lui un autre Richelieu. Je ne doute pas qu'il ne se soit déjà entendu avec Wilkes ; mais comme il redoute l'étoile prédominante de lord Chatham, j'ai laissé entendre, comme par hasard, à un confident du duc, que si ce dernier ne désirait pas la guerre, rien ne serait aussi imprudent que d'encourager

---

[1] Wilkes, dont il a déjà été si souvent question, était un pamphlétaire anglais, né en 1727 à Clerkenwell, près Londres. Nommé membre de la chambre des communes par le comté d'Aylesbury, John Wilkes se jeta dans l'opposition la plus avancée et créa le *North Briton*, journal dans lequel il attaqua les actes du gouvernement avec une violence extrême. Traduit en justice pour ce fait, mais acquitté, il passa en France, où il séjourna jusqu'en 1768 ; après quoi il retourna en Angleterre, où il fut de nouveau nommé membre du parlement et enfin lord maire de Londres. Il mourut en 1797.

[2] William Pitt, l'un des plus grands hommes d'État et l'un des plus habiles orateurs de la Grande-Bretagne, né en 1708 et mort en 1778. Il avait quitté définitivement l'administration en 1768.

Wilkes, dont le parti ramènerait lord Chatham et lord Chatham la guerre.

Vous ne doutez pas, je suppose, de l'ambition insatiable de Choiseul et chacune de ses démarches indique qu'elle est dirigée contre nous. Il a fixé avec la Sardaigne et l'impératrice-reine les limites de leurs différentes possessions et il s'est mis ainsi à l'abri d'une pierre d'achoppement : il a jeté les Turcs sur la Russie et il est si enchanté de cet exploit que, chez lui, devant moi, il a envoyé chercher une gazette française qu'il avait dictée lui-même et qu'il l'a lue tout haut : c'était pour constater le succès des Ottomans. Je me fie beaucoup, il est vrai, à sa légèreté : elle égale son audace et la modère. Il se met à chaque instant sur le bord du précipice, en bravant madame du Barry, et en oubliant que son prédécesseur le cardinal de Bernis a été la victime de son insolence vis-à-vis de madame de Pompadour; le duc de Choiseul marche sur ses traces[1]. Le voyage de Fontainebleau va, je crois, décider la victoire, à moins que le duc ne plie, ce qui n'est pas impossible. Il y a quinze jours, la maîtresse lui a envoyé demander une faveur pour un de ses protégés : il a répondu qu'il fallait qu'elle vînt le trouver elle-même ; elle a insisté et il est allé chez elle, où il est

---

[1] « Louis XV, pour tâcher de pacifier la guerre civile entre madame du Barry et le duc de Choiseul, écrivit une lettre à ce dernier. Il est si étrange que Sa Majesté soit allé jusqu'à y faire allusion à la possibilité d'un mariage entre lui et sa maîtresse, qu'il me faut vous raconter comment cette lettre est tombée entre mes mains. Le duc et la duchesse de Choiseul en avaient fait la lecture à madame Du Deffand, mais sans vouloir lui en laisser une copie. Cependant, comme elle l'avait entendu relire plus d'une fois, elle dicta à son secrétaire tous les passages dont elle put se souvenir, mais en déguisant les personnes sous des noms persans, de peur de perdre ce papier ou qu'on ne le trouvât entre ses mains. Elle me donna cette copie, que je transcris ici, je le jure solennellement, mot pour mot telle que je

resté plus d'une heure, mais sans lui accorder ce qu'elle demandait. La longueur de la visite n'indique pourtant pas de l'hostilité. Il est vrai que madame de Gramont sa sœur et la princesse de Beauvau étaient absentes : comme c'est leur violence qui a attisé tout ce feu, elles ne consentiraient pas volontiers à laisser le ministre faire sa paix, dont leur orgueil serait la victime. Ils sont tous d'ailleurs à Fontainebleau et comme les femmes de Choiseul ne verront ni roi, ni maîtresse, il y a mille à parier contre un qu'il surviendra un éclat.

Madame de Mirepoix est l'âme de la cabale opposée[1];

l'ai reçue. C'est une peinture frappante du caractère de ce prince, plein de faiblesse, de bonté et de franchise et surtout de son amour et de son peu d'envie de changer un ministre auquel il était habitué :

ANECDOTE PERSANE.

Sapor, sultan de Perse, écrivit une lettre fort singulière à son Atemadoulet, dont voici quelques fragments :

« Vous connaissez mal la personne que j'aime : vous êtes environné de gens qui vous préviennent contre elle : ne les écoutez point, il y a longtemps qu'ils me déplaisent. Je vous promets de vous mettre bien avec celle que j'aime et de détruire toutes les préventions qu'on veut lui donner contre vous. Je vous dirai confidemment que je ne puis me passer de femmes. Celle-ci me plaît, et, si je l'épousais, tout le monde tomberait à ses genoux. Le Mogol[1] voulant se marier et voulant épouser une belle femme, fit plusieurs voyages sans rencontrer ce qu'il cherchait. Je vous le répète, je ne puis me passer de femmes, mais il m'en faut une belle. La sœur du Mogol[2], que je pourrais épouser, ne l'est pas. La personne avec qui je vis me plaît : consentez à bien vivre avec elle ; rien n'est plus aisé et vous m'obligerez infiniment. » L'Atemadoulet résista et, quelques mois après, il fut disgracié. « J'oubliais un trait de cette lettre, ajoute madame Du Deffand : Je ne veux point une femme de qualité ; je ne veux point non plus, à l'exemple de Thamas[3], mon aïeul, une matrone[4]. » — H. Walpole, *Memoirs of the reign of king George III*, tome IV, page 29.

[1] Malgré toute son antipathie pour le duc de Choiseul, madame de Mirepoix avait trop d'esprit pour ne pas se rendre compte de celle qu'il avait pour

[1] L'empereur Joseph II. — [2] Une archiduchesse d'Autriche. — [3] Louis XIV. — Madame de Maintenon.

rien n'a jamais égalé la haine qui règne entre elle et sa belle-sœur de Beauvau. Le prince ne voit pas sa sœur, mais, quoique ce soit le type du mari soumis, il hésite et il n'est point mal avec la favorite. Que ces gentilles dames poursuivent donc leurs animosités ! J'ai un peu d'espoir dans l'Empereur, qui ne restera sans doute pas le tranquille spectateur de l'ascendant que la France est en train de reprendre. On disait à Paris que quelques escadrons autrichiens marchaient sur la Pologne ; c'était, pensait-on, la conséquence de l'entrevue avec le roi de Prusse. Comment des empereurs s'éprennent-ils d'un pareil homme ? Espérons que l'impératrice-reine ne le privera pas de ce second ami, comme l'impératrice de Russie l'a fait du premier[1]. Je souffre d'être obligé de souhaiter des succès à cette dernière Sémiramis, mais c'est une des malédictions de la politique d'associer ensemble ceux qui se haïssent ; — mais qu'ai-je donc à démêler avec la politique ? J'en ai fini avec tout cela et je retourne m'amuser de bagatelles à Strawberry. Paris a fait revivre en moi cette passion naturelle de l'homme, l'amour de la gloire de mon pays. Il faut que je m'en débarrasse, c'est une mauvaise passion qui respire la guerre ; il n'y a, au fond, que de l'amour-propre et de la vanité, et l'insolence les rallume facilement. Aussi je retourne chez moi aimer mes voisins et prier pour la paix.

elle et en même temps du charme entraînant de ses manières. Un jour que, pour lui plaire, madame du Barry déblatérait contre le duc, elle s'arrêta et dit : « Mais comprenez-vous, madame, qu'on puisse tant haïr un homme qu'on ne connaît pas ? » Madame de Mirepoix répondit : « Je le comprendrais bien moins, madame, si vous le connaissiez. » H. Walpole, *Memoirs of the reign of king George III.* T. IV, p. 24.

[2] Allusion à l'assassinat de Pierre III, l'ami et le serviteur le plus dévoué du roi de Prusse.

Arlington-street, 15 octobre.

Je suis arrivé la nuit dernière, et je n'ai aucune raison pour changer d'opinion sur l'état de ce pays. Il s'avance rapidement vers quelque grande crise et je ne lui ai jamais trouvé l'air si sérieux, qu'au moment de la Rébellion; mes prophéties n'étant pas dictées par des vues intéressées, je serais bien heureux de me tromper.

Paoli est fort prisé ici : la cour l'a adroitement accaparé et du moins elle a écrasé un œuf que la mode et sa poule couveuse, madame Macaulay[1], auraient été charmées de faire aboutir ; il a préféré se mettre bien avec le gouvernement qui le protége.

L'entrée des escadrons autrichiens en Pologne ne s'est pas confirmée; mais il est certain que les Russes ont battu vigoureusement les Turcs, avant que le prince Galitzin ne fût rappelé. Une partie de la flotte russe se trouve sur la côte du Yorkshire : sir Edward Hawke ne doute pas qu'elle ne s'empare de Constantinople, si elle y arrive. On dit que ce plan a pour auteur l'impératrice seule, contre l'avis de son conseil.

Adieu ! priez pour la paix dans Jérusalem !

---

[1] Catherine Sawbridge, née en 1733, qui avait épousé en 1760 le docteur Macaulay, médecin de Londres. Elle a publié une Histoire d'Angleterre et s'est rendue célèbre par plusieurs autres écrits politiques. Elle professait les idées républicaines et se montra très-favorable à la révolution française.

CINQUIÈME VOYAGE

LXII

A JOHN CHUTE, ESQ.

Amiens, mardi soir, 9 juillet 1771.

Je ne suis pas encore bien loin, n'étant nullement pressé et n'osant pas m'exposer à la fatigue. Mon voyage de Douvres à Calais n'a duré que quatre heures et ma santé ne laisse rien à désirer. J'espère que l'ennemi[1] n'est pas revenu vous torturer, et que vous défiez l'immonde esprit malin. Le temps n'est que tiède et j'aimerais mieux avoir toutes mes fenêtres fermées, si mon odorat n'avait pas beaucoup plus chaud que ma sensibilité ; le fumet des anciennes tentures et des tapisseries hors d'âge est insupportable. Il y a là de vieilles puces et d'antiques punaises qui parlent de Louis XIV, comme des réfugiés en guenilles dans le Parc et forcent cette pauvre Rosette à s'occuper d'elles bon gré mal gré. Tel est le déplorable résumé d'une soirée de juillet que M. de Saint Lambert a négligé dans ses *Saisons*, bien qu'il fût plus *naturel* que tout ce qu'il y a mis[2]. Si la religion grecque s'était jetée dans la folie des mortifications, je présume que les dévots

---

[1] La goutte.
[2] « Saint-Lambert, dit-il ailleurs, est un grand fat, et un bien petit génie. » — *Lettre à H. S. Conway*, 26 décembre 1774.

à Flore se seraient enfermés dans une sale auberge, pour punir la sensualité de leur nez, après avoir senti une rose ou un chèvrefeuille. Voilà tout ce que j'ai à vous dire, n'ayant eu ni aventure ni accident ; je n'ai pas vu une âme, excepté mon cousin Richard Walpole, que j'ai rencontré sur la route et à qui j'ai parlé dans sa chaise. Demain je couche à Chantilly et je serai à Paris jeudi de bonne heure. Les Churchill y sont déjà. Bonne nuit !

Paris, mercredi soir, 12 juillet.

J'ai été tellement suffoqué dans mon auberge la nuit dernière, que, changeant toutes mes résolutions, je me suis levé avec l'*allouette* et que j'étais dans ma chaise à cinq heures du matin. Je suis arrivé ici ce soir à huit heures, fatigué mais content, et après avoir pris une excellente tasse de thé, je vais m'étendre dans des draps propres. Je me refuse même à ma chère vieille femme[1] et à ma sœur, car il n'est pas possible de se mettre à faire l'agréable à cette heure de la nuit, après avoir couru quinze postes et après être déjà venu ici vingt fois.

Fort heureusement la poste part demain matin de bonne heure ; j'ai pensé que vous seriez satisfait de me savoir arrivé à bon port : je serais bien heureux d'en savoir autant de vous, mais ne vous en tourmentez pas trop tôt, à charge de revanche. C'est le 26 août que j'ai fixé pour mon retour : ces excursions sont un peu trop juvéniles ; j'ai honte de regarder en arrière et de me rap-

---

[1] Madame Du Deffand lui avait écrit, le 12 juin : « Je sens l'excès de votre complaisance : j'ai tant de joie de l'espérance de vous voir, qu'il me semble que rien ne peut plus m'affliger ni m'attrister. »

peler dans quelle année de Mathusalem je suis venu ici pour la première fois. Rosette envoie ses bénédictions à sa fille.

Adieu ! Toujours à vous.

LXIII

AU TRÈS-HONORABLE H. S. CONWAY

Paris, 30 juillet 1771.

Je ne sais où cette lettre pourra vous prendre, ni quand elle partira, ni par qui je l'enverrai. Cela n'a pas grande importance, puisque je n'ai guère à vous dire que ce que vous savez déjà probablement.

Il y a ici une détresse incroyable, surtout à la cour : les fournisseurs du roi sont ruinés, ses domestiques meurent de faim ; les anges et les archanges eux-mêmes ne peuvent plus toucher leurs pensions ni leurs appointements : ils chantent donc : Malheur ! malheur ! malheur ! au lieu d'*Hosannahs !* Compiègne est abandonné, Villers-Cotterets et Chantilly[1] sont encombrés. Chanteloup est encore plus en vogue : y va qui veut, bien que lorsque l'on en demande la permission au roi, la réponse invariable soit : « *Je ne le défends ni ne le permets.* » C'est la première fois que la volonté d'un roi de France est interprétée contre son intention. Après avoir anéanti les par-

---

[1] Le duc d'Orléans et le prince de Condé étaient alors en disgrâce, pour avoir pris le parti de l'ancien parlement contre celui du chancelier Maupeou.

lements, et ruiné le crédit public, il se soumet humblement aux affronts de ses propres serviteurs. Madame de Beauvau et deux ou trois dames, d'un caractère entreprenant, défient ce czar des Gaules ; mais, il faut le dire, elles et leurs cabales ont aussi peu de consistance que l'autre parti. Elles font des épigrammes, chantent des vaudevilles contre la favorite, distribuent des pamphlets contre le chancelier Maupeou, mais tout cela n'a pas plus d'effet qu'une fusée en l'air : dans trois mois, elles mourront d'envie d'aller à la cour, et d'être invitées aux soupers de madame du Barry. La seule lutte sérieuse est entre le chancelier et le duc d'Aiguillon : le premier, faux, audacieux, déterminé, ne se laisse pas arrêter par de vains scrupules : l'autre moins connu, peu communicatif, passe pour un politique profond, à vues non moins profondes, mais il semble vouloir se masquer sous un vernis de douceur, car il vient d'obtenir le payement des pensions et des arrérages de La Chalotais, son ennemi juré. Il a aussi l'avantage de n'être que modérément détesté en comparaison de son rival et, ce qu'il apprécie encore plus, d'être protégé par la favorite. Le contrôleur général[1] les sert tous deux, en faisant le mal d'une manière plus sensible, car il ruine tout le monde, excepté ceux qui achètent de sa maîtresse[2] un moment de répit. Il organise la banqueroute en détail, et il tombera, parce qu'avec toutes ses manœuvres, il ne peut se rendre assez utile. On a enlevé neuf millions à la *Caisse militaire*,

---

[1] L'abbé Terray.
[2] Sa maîtresse, madame de la Garde, connue dans le monde sous le nom de *la Sultane*, passait pour se faire payer, d'accord avec le contrôleur général, toutes les faveurs ou les actes de justice qu'on sollicitait.

cinq à la marine, un aux *Affaires étrangères*, et avec tout cela, on ne pourra pas s'en tirer. Impossible de voir une grande nation dans une situation plus déplorable. La perspective prochaine n'est pas plus brillante ; elle repose sur un *imbécille* de corps et d'esprit[1] !

31 juillet.

M. Churchill et ma sœur partent cette nuit après souper : ce sont eux qui vous porteront cette lettre. Il n'y a pas de nouveaux livres, ni de nouveaux spectacles, pas de nouveaux romans, pas même de nouvelles modes. On a arraché la vieille mademoiselle Le Maure[2] à une retraite de trente ans, pour la faire chanter au Colisée, qui est un très-fastueux Ranelagh, peint, doré, galamment décoré comme un Opéra, mais qui n'est pas destiné à vivre aussi lontemps que son père le *Colosseum*, car il est bâti en plâtre et en carton. A l'entour règnent des galeries de *treillages*, qui ne servent à rien, mais derrière, se trouve un canal pareil à un abreuvoir, sur lequel il y a des joutes et des feux d'artifice. En somme, c'est fort joli, mais, comme dans ce pays-ci les nababs et les nababesses sont fort rares, et que la classe moyenne et le peuple ne sont guère plus riches que Job, quand il ne lui resta rien que la patience, les propriétaires de ce lieu de délices sont à la veille de se ruiner, à moins qu'on n'exécute un projet dont il est question. Il s'agirait d'obliger Corneille,

[1] Walpole a reconnu plus tard combien était injuste le jugement qu'il porte ici sur l'infortuné Louis XVI.
[2] Cette cantatrice, si connue par la beauté de sa voix et son talent dramatique, s'était retirée du théâtre en 1743. Elle chanta au Colisée avec un succès prodigieux le monologue de l'acte du *Sylphe*.

Racine et Molière à se taire deux fois par semaine, afin que leur auditoire pût se transporter au Colisée. C'est ainsi que notre parlement s'ajourne, quand les sénateurs veulent se rendre à Newmarket. Il y a un certain M. Gaillard qui écrit l'histoire de *la rivalité de la France et de l'Angleterre*; j'espère qu'il n'omettra point ce parallèle. Le signe de misère qui me frappe le plus, moi dont les observations politiques se basent sur le thermomètre des babioles, c'est qu'il n'y a rien de nouveau dans les boutiques. Je connais la figure de toutes les tabatières et de toutes les tasses à thé, aussi bien que celles de madame du Lac et de M. Poirier[1]; j'ai choisi quelques tasses et des saucières pour mylady Aylesbury, d'après ses ordres, mais je ne puis pas dire qu'elles soient vraiment extraordinaires. J'ai marchandé pour elle deux *cabriolets*[2], au lieu de six, parce que je les trouve fort cher, et qu'elle pourra avoir les quatre autres, quand bon lui semblera. Je rapporterai aussi un échantillon de *baguette*, qui va bien avec eux. Pour mon compte, entre l'économie et le défaut de nouveautés, je n'ai pas dépensé cinq guinées, ce qui est une anecdote mémorable dans l'histoire de ma vie. Il est vrai que la czarine et moi nous avons ensemble une légère dispute : elle a offert d'acheter en bloc la collection de tableaux de Crozat, pour laquelle je comptais me ruiner. Puissent les Turcs l'en remercier ! *A propos* on envoie d'ici quatre-vingts officiers en Pologne : je suppose que chacun d'eux, comme Almanzor, n'aura qu'à frapper la terre du pied, pour en faire sortir une armée.

[1] Marchands d'objets d'art, fort à la mode à Paris.
[2] Que pouvaient être ces *cabriolets?*

Comme ma sœur voyage à la façon d'une princesse tartare avec toute sa horde, je pense qu'elle arrivera trop tard, pour que je reçoive de vous la réponse à cette lettre, qui en vérité n'en demande pas, *vû que* je me remets en route le 26 août. Si vous êtes chez vous et non point en Écosse, vous jugerez par cette date où me trouver.

Adieu !

P. S. Au lieu de rétablir les jésuites, on s'occupe ici de supprimer les célestins, les augustins et quelques autres ordres.

LXIV

A JOHN CHUTE, ESQ.

Paris, 5 août 1771.

J'envie votre promenade à Strawberry, et je n'ai pas besoin de vous dire combien j'aurais désiré être là pour vous recevoir; je soupire après un peu de gazon comme le marin au retour d'un long voyage. Cependant la mode des jardins anglais fait ici des progrès étonnants, quoique assez peu rapides, car je n'en ai vu littéralement qu'un seul et encore il ressemble exactement à la carte d'échantillons d'un tailleur. C'est un M. Boutin[1] qui a relié un morceau de ce qu'il appelle un jardin anglais,

[1] Il fut d'abord receveur général des finances, puis conseiller d'État. Il avait donné à son pavillon et au jardin, situés rue de Clichy, le nom de *Tivoli*, qui lui a été conservé, jusqu'à leur destruction, en 1836, mais on les appelait généralement alors la Folie-Boutin, à cause des sommes immenses qu'il y avait dépensées. On allait s'y promener en parties; c'était une des

à toute une série de terrasses en pierres avec des degrés de gazon. Il y a trois ou quatre montagnes fort élevées, exactement pareilles pour la hauteur et pour la forme, à un pudding aux herbes. Vous vous faufilez entre elles et une rivière qui serpente par des angles obtus dans un chenal en pierre et qui est alimentée par une pompe : quand il y viendra des coquilles de noix, je suppose qu'elle sera navigable[1]. Dans un coin renfermé par des murs de craie se trouvent les échantillons dont j'ai parlé : il y a une bande de gazon, une autre de blé et une troisième *en friche*, exactement dans l'ordre où sont rangés les lits dans une chambre d'enfants. On a traduit le livre de M. Whately[2], et Dieu sait quels actes de barbarie vont être commis à nos portes. Cette nouvelle *Anglomanie* sera littéralement de *l'Anglais fou*.

Nouveaux *arrêts*, nouveaux retranchements, nouvelles misères éclatent tous les jours. Le parlement de Besançon est dissous, *les Grenadiers de France* également. Les fournisseurs du roi font tous banqueroute : aucune pension n'est payée et chacun réforme ses soupers et ses équipages. Le despotisme fait des conversions plus vite que le christianisme n'en a jamais fait. Louis XV est le vrai *rex christianissimus*, et il a dix fois plus de succès que son grand-père aux dragonnades.

Adieu! mon cher monsieur.

curiosités qu'on montrait aux étrangers. « On a mis ici la nature en mascarade, » s'écria Sophie Arnould la première fois qu'elle y vint. La fille de M. Boutin épousa, en 1786, le vicomte de Balincourt, capitaine au régiment de Bourbon.

[1] « Cela, disait encore Sophie Arnould, ressemble à une rivière comme deux gouttes d'eau. »

[2] *An essay on design in gardening*, par Thomas Whately, secrétaire de la trésorerie sous l'administration de George Grenville.

Vendredi, 9 juillet.

Je suis retourné à la Chartreuse et, bien que ce soit pour la sixième fois, je suis plus enchanté que jamais de ces tableaux[1]. Si ce n'est pas la première œuvre du monde et si elle doit le céder au Vatican, sa simplicité et son harmonie l'emportent même sur Raphaël. Il y a sur toutes ces peintures une certaine vapeur qui les rapproche de la nature d'une manière inouïe et je ne puis concevoir ce qui la produit. On les voit à travers la clarté que donne le vent de sud-est. Les pauvres moines ne se doutent pas du trésor inestimable qu'ils possèdent et ils laissent se perdre ces tableaux, qu'on ne peut s'empêcher de regarder comme un soleil couchant. Il y a en eux la pureté de Racine, mais ils me font plus de plaisir et je me fatiguerais plus vite du poëte que du peintre. Ce qui est étrange, c'est que je n'ai pas, à visiter les églises et les couvents, la moitié du plaisir que j'y trouvais autrefois. La conscience que la vision est dissipée, le manque de la ferveur si nécessaire dans tout ce qui est religieux, la solitude, qu'on sait provenir du dédain et non de la contemplation, donnent pour moi à ces lieux la physionomie de théâtres condamnés à la destruction. Les moines trottent de côté et d'autre, comme s'ils n'avaient plus longtemps à y rester, et ce qui auparavant me paraissait un demi-jour sacré n'est plus que malpropreté et ténèbres. C'est la même déception que vous ferait éprouver une tragédie jouée par des moucheurs de chandelles. Il est triste de penser que l'empire du Bon Sens ne serait pas fort

[1] La *Vie de saint Bruno*, par Le Sueur.

pittoresque, car il n'y a que le goût qui puisse compenser les hallucinations de la folie et je crains qu'il n'y ait jamais plus de vingt hommes de goût contre vingt mille fous. Le monde ne reverra pas plus Athènes, Rome et les Médicis qu'une succession de cinq bons empereurs, tels que Nerva, Trajan, Adrien et les deux Antonins.

15 août.

J'ai été désolé, je l'avoue, en lisant dans les journaux la mort de Gray[1] : c'est là une heure qui vous fait oublier tous les sujets de plainte, surtout quand il s'agit d'un homme avec lequel on a vécu en ami depuis l'âge de treize ans. La personnalité est tellement enracinée au fond de nous-mêmes[2], que la parité de nos âges m'a fait ressentir ce coup jusqu'au fond de la poitrine ! je m'attendais si peu à sa mort qu'il est tout naturel que je ne m'attende pas à la mienne. Près de vous, qui êtes l'homme le mieux disposé à pardonner, je n'ai pas besoin de m'excuser de la préoccupation que j'éprouve; beaucoup de gens, je le crains, devraient demander pardon de leur manque de sentiments, plutôt que de chercher à dissimuler ceux qu'ils éprouvent. Je croyais

---

[1] La dernière lettre que Walpole avait reçue de Gray était datée du 17 mars 1771 : elle contenait le passage suivant, qui était une sorte de profession de foi : « Il faut avoir un fameux estomac pour pouvoir digérer le *crambe recocta* de Voltaire. L'athéisme est un mets pitoyable, quoique tous les cuisiniers de France s'évertuent à lui composer de nouvelles sauces. Quant à l'âme, peut-être n'en ont-ils pas sur le continent, mais je pense que nous avons de ces choses-là en Angleterre. Shakespeare, par exemple, en avait, je crois, plusieurs pour sa part. Pour ce qui est des juifs, bien qu'ils ne mangent pas de porc, je les aime, parce qu'ils sont meilleurs chrétiens que Voltaire. » *Gray's Works, by Mitford,* vol. IV, page 190.

[2] « As self lies so rooted in self. »

que tout ce que j'ai vu dans ce monde avait endurci mon cœur, mais je m'aperçois que l'expérience, en modifiant mon langage, n'a pas éteint ma sensibilité. Bref, j'éprouve un chagrin réel, je me sens atteint dans mon endroit faible, en reconnaissant que, quand j'aime quelqu'un, c'est pour la vie et j'ai eu bien raison de ne pas souhaiter qu'une pareille disposition fût mise plus souvent à l'épreuve. Vous êtes la seule personne à laquelle j'aie le courage de faire une pareille confession.

Adieu, mon cher monsieur; faites-moi savoir à mon retour, qui est fixé au dernier jour du mois, quand je pourrai vous voir. Que de choses j'ai à vous dire! J'ai largement assez de mon séjour ici : seule cette chère vieille femme pourrait me garder une heure de plus; ils m'ennuient tous à la mort, mais ce n'est pas nouveau !

Toujours à vous.

LXV

A LA COMTESSE D'OSSORY[1]

Paris, 11 août 1771.

J'ai bien peur, madame, de revenir comme beaucoup d'ambassadeurs anglais, sans avoir fait rien qui vaille.

[1] Anne Liddell, fille unique de lord Ravensworth : elle avait d'abord épousé Augustus-Henry Fitzroy, duc de Grafton, dont elle eut trois enfants, mais elle divorça en 1764, pour cause d'incompatibilité d'humeur, et peu

J'ai enfin reçu de M. Francès du canevas et de la soie pour quarante-six livres et deux sols ; quand ces matériaux auront été travaillés de la main de Votre Seigneurie, cette valeur, j'en suis certain, se multipliera par un million. Quant aux tabatières et aux boîtes à cure-dents, la récolte fait complétement défaut cette année : je n'ai pas été capable de trouver une seule nouveauté dans ce genre. Les marchands se plaignent d'une stagnation complète dans les affaires : quelques-uns l'imputent à un homme contrariant qu'on appelle M. le chancelier, qui, en expulsant par le nez le parlement tout entier, a occasionné dans Paris un déchet de 40,000 de ces organes aspiratoires ; d'autres disent qu'un certain contrôleur général n'ayant rien laissé à manger à personne, il n'y a guère de demandes pour les boîtes à cure-dents. Comme je suis parfaitement ignorant en matière commerciale, j'ignore ce qu'il peut y avoir de juste dans ces hypothèses, mais, ce qu'il y a de sûr, c'est que je connais la figure de chaque tabatière dans chaque boutique, aussi bien que chaque administration connaît celle de M. Ellis. La commission de lord Ossory sera un peu mieux faite : c'est-à-dire, qu'elle peut l'être. J'ai vu trois jolies pendules, dont deux plus cher que la somme fixée et la troisième

---

de temps après, elle se remaria avec John Fitzpatrick, second comte de Upper-Ossory. Walpole, qui parle souvent d'elle dans ses lettres avec amitié et admiration en l'appelant *sa duchesse*, avant d'entrer en correspondance avec elle, la représente comme une grande et belle femme aux traits un peu prononcés, mais remplie de grâce dans toute sa personne. Elle passait pour avoir une imagination brillante, un esprit prompt et une intelligence vive, qu'elle montrait aussi bien dans la conversation que dans ses lettres. La première que Walpole lui adressa est du 29 novembre 1769 et leur correspondance dura jusqu'à la mort de ce dernier, en 1797. Le recueil de ces lettres avait été publié séparément en 1848, en deux volumes in-8°.

meilleur marché, mais comme je n'oserais y mettre plus ou moins d'argent que Sa Seigneurie ne m'y a autorisé, je les ai fait poser toutes les trois devant un peintre et je rapporterai leurs portraits, afin que mylord puisse leur jeter lui-même le mouchoir.

Paris est complétement vide, même d'Anglais : pourtant j'habite un hôtel qui en regorge, mais je ne connais qu'un seul de leurs visages et encore à peine si j'ai entendu le son de la voix de son propriétaire. C'est mylord Finlater, qui sans doute se meurt d'amour pour sa fiancée à venir, car c'est une vraie statue. Nous nous sommes fait trois visites ; nous nous sommes rencontrés une fois et nous nous parlerons à la prochaine occasion. Lady Barrymore[1] est allée hier à Compiègne : le maréchal de Richelieu avait reçu l'ordre de veiller à ce qu'elle eût ici une loge à l'Opéra : mais ne le dites pas à Junius[2] !

C'est avec une vive satisfaction que je dois annoncer à Votre Seigneurie, que le goût des jardins anglais se développe singulièrement ici : ce n'est pas, hélas ! d'après mon livre[3] qu'on travaille, mais d'après celui de M. Wha-

---

[1] Lady Émilie Stanhope, troisième fille du comte de Harrington, mariée à Richard, comte de Barrymore, qui mourut en 1780. C'était une femme charmante, mais fort légère, si nous en croyons les *Mémoires de Lauzun*. Elle était très en faveur à la cour de France, depuis que son mari eut consenti à se reconnaître une origine commune avec le comte du Barry.

[2] Pseudonyme d'un pamphlétaire fameux, dont le nom véritable est resté un mystère.

[3] *Essay on modern gardening*. Ce livre a été traduit en français par le duc de Nivernois, et imprimé avec cette traduction en regard à Strawberry-hill en 1785. « Cette traduction, écrivait Walpole à lady Ossory, est du meilleur français, de ce pur français, que parlaient le duc de la Rochefoucauld et madame de Sévigné, et qui n'a aucun rapport avec ce galimatias métaphysique de La Harpe, de Thomas, etc., etc., que madame Du Def-

tely, dont on a fait une traduction. Je suis allé voir presque hors Paris[1] un jardin qui a été dessiné à grands frais dans notre goût, et, comme il est bien plus perfectionné que les nôtres, j'en envoie le plan à Votre Seigneurie tel que j'ai pu le faire de mémoire, en vous priant d'excuser les fautes du dessin, qui ne rend pas assez justice à l'original.

Si lord Ossory désire appliquer cette méthode à Ampthill, je tâcherai de lui faire faire un plan plus correct ; mais, vraiment, sans être sur les lieux, on ne peut pas juger de l'effet général. C'est quelque chose de si *sociable* que de pouvoir se serrer la main par-dessus la rivière, du sommet de deux montagnes ! Il n'y a qu'une nation aussi aimable qui ait pu l'imaginer. Ce n'en est pas moins une grande idée : on croit voir les divinités montagnardes du Parnasse et de l'Ida, tirant leurs *fauteuils* au travers d'un continent et buvant un verre d'Hélicon à la santé de leurs *bergères*.

J'ajourne le récit du reste de mes voyages, jusqu'à ce que j'aie l'honneur de vous voir à Twickenham ; je compte partir de demain en huit et je suis, madame, votre, etc.

fand proteste ne pas comprendre. » Nous y lisons, dans un passage relatif à l'arrangement symétrique des jardins de fleurs : « Dans le jardin du maréchal de Biron à Paris (aujourd'hui celui du Sacré-Cœur) qui contient quatorze arpents, chaque allée est bordée des deux côtés par une rangée de pots de fleurs, qui se succèdent selon les saisons. Quand je l'ai vu, il y avait neuf mille pots d'asters ou de reines marguerites ! »

[1] Il s'agit encore du jardin de Tivoli ou la Folie-Boutin.

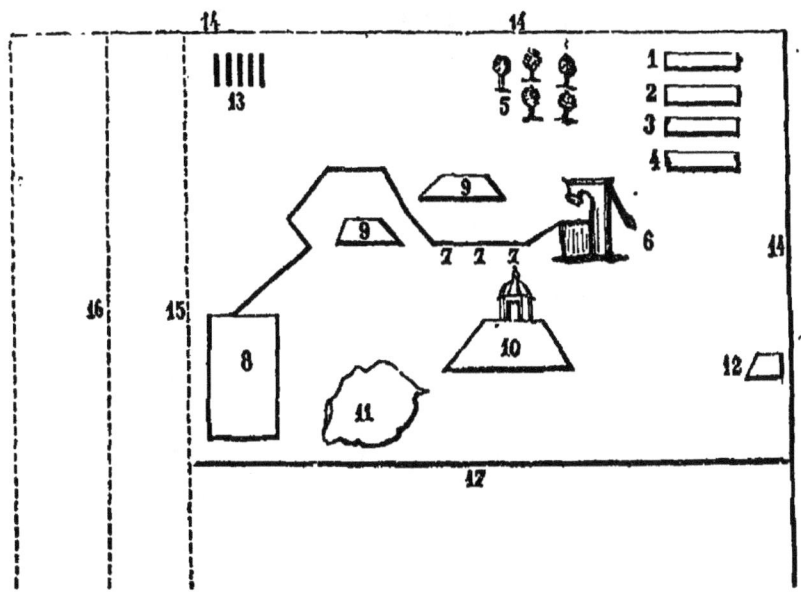

TABLE EXPLICATIVE.

1. Bande de blé.
2. Idem de gazon.
3. Idem de bois, très-champêtre.
4. Idem d'avoine.
5. Bosquet irrégulier.
6. Puits et pompe qui alimentent la rivière.
7. 7. 7. Rivière serpentant dans un chenal de pierre de 4 pieds de large.
8. Canal.
9. 9. Deux montagnes de 12 pieds de haut; pareilles à deux puddings aux herbes, mais pas si vertes que la rivière.
10. Le mont Olympe avec un temple au sommet.
11. Pièce de gazon irrégulière.
12. Laiterie avec une façade à l'italienne.
13. Bandes de gazon.
14. 14. 14. Mur.
15. Terrasse dominant une vue superbe sur les serres et sur un tas de fumier.
16. Potager avec des couches à melons.
17. Jardin à la française.

LXVI

A L'HONORABLE H. S. CONWAY

Paris, 11 août 1771.

J'allais sortir au moment où j'ai reçu votre lettre et les journaux. J'ai été frappé de la manière la plus sensible, lorsque, après vous avoir lu, j'ai appris par les journaux que Gray était mort! La rupture fatale d'une intimité si ancienne et sans doute un retour bien naturel sur moi-même, causés par la perte d'un homme qui n'avait qu'un an de plus que moi, m'ont fait littéralement bondir sur ma chaise. Il semblait que ce fût une secousse plus physique que morale; j'en suis pourtant excessivement touché, et tout le monde doit l'être également, puisqu'on perd un génie de premier ordre. Il était passé chez moi deux ou trois jours avant mon départ : il se plaignait de sa santé et parlait de la goutte dans l'estomac, mais je ne croyais pas plus à sa mort qu'à la mienne, et c'est probablement une fin pareille qui m'attend. Je suis plein de ces tristes réflexions, mais je ne veux pas vous chagriner en vous les communiquant. Ne vous étonnez donc pas que ma lettre soit courte, lorsque mon cœur déborde de pensées, auxquelles je ne veux pas donner l'essor. Pas plus tard qu'hier soir, je réfléchissais au petit nombre de personnes qui restent lorsqu'on devient vieux et avec lesquelles on peut parler sans réserve. L'intimité est impossible avec les jeunes gens, parce qu'on n'a pas avec eux des sujets communs de conversation et, parmi les vieillards qui survivent, il y en a fort peu avec lesquels on puisse entamer une nouvelle amitié, parce qu'on a probablement toute sa vie dédaigné leur cœur ou leur intelligence. Voilà les degrés par lesquels on descend au fond de la lie si repoussante de l'existence !

Je suis désolé de l'état de cette pauvre lady Beauchamp : c'est d'un mauvais présage, et pourtant elle avait devant elle une longue perspective de bonheur. L'opium est un ami bien traître ! Je vous rapporterai le livre de Bougainville ; je pense qu'il parle des îles Falkland[1], car il ne peut pas être question de celles qu'on vient de découvrir.

Adieu ! Toujours à vous.

LXVII

AU RÉVÉREND WILLIAM COLE

Paris, 12 août 1771.

J'ai été profondément peiné en lisant dans les journaux que Gray était mort. Je prie Dieu que vous puissiez me dire que cette nouvelle n'est pas exacte, mais il me faut rester quelques jours dans une cruelle incertitude !

[1] On sait que l'occupation d'une de ces îles par l'Espagne faillit amener la guerre en 1770 entre cette puissance et l'Angleterre.

Aucune de mes connaissances n'est à Londres; je ne sais à qui m'adresser, excepté à vous, et je crains bien, hélas! que ce ne soit en vain! Trop de circonstances me disent que c'est la vérité. Les détails sont précis. Un second journal, arrivé par le même courrier, ne contredit pas l'autre; ce qui est plus triste encore pour moi, c'est que j'ai vu Gray quatre ou cinq jours avant mon départ; il était allé à Kensington pour changer d'air et il se plaignait d'une goutte vague; il la sentait à l'estomac. Je le trouvais changé, sa mine était mauvaise; je n'avais pourtant pas la moindre idée qu'il fût en danger. J'ai bondi de mon fauteuil en lisant l'article; un boulet de canon ne m'eût pas surpris davantage. Le premier choc a fait place à la douleur, et mes espérances ont trop peu de fondement pour pouvoir l'adoucir. Si personne n'a la charité de m'écrire, mon anxiété se prolongera jusqu'à la fin du mois, car je reviendrai le 26, et si vous ne recevez pas cette lettre à temps pour que la réponse parte de Londres le 20 au soir, je ne la trouverai plus que dans Arlington-street.

Si l'événement n'est que trop vrai, rendez-moi aussi le triste service de me dire tout ce que vous savez des circonstances de sa mort. Notre longue, bien longue amitié et son génie me rendent cher tout ce qui le concerne. Quels écrits a-t-il laissés? quels sont ses exécuteurs testamentaires? S'il a destiné quelque chose au public, je désirerais vivement pouvoir le confier à ma presse[1]; ce serait un honneur pour moi et j'aurais par là l'occasion d'exprimer ce que je sens pour lui. En devenant vieux,

[1] Le début de la presse de Strawberry-hill, en 1757, avait été l'impression de deux odes de ce même Thomas Gray.

notre seule affaire ici-bas est de décorer les tombes de nos amis et de creuser la nôtre.

Adieu ! cher monsieur. Toujours à vous.

LXVIII

AU COMTE DE STRAFFORD

Paris, 25 août 1771.

J'ai passé ici mes six semaines biennales, mon cher lord, et je me prépare à m'en retourner, aussitôt que le temps me le permettra. C'est une certaine consolation pour l'envie, cette vertu patriotique par excellence, de trouver le climat d'ici pire que le nôtre. Il y a eu quatre jours de grandes chaleurs à la fin du mois dernier, ce qui, vous le savez, constitue un été pour nous autres gens du Nord : il a plu la moitié de ce mois-ci et, depuis trois jours, c'est un déluge, un ouragan et un froid affreux. Ici on grelotte dans la soie et on reste les fenêtres ouvertes, jusqu'à l'heure du souper. Il est vrai que le chauffage est fort cher et les *nababs* fort rares. L'économie et les retranchements sont des mots à la mode, et ils ont un peu plus de raisons d'être qu'un simple caprice. Le seul exemple de luxe dont on parle est dû à mademoiselle Guimard, une danseuse fort en vogue, qui est en train de se bâtir un palais[1] : autour de la *salle à manger* sont des fenêtres ou-

[1] On l'appelait le palais de Terpsichore : il était situé dans les terrains que traverse aujourd'hui la rue de l'Arcade. Le prince de Soubise en avait fait les frais.

vrant sur une serre chaude, qui produira des fleurs tout l'hiver. Il y a une autre danseuse plus agréable, que M. Hobart va transplanter à Londres ; c'est une Flamande qui se nomme mademoiselle Heynel ou Ingle[1] ; elle est grande, merveilleusement faite et fort belle : elle a une série d'attitudes copiées sur l'antique ; elle se meut avec la lenteur gracieuse de la statue de Pygmalion, quand elle vient à la vie, et elle fait des ronds de jambes aussi imperceptibles que si elle dansait dans le zodiaque, mais ce n'est pas *la Vierge*.

On casse ici un parlement avec autant de facilité que la populace anglaise casse les fenêtres. C'est pitié de voir des gens aussi mal assortis ! Si le roi de France et le nôtre faisaient un chassé-croisé, Polly Jones n'aurait qu'un mot à dire pour que Louis XV se décidât à dissoudre notre parlement. Ici cela est tellement passé dans les mœurs, qu'on prendrait un parlement pour un polype : on le coupe en deux et le lendemain matin une moitié devient une assemblée tout entière. C'est ce qui est arrivé littéralement à Besançon. Lord et lady Barrymore, qui sont fort en faveur à Compiègne, pourraient vous en rapporter la recette.

Chacun sent à sa manière : mon chagrin est de voir

---

[1] Une des danseuses les plus admirées de l'Opéra de Paris. « Ce fut alors pour la première fois, dit le docteur Burney, que la danse parut prendre le pas sur la musique, à cause de mademoiselle Heynel, dont la grâce et le talent d'exécution éclipsaient tout. L'Opéra était comble, plus pour le plaisir des yeux que pour celui des oreilles ; ni la musique d'un nouveau compositeur, ni l'art de nouveaux chanteurs n'avaient le don d'attirer la foule au théâtre, qui était presque abandonné avant l'arrivée de cette dame. Son mérite extraordinaire obtint aussi une récompense extraordinaire, car, outre les appointements de six cents livres que lui allouait le directeur, M. Hobart, elle reçut la même somme en cadeau du Macaroni Club. »

l'état de ruine où se trouvent les palais et les tableaux. J'étais hier au Louvre; la noble galerie de Le Brun, où sont les Batailles d'Alexandre, et dont il a dessiné le plafond et jusqu'aux volets, aux serrures et aux verrous, est dans un état pire que la vieille galerie de Somerset-house. Il pleut sur les tableaux, quoiqu'il y en ait une foule de plus précieux que les peintures de Le Brun. Des amas de glorieuses œuvres de Raphaël et de tous les grands maîtres sont empilés à Versailles et semblent mis au rebut. L'excès de soin n'est pas moins destructif dans les collections particulières : les tableaux du duc d'Orléans et ceux du prince de Monaco ont été nettoyés et on y a mis un vernis si épais que l'on peut s'y mirer : quelques-uns ont été transportés du bois sur toile, morceaux par morceaux, et on a rempli les fentes de couleur, de sorte que, dans dix ans, ils ne vaudront pas dix sols. Cela me chagrine autant que si j'étais la postérité. J'espère que les travaux de Votre Seigneurie dureront plus longtemps que ceux de Louis XIV. Les gloires de son *siècle* se hâtent vers leur fin, et bientôt il ne restera plus que celle de ses auteurs.

LXIX

A M** ABINGTON [1]

Paris, 1er septembre 1771.

Si j'avais su, madame, votre présence à Paris avant de l'apprendre par le colonel Blaquiere [2], j'aurais certainement prévenu votre si gracieuse invitation, et je vous aurais offert tous les services qui peuvent dépendre de mes connaissances d'ici. Je suis vieux et naturellement je ne vis qu'avec de très-vieilles gens, ce qui explique que je n'aie pas su plus tôt votre arrivée. Croyez bien pourtant, madame, que je n'ai pas du moins les travers d'un *vétéran*, qui sont de penser que rien n'égale ce qu'il a admiré dans sa jeunesse. Je rends parfaitement justice à votre mérite, en reconnaissant volontiers qu'il égale celui de toutes les actrices que j'ai vues ; je crois même que le siècle présent ne se trompera pas si plus tard il vous préfère à toutes celles qu'il pourra voir. La permission, que vous me donnez, d'aller vous voir à Londres me console un peu de la perte que j'ai faite ici, et je saisirai la première occasion de vous assurer combien

Je suis, madame,

Votre très-obligé et très-humble serviteur,
H. WALPOLE.

[1] Frances Barton, célèbre comédienne, née à Londres en 1751 ; elle débuta au théâtre de Haymarket, où elle eut un grand succès dans le rôle de *lady Teazle*. Elle quitta la scène en 1799 et mourut en 1815.

[2] Le colonel Blaquiere était secrétaire d'ambassade de lord Harcourt, à Paris.

EXTRAIT

DES MÉMOIRES D'HORACE WALPOLE

SUR LE RÈGNE DE GEORGE III (ANNÉE 1771) [1]

Au mois d'août de cette année 1771, j'étais retourné à Paris et j'y fus témoin du renversement final de la constitution française. Depuis la disgrâce du duc de Choiseul [2], on n'avait pas nommé de premier ministre : l'ascendant de madame du Barry sur l'esprit du roi était presque sans limite, sauf qu'elle n'avait pu le déterminer à placer sa confiance sur le duc d'Aiguillon, qui était certainement en intrigue avec la sœur de son mari [3], femme fort intelligente ; on le soupçonnait aussi d'avoir attaché à ses intérêts la favorite elle-même par des *attentions* semblables. Cependant, soit à cause de l'antipathie du roi pour les nouveaux visages, soit que Choiseul eût insinué dans son esprit des préjugés durables contre d'Aiguillon, ce dernier ne pouvait parvenir à les surmonter complétement. C'était un homme ténébreux, violent et vindicatif, avec

---

[1] *Memoirs of the reign of king George III.* Tome 4, page 539.
[2] L'ordre d'exil lui arriva le 24 décembre 1770.
[3] « Il (Jean du Barry) avait deux sœurs, dont une petite, boiteuse et d'une figure peu intéressante, avait beaucoup d'esprit ; l'autre, assez jolie, n'était qu'une bonne fille sans aucune prétention. Il les fit venir l'une et l'autre et les attacha à sa belle-sœur.. . . . . La boiteuse, que l'on nommait mademoiselle Chonchon, se croyait devenue un personnage important depuis que ses frères s'étaient déshonorés par leur lâche complaisance pour le roi. Mais elle avait beau faire : la *chétive pécore*, quoiqu'elle fût née demoiselle, n'avait toujours l'air que d'une des femmes de la comtesse. » *Mém. historiques de la comtesse du Barry*, t. I*er*, page 178.

moins de talents que de passions; mais l'animosité qu'on lui portait et les mortifications qui en étaient résultées, lui avaient appris à faire plier son caractère et il affectait pour tous une douceur et une condescendance parfaites. Il alla même jusqu'à obtenir les arrérages de la pension due à La Chalotais, ce magistrat breton patriote, qu'il avait si cruellement opprimé. Cette ostentation de bienveillance n'aurait pourtant pas effacé la haine que ses persécutions lui avaient attirée, s'il ne s'était rencontré un autre homme, pour devenir l'objet encore plus odieux de l'indignation publique. C'était le chancelier Maupeou, qui, par tous les degrés de la scélératesse, par toutes les trahisons de la flatterie, s'était élevé jusqu'à la tyrannie. Il avait affecté pour Choiseul une idolâtrie si repoussante, qu'on lui avait entendu dire qu'aucune considération ne pourrait le résoudre à changer de logement, parce que, des fenêtres d'en haut de sa maison il pouvait au moins apercevoir les cheminées de l'hôtel de Choiseul. Cependant à peine s'était-il produit quelques symptômes de disgrâce pour le ministre, que Maupeou, n'étant encore que vice-chancelier, avait laissé entrevoir contre lui des dispositions à la fois si ambitieuses et si hostiles, que les amis du duc l'avaient vivement pressé de ne pas élever plus haut cet ennemi secret. Choiseul, avec sa rage habituelle de confiance en lui-même, répondit : « Je sais que Maupeou est un coquin, mais il n'y a personne de plus capable que lui pour être chancelier. » Et il le fit chancelier. Maupeou, qui se croyait plus capable encore d'être ministre, ne se piqua point de reconnaissance et devint le principal instrument de la disgrâce du duc.

Je n'ai jamais vu un caractère se dessiner plus nettement que sur la personne de Maupeou : noir et blême, avec des yeux également pénétrants, aigus et soupçonneux, son teint trahissait une froide scélératesse : ses yeux semblaient en même temps errer à la recherche d'une proie et scruter les embûches qu'il redoutait. Il possédait à la fois de grands talents et un courage aventureux ; le pouvoir était son but, le despotisme sa route, et le clergé son instrument. Mais la dureté cruelle de sa nature montrait clairement que cette sévérité était aussi agréable à son tempérament qu'à ses vues. Moins fait que d'Aiguillon pour briller dans une cour voluptueuse gouvernée par une femme et n'ignorant pas le penchant qu'avait pour la superstition l'esprit mélancolique du roi, il compta non sans raison sur le triomphe que la bigoterie devait remporter sur l'amour, chez un monarque déjà vieux. Il s'efforça donc de s'insinuer dans la confiance de la fille du roi, la carmélite madame Louise, qui était à peu près le seul agent que l'Église de Rome eût mis en œuvre, d'après l'esprit de ses anciennes maximes, pendant ses derniers malheurs. Dans la cellule de cette princesse, le chancelier obtenait, chaque semaine, une audience de son maître [1], et bien que, pendant la suspension du pouvoir, Maupeou et d'Aiguillon parussent agir de concert, on reconnut bientôt que le premier fondait ses espérances sur la dévotion du roi et l'autre sur ses vices. Plus d'un exemple trahissait ce contraste de piété

---

[1] Nous sommes obligés de reconnaître que, malgré son ardente piété, madame Louise n'avait pas complétement abjuré la politique. Plus tard même on la vit malheureusement entrer pour une certaine mesure dans les intrigues ourdies par sa sœur, madame Adélaïde, contre la reine Marie-Antoinette. Voy. M. E. de Barthélemy, *Mesdames de France*, page 355 et suivantes.

et d'irréligion, non-seulement dans la conduite du roi, mais aussi dans celle de sa famille. Ses filles avaient toutes été élevées par la reine dans des habitudes étroitement austères : c'étaient des femmes remplies de faiblesses, mais pour l'ainée, madame Adélaïde, il y avait quelque chose de plus : elle était galante [1]. Plusieurs années auparavant, une ou deux de ses dames avaient été punies pour lui avoir fourni des romans obscènes et le roi, dont le palais n'était qu'un lieu de prostitution, sous les yeux même de sa femme et de ses filles, s'était montré fort courroucé de ce scandale. Madame Adélaïde, sans se corriger, devint plus circonspecte ; on la soupçonna de couvrir sa vie privée du manteau de la religion ou plutôt de celui

[1] Walpole se fait ici l'écho des bruits injurieux, qui avaient été répandus fort à tort sur le compte de madame Adélaïde. Voici ce qui avait donné lieu à ces calomnies, d'après M. E. de Barthélemy : « C'était en 1746 ; pendant que le roi était encore à l'armée, madame Adélaïde avait ramassé un livre oublié par madame d'Andlau, une de ses dames, et ce livre était l'un des plus licencieux que l'on puisse imaginer. Elle en parla sur l'heure à sa sœur, puis au dauphin, qui dut s'informer auprès des personnes de la cour de la nature de cet ouvrage, dont il ne soupçonnait même pas l'existence. Madame d'Andlau, prévenue de tout le bruit que causait cette affaire, supplia Madame de lui garder le secret, assurant qu'elle avait reçu ce livre sans en connaître l'infamie et qu'elle était victime d'une basse vengeance. Mesdames eurent d'abord pitié de cette malheureuse jeune femme et le dauphin fut comme elles. Cependant madame Adélaïde crut devoir consulter la maréchale de Duras, qui, sans hésiter, lui dit qu'elle devait consciencieusement en parler au roi... Louis XV voulut d'abord envoyer madame d'Andlau à la Bastille, mais Madame conjura cette excessive sévérité en alléguant l'état avancé de grossesse de cette jeune femme, et elle put se retirer en Languedoc, dans les terres de son père, M. de Polastron. » « L'on voit par ce détail, dit le duc de Luynes, que si madame d'Andlau n'avait pas été persuadée que le roi était instruit, l'affaire aurait bien pu demeurer assoupie. Ce parti, au moins un peu plus doux que celui qui a été pris, aurait peut-être été plus à désirer, non-seulement pour madame d'Andlau, mais même pour madame Adélaïde, *d'autant plus que dans les pays étrangers, les objets, vus de trop loin, se grossissent souvent sans fondement.* »
— *Mémoires du duc de Luynes*, juin 1746.

d'un prélat ambitieux, l'évêque de Senlis [1]. Ce fut probablement d'après ses conseils, qu'elle décida sa sœur madame Victoire à une démarche tout à fait en opposition avec les principes qu'elles professaient, car toutes les filles du roi s'étaient engagées avec ardeur dans des hostilités contre la nouvelle maîtresse.

Bientôt après la chute de Choiseul, madame Victoire, sous un prétexte quelconque, fit appeler l'évêque d'Orléans [2] qui avait la *feuille des bénéfices*. Ce prélat, quoique investi de la confiance des hommes recommandables du clergé, était un prélat ami du plaisir et de mœurs dissolues, qui entretenait publiquement à grands frais une danseuse de l'Opéra et l'avait logée dans un couvent [3]. Il avait été au mieux avec Choiseul et lui était resté fort attaché. Après avoir causé avec lui de sa prétendue affaire, la princesse lui demanda négligemment son avis sur la dernière révolution : l'évêque répondit qu'il ne lui convenait pas de se mêler des affaires de l'État, mais, sur l'insistance de la princesse, la sachant ennemie de madame du Barry, il se laissa aller à lui ouvrir son cœur. Elle s'empressa de révéler cette conversation à son père : il en résulta que l'évêque fut exilé dans une abbaye et que, malgré les prières de sa vieille mère, qui demandait instamment la permission de le voir avant de mourir, il ne put obtenir l'autorisation d'aller lui rendre visite dans la capitale de son diocèse : rigueur dont le chancelier donna bien d'autres exemples, à l'égard

---

[1] Monseigneur Armand de Roquelaure, de l'Académie française.
[2] Monseigneur de Jarente.
[3] Mademoiselle Guimard. Elle demeurait au couvent de Saint-Joseph, où logeait aussi ma grande amie madame Du Deffand. *Note de Walpole.*

des présidents et des *avocats* exilés des parlements.

Un autre homme, quoiqu'il ne prétendît pas à la première place, s'attira pendant l'indécision du roi une large part de l'animadversion publique, tant à cause des nécessités de sa charge que de la dureté et de la partialité avec lesquels il les exerçait. C'était l'abbé Terray, le nouveau contrôleur général, recommandé par le chancelier. Ce qui ajoutait surtout à son impopularité, c'est qu'il était absolument gouverné par une maîtresse aussi rapace que corrompue[1], femme tellement diffamée et si connue pour la vente des emplois, que son protecteur se vit enfin contraint de la renvoyer, tandis qu'on souffrait que le vieux duc de la Vrillière autorisât dans sa concubine[2] une aussi infâme vénalité.

La source et le canal de tous ces désordres, c'était madame du Barry : l'amoureux monarque se montrait charmé de son indélicatesse, de sa vulgarité et de ses inconvenances, qui ne lui semblaient être que de la simplicité. Sa gaieté n'était que puérilité et folâtrerie, ses saillies qu'insultes grossières, sa conversation que solécismes et ignorance. A son lever, elle arrachait la perruque du chancelier[3], crachait au visage du duc de Laval, et il le méritait puisqu'il la laissa recommencer : quant au roi, qui le méritait encore plus, elle le traitait de *sot* et lui imposait silence. Ceux qui l'avaient offensée, elle les

---

[1] Madame de la Garde.
[2] Madame Sabatin. Madame du Barry et ces deux autres sultanes avaient été surnommées : les trois Disgrâces.
[3] Le chancelier ne pouvait guère se plaindre de ces impertinences, si l'on doit en croire les *Mémoires historiques* de la comtesse du Barry; on y lit en effet : « On assure qu'un jour Louis XV étant chez sa maîtresse, on proposa un colin-maillard et ce fut M. de Maupeou, qui, en simarre, fut le premier à se laisser bander les yeux. » T. II, p. 93.

menaçait de sa puissance et ceux qui se courbaient devant elle n'étaient guère mieux traités. Sans être généreuse pour personne, elle était pour elle-même d'une rapacité extrême. Deux femmes, d'un caractère et d'une intelligence bien différents, la gouvernaient; mais l'idiote, sa pareille, pesait davantage sur elle : c'était la duchesse de Valentinois, femme séparée du frère du prince de Monaco et seule héritière du duc de Saint-Simon. Elle était fort belle, très-bien faite, mais aussi méchante qu'impertinente, et trop décriée par ses *amours* vulgaires, pour être même considérée comme galante. La maréchale duchesse de Mirepoix avait précédé la duchesse de Valentinois dans la direction de la favorite : personne n'avait une tête meilleure ni un tempérament plus froid que la maréchale. Pleine d'orgueil, mais capable de toutes les bassesses pour subvenir aux profusions de son jeu, elle s'était alliée à madame du Barry dans le but de supplanter le ministre, mais soit que la maîtresse, par son manque de générosité, eût découragé les importunités pécuniaires de la maréchale, soit que l'alliance de cette dernière avec la maison de Lorraine [1] la rendît incapable de digérer les basses familiarités de la favorite, soit enfin que la perspective de se rendre agréable à la jeune dauphine, gouvernée par madame Adélaïde, et par conséquent ennemie de la maîtresse, eût décidé la maréchale à s'écarter de son plan, ce qui est certain c'est qu'elle conçut autant d'aversion que de mépris pour madame du Barry.

[1] Son premier mari avait été le prince de Lixin, et de plus elle était certainement la fille de Léopold, duc de Lorraine, et de sa maîtresse adorée la princesse de Craon, dont les vingt enfants ressemblaient tous au duc et pas un à leur père putatif le prince de Craon. *Note de Walpole.*

Elle refusa même de l'accompagner à une audience de la dauphine, à laquelle madame de Valentinois, plus complaisante, la présenta. Comme j'étais alors à Paris et que j'avais vécu dans une longue intimité avec madame de Mirepoix et sa famille à Florence, en Angleterre et à Paris, elle me raconta sur cette sotte et impérieuse favorite une foule d'anecdotes, dont beaucoup me furent confirmées par la voix publique ou au moins corroborées par des incidents du même genre. Je me contenterai d'en rapporter une. Soupant avec le roi, elle but dans la cuiller à punch et la remit ensuite dans le bol : « *Fi donc!* dit le roi, *vous donnez votre crachat à boire à tout le monde.* « *Eh bien*, répliqua-t-elle, *je veux que tout le monde boive mon crachat.* » Le même soir, mon amie madame Du Deffand ayant demandé à la maréchale ce que deviendrait madame du Barry si le roi mourait, elle sourit amèrement et répondit : « *Elle irait à la Salpêtrière, et elle est très-faite pour y aller.* » Madame de Mirepoix n'étant pas en odeur de sincérité, je la soupçonnais fort d'avoir trempé dans un événement de cette époque, qu'elle affectait pourtant de faire passer pour la cause de son animosité contre la maîtresse. Je veux parler de la disgrâce de son frère le prince de Beauvau, qui survint pendant mon séjour à Paris et sur laquelle je me trouvai en position de connaître beaucoup de particularités secrètes : madame Du Deffand étant restée à la fois la confidente du frère et de la sœur, comme elle l'avait été avant leur rupture. Sa loyauté resta toujours parfaite envers les deux partis, qui l'estimaient comme une femme sans artifices et sans intrigues. Ils soupaient alternativement chez elle plusieurs fois par semaine et madame Du Deffand, par amitié pour moi, avait insisté pour que je fusse admis à leurs plus secrètes conférences. Je me trouvais donc initié aux effusions des deux partis ; ils y mettaient même si peu de réserve en ma présence, qu'un soir le prince et la princesse de Beauvau s'expliquèrent assez nettement sur leur situation et sur leurs ennemis, pour que je me sentisse mal à l'aise, et ne me croyant aucun droit à des secrets de cette nature, je demandai la permission de me retirer. Mais la princesse de Beauvau me le reprocha non sans raison, en me disant : « Croire qu'il n'est pas convenable pour vous d'écouter pareilles choses, c'est nous faire comprendre qu'il n'est pas convenable pour nous de les dire. »

J'ai déjà fait connaître le caractère de cette princesse, et à quel point elle s'était trouvée compromise avec son mari dans la disgrâce du duc de Choiseul : quant au prince, c'était un homme d'honneur, fort borné dans son intelligence et dans son instruction, qui se résumait en un purisme pédantesque de langage. Son caractère était un singulier mélange de timidité et de franchise, avec un courage signalé et un orgueil sans limites. Pour retracer son histoire, il nous faut revenir à la situation de son ami, le précédent ministre.

Le duc de Choiseul avait reçu l'ordre de se retirer dans les propriétés de sa femme en Touraine[1], où il avait bâti

---

[1] Voici les propres termes de la lettre du roi :

« Mon cousin,

« Le mécontentement que me causent vos services me force à vous exiler à Chanteloup, où vous vous rendrez dans les vingt-quatre heures : je vous aurais envoyé beaucoup plus loin, si ce n'était l'estime particulière que j'ai pour madame la duchesse de Choiseul, dont la santé m'est fort intéressante. Prenez garde que votre conduite ne me fasse prendre un autre parti. Sur ce, je prie Dieu, mon cousin, qu'il vous ait en sa sainte garde. »

un château magnifique. Bien qu'il fût criblé de dettes, il y vécut avec un surcroît de profusion, en conservant ou en affectant de conserver son entrain et sa légèreté naturels. C'était un spectacle tout nouveau pour la France de voir un ministre disgracié rester l'objet de la vénération et de l'amour ; il était aussi nouveau de voir le roi devenir impopulaire ou, ce qui est synonyme dans ce pays, démodé. Tandis que Louis XV pouvait à peine rassembler une cour autour de lui et de sa maîtresse à Versailles ou à Compiègne, les princes du sang dans leurs châteaux et le duc de Choiseul à Chanteloup avaient foule auprès d'eux. L'insulte faite au roi était doublée par le manque d'égards qu'on montrait pour ses insinuations, car, personne n'ayant le droit d'aller à Chanteloup sans en avoir demandé la permission à Sa Majesté, voilà la réponse qu'elle rendait généralement, à la façon des oracles : « *Je ne le défends ni ne le permets.* » Et comme on interprétait ou qu'on affectait d'interpréter cet oracle dans le sens d'un consentement, ce manque de respect pour ses préférences a dû sembler une marque de dédain pour un prince habitué à se faire obéir d'un coup d'œil.

La mode de rendre visite au duc se répandit et dura longtemps pour une mode : elle ne se borna point à ses anciens amis ; plusieurs personnes des deux sexes, beaucoup de dames qu'il avait aimées, d'autres qui ne l'avaient jamais aimé, affrontèrent le roi plutôt que de ne pas obéir à cette mode. Le duc, avec trop de vanité ou trop d'indifférence pour ses amis, encourageait ce concours de monde : mais, on peut bien le supposer, ce triomphe ne pouvait que hâter sa ruine, en même temps que la leur, et le prince de Beauvau en fut la première victime.

Sur l'avis du chancelier, la résolution avait été prise d'annihiler ou de remanier à nouveau tous les parlements de France, et on l'exécutait maintenant avec rigueur, ou à grands frais partout où la cour pouvait, par des cadeaux ou des pensions, persuader aux membres de ces assemblées de s'enrôler dans le nouveau système. Bordeaux résista un jour ou deux, au grand effroi du maréchal de Richelieu son gouverneur, qui se retira précipitamment en demandant des troupes. En Languedoc, c'était le prince de Beauvau qui commandait : le roi lui écrivit de sa propre main pour lui dire qu'il avait l'intention de dissoudre le parlement de Toulouse et que, n'ignorant pas que les sentiments du prince étaient contraires à ce projet, il ne pouvait plus l'employer dans cette province. Le reste de la lettre était encore plus aimable, mais plein d'adresse : le roi réclamait la présence assidue du prince près de sa personne, comme étant celui des quatre capitaines des gardes sur lequel il pouvait le plus sûrement compter ; Sa Majesté ajoutait qu'elle avait vu le moment où elle ne pourrait en avoir un seul pour son service : c'était là une allusion à leurs voyages de Chanteloup. On pouvait qualifier de tendre même la première partie de la lettre, parce que rappeler le prince de son gouvernement était une manière gracieuse de prévenir de sa part une désobéissance et le refus de casser le parlement, qui lui auraient mérité la prison. La réponse de M. de Beauvau fut pleine de respect, mais très-ferme. Il donna les copies des deux lettres à madame Du Deffand, en l'autorisant à les communiquer, et il y ajouta un commentaire sur celle du roi, qui la faisait parfaitement comprendre. Il dit que le roi avait une telle frayeur des assassins, qu'il tenait à avoir toujours son service près de sa personne : « Il connaît si bien, dit le prince, mon zèle et mon assiduité, qu'en 17.., lorsque les Impériaux passèrent le Rhin, et que je lui demandai la permission de partir immédiatement pour l'armée, il fut trois jours sans me répondre, et ce fut seulement à force d'importunités que je pus enfin lui arracher cette autorisation. »

Dès que la disgrâce du prince fut connue, le duc d'Orléans se rendit à son hôtel, y passa presque toute la journée avec lui et la princesse, et les mena le soir dans sa propre loge à l'Opéra. Le lendemain, cette femme hautaine restait chez elle et y recevait les hommages de la moitié de la France : j'y allai parmi la foule. Toute la journée, ce furent des files de carrosses dans toute la longueur de la rue Saint-Honoré, au bout de laquelle elle demeurait. Jamais ministre tombé en Angleterre, jamais patriote à son début ne se comporta avec plus d'insolence ni n'affecta plus de satisfaction. Cependant, quoique rien ne pût fléchir le caractère de la princesse, son mari se trouva réduit à faire une démarche humiliante, qui resta sans succès. Sa fortune paternelle n'était rien ou à peu près ; tout ce qu'il avait, il le tenait de la bonté du roi : ses dettes étaient énormes et ses revenus, par la perte de son gouvernement, étaient réduits à une bagatelle. Il écrivit au roi pour lui exposer sa situation et lui demander secours, mais il n'éprouva qu'un froid refus.

Contre les parlements la sentence eut son effet : bientôt vinrent les punitions individuelles. On supprima les quarante mille livres de pension que le roi payait au duc d'Orléans, et bientôt après on enleva au duc de Choiseul le commandement des gardes suisses. Il lui rapportait cinquante mille livres par an et c'était pour la vie, mais le roi lui demanda sa démission et un refus lui aurait valu la détention perpétuelle : cependant, cet homme indomptable ne craignit pas de poser des conditions à son maître. Il insista pour obtenir la promesse de ne point aller en prison, et il demanda à être indemnisé pour les trois cent mille livres que lui avait coûtées son régiment. On le consola par l'espérance de conserver sa liberté et on lui accorda deux cent mille livres et une pension de cinquante mille livres par an sur sa tête et sur celle de la duchesse, pension qui fut bientôt portée à soixante mille livres. Sa chute fut extrêmement mitigée par ces concessions, et elle fut même assez douce en comparaison de l'insolence de sa conduite.

A la ville de Paris et aux conseillers *ruinés* du parlement, le nom du duc restait toujours cher : sa cause ne fit plus qu'une avec la leur, puisqu'ils souffraient en même temps. Le chancelier profita de cette idée pour enflammer le roi contre eux tous : il s'ensuivit la dépopulation de Paris. Tant de familles se trouvèrent atteintes par les nouveaux édits et par l'arrêt des payements, tant de gens attachés au parlement durent quitter la capitale, qu'en moins d'un an on calcula que cent mille personnes s'étaient retirées en province et ceux qui purent s'échapper, dans d'autres pays. On ne paya plus les serviteurs du roi, le commerce languit, tout respira la détresse et le mécontentement. Des poignards menacèrent le roi et le chancelier : le contrôleur général, de son côté, menaça de rançonner tout le monde, pour éviter une banqueroute nationale.

Avec tout cela, les faveurs du roi ne pouvaient arracher des égards envers sa maîtresse; il ne se trouva pas plus de six femmes de qualité qui voulussent accepter sa protection ou sa connaissance. Presque tous les ministres étrangers l'avaient fuie et refusaient d'assister à ses levers, mais ce nuage ne tarda pas à se dissiper. Madame de Valentinois les invita à souper et ils y trouvèrent madame du Barry. Comme ils ne se montrèrent pas trop farouches vis-à-vis d'elle, elle les invita à son tour[1], et ils s'y rendirent avec empressement, ainsi qu'à son lever, le nonce à leur tête. L'ambassadeur d'Espagne[2] seul ne parut pas et son absence passa pour accidentelle, parce qu'il n'était pas à Compiègne, mais lorsqu'il y arriva avec le nouveau ministre de Naples[3], le chancelier donna un souper à la même compagnie et y invita ces deux étrangers. L'Espagnol renvoya la carte, en disant qu'il n'avait pas eu l'honneur de rendre visite au chancelier[4], et celui-ci, avec une grande présence d'esprit, s'écria : « C'est très-vrai et j'avais donné l'ordre à mon laquais d'avoir soin de ne pas passer chez l'ambassadeur d'Espagne. » Mais cette *finesse* fut un mauvais palliatif, car ni l'Espagnol ni le Napolitain ne voulurent rendre visite à la favorite.

Un fait assez ridicule va me servir de conclusion pour

---

[1] Lord Harcourt, l'ambassadeur, fut plus tard rappelé en Angleterre, quoiqu'il eût été plus sage de l'avoir laissé là faire sa cour, tandis que la conduite du ministre d'Espagne devait indisposer fortement madame du Barry contre cette nation. Mais nous avions confiance dans l'humeur pacifique du nouveau ministère français. Ils conservèrent la paix avec nous, par la même raison qui nous l'avait fait conclure avec eux : afin que le roi eût le loisir d'anéantir ses parlements! *Note de Walpole.*

[2] Le comte de Fuentes.

[3] Le marquis Carraccioli, qui avait été ministre en Angleterre et qui en arrivait.

[4] Le chancelier de France ne visite point un ministre étranger, parce qu'ils persistent tous deux à attendre la première visite. *Note de Walpole.*

ce long épisode. Mademoiselle Lange, la maîtresse, avait épousé le comte du Barry, parce qu'un cérémonial absurde exige que la maîtresse du roi soit une femme mariée !

SIXIÈME VOYAGE

LXX

A L'HONORABLE H. S. CONWAY[1]

Strawberry-Hill, 28 septembre 1774.

Lady Aylesbury vous apportera cette lettre qui n'en est pas une, mais bien un chapitre de conseils et la contre-partie de ce que j'ai écrit à madame Du Deffand. Je vous prie sérieusement d'avoir les plus grands égards pour cette chère vieille amie : elle comptera sans doute sur plus d'attentions de votre part, parce que vous êtes mon ami et parce que c'est un peu dans sa nature, plus peut-être que cela ne vous sera commode ; mais vous avez infiniment de patience et de bonté, et vous l'excuserez. J'ai eu peur qu'elle n'importunât lady Aylesbury, qui a beaucoup à voir et beaucoup à faire : j'ai donc préparé madame Du Deffand, en lui disant que lady Aylesbury aimait à s'amuser et que, comme elle n'était pas encore venue à Paris, il ne fallait pas qu'elle la confinât chez elle. Ainsi vous voilà obligé de payer pour deux et cela suffira. Je ne vous le demande pas seulement dans l'in-

---

[1] Le général Conway revenait par Paris d'un voyage d'études militaires, qu'il était allé faire en Allemagne et spécialement en Prusse. Sa femme lady Aylesbury et sa fille, madame Damer, allèrent le rejoindre et passèrent avec lui l'hiver à Paris.

térêt de madame Du Deffand, c'est aussi, je vous l'avoue, dans le mien et un peu dans le vôtre. Depuis la mort du feu roi, elle n'a pas osé m'écrire avec franchise, et j'ai besoin de connaître exactement l'état présent de la France, tant pour ma propre satisfaction que pour son avantage; car je désire savoir si sa pension ne court pas de risques de la part du ministère actuel, dont quelques membres ne sont pas de ses amis. Elle peut vous en dire très-long, si elle le veut : non pas que j'entende par là qu'elle soit réservée ni partiale en faveur de son pays contre le nôtre, c'est le contraire ; elle m'aime mieux que toute la France ensemble. Mais elle déteste la politique, et pour la décider à en parler, il faudra lui dire que c'est pour me faire plaisir et que j'ai besoin de savoir si elle est bien en cour, si elle a quelque chose à craindre du gouvernement, et particulièrement de Maurepas et de Nivernois ; qu'enfin je suis pressé de voir M. de Choiseul et *ma grand' maman* la duchesse revenir au pouvoir. Si vous prenez les choses sur ce pied, elle vous parlera avec une entière franchise et une intelligence surprenante. Je lui ai dit que vous étiez étrangement distrait et que, si elle ne vous le répétait pas à satiété, vous oublieriez tout, jusqu'au dernier mot. Je l'ai ainsi préparée à plaisanter et à se trouver à son aise avec vous dès le premier abord[1]. Elle connaît les caractères individuels et elle sait les peindre mieux que personne : mais que ceci reste entre nous;

---

[1] Dans une lettre à Walpole du 28 octobre 1774, madame Du Deffand lui dit en parlant de Conway : « Selon l'idée que vous m'en aviez donnée, je le croyais grave, sévère, froid, imposant ; c'est l'homme le plus aimable, le plus facile, le plus doux, le plus obligeant et le plus simple que je connaisse. Il n'a pas ces premiers mouvements de sensibilité qu'on trouve en vous, mais aussi n'a-t-il pas votre humeur. »

je ne voudrais pas qu'aucune créature vivante pût soupçonner que je tire d'elle aucune information; cela pourrait la blesser. Je vous prie donc de ne mentionner cette lettre à qui que ce soit, Anglais ou Français, pas plus que vos conversations avec elle.

Madame Du Deffand a horreur des *philosophes;* il faut donc les lui abandonner. Elle et madame Geoffrin ne sont pas des amies; si donc vous allez chez cette dernière, ne le lui dites pas. Vous seriez du reste bientôt dégoûté de cette maison, où vont tous les prétendus *beaux esprits* et les *faux savants* et où ils sont aussi impertinents que dogmatiques [1]. Laissez-moi vous donner un autre conseil qui s'adresse aussi à lady Aylesbury : prenez garde à vos papiers à Paris et ayez toujours une très-forte serrure à votre portefeuille. Dans les *hôtels garnis*, on a des doubles clefs pour toutes les serrures et on examine chaque tiroir et chaque papier des Anglais, sur lesquels on peut mettre la main ; on vole aussi tout ce qu'on peut : on m'y a dérobé la moitié de mes hardes la première fois que j'y suis allé, et on voulait pendre ce pauvre Louis [2] pour sauver les gens de la maison qui avaient commis le vol [3].

[1] Que les temps étaient changés, depuis 1765! que d'admiration alors pour madame Geoffrin, que de dédain aujourd'hui pour elle! Madame Du Deffand, en absorbant Walpole, avait gagné tout le terrain qu'avait perdu sa rivale.

[2] Son domestique suisse.

[3] Walpole aurait pu se montrer un peu plus indulgent pour des vols assez peu importants qu'on lui avait faits en France, lui qui écrivait de Strawberry-Hill, à la même époque, à sir Horace Mann : « Nos routes sont tellement infestées par les voleurs de grand chemin, qu'il est dangereux de sortir, même pendant le jour. Lady Hertford a été attaquée à Hounslow-Heath à trois heures de l'après-midi. On a tiré, il y a trois jours, sur le docteur Elliot, sans qu'il se défendit, et avant-hier nous avons failli perdre notre premier ministre, lord North; les voleurs ont tiré sur le postillon et ils ont blessé le maître. Bref, tous les flibustiers, qui ne sont pas aux Indes, se

J'ai encore autre chose à vous dire : madame Du Deffand a gardé beaucoup de mes lettres et comme elle est fort âgée, je suis en peine de ce qu'elles pourraient devenir. Je lui ai écrit pour la prier de vous les remettre, afin que vous me les rapportiez, et je pense qu'elle le fera. Dans ce cas, soyez assez bon pour en avoir grand soin ; si elle n'en parle pas, dites-lui, au moment de votre départ, que je vous ai demandé de me les rapporter ; si elle hésite, prouvez-lui à quel point je serais choqué de voir des lettres, écrites en détestable français et parlant de beaucoup de monde tant Anglais que Français, tomber dans de mauvaises mains et peut-être finir par être imprimées[1].

Laissez-moi vous prier de lire plus d'une fois cette lettre, afin de ne pas oublier mes demandes, qui sont pour moi d'une grande importance. Il faut aussi que je vous donne un autre conseil, sans lequel tout serait inutile. Il existe à Paris une mademoiselle de l'Espinasse[2], un prétendu *bel esprit*, qui a été autrefois l'humble compagne de madame Du Deffand, mais qui l'a trahie et s'est fort

sont donné rendez-vous sur les grands chemins. Les dames du palais de la reine n'osent plus aller, le soir, à Kiew. La ruelle qui me sépare de la Tamise est la seule route sûre que je connaisse à présent, parce qu'elle est sous l'eau jusqu'à moitié de la hauteur d'un cheval. » (*Letters of H. Walpole*, t. 6, p. 129.)

[1] Madame Du Deffand ne se refusa point à la demande assez désobligeante de Walpole, et elle lui rendit ses lettres, comme il l'avait désiré, par l'intermédiaire du général Conway ; ce ne fut pas cependant sans lui faire comprendre combien elle était sensible à ce mauvais procédé : « Vous auriez longtemps de quoi allumer votre feu, lui écrivait-elle la dernière fois qu'elle lui en parla, surtout si vous joigniez à ce que j'avais de vous ce que vous avez de moi, et rien ne serait plus juste ; mais je m'en rapporte à votre prudence, et je ne suivrai pas l'exemple de méfiance que vous m'avez donné. »

[2] C'est la seule fois que le nom de mademoiselle de Lespinasse soit mentionné dans les lettres de Walpole, et l'on voit avec quelle ardeur il avait épousé les ressentiments de madame Du Deffand.

mal comportée envers elle. Je vous prie de ne vous laisser mener chez elle par personne. Cela désobligerait mon amie plus que tout au monde, mais elle ne vous en dirait jamais un mot ; j'en serais aussi fort blessé, je l'avoue, car je lui dois une reconnaissance si infinie que je serais désolé qu'un de mes amis particuliers commît envers elle un pareil manque d'égards. Elle a tout fait au monde pour me plaire et me servir ; c'est donc un devoir pour moi d'insister sur cette preuve d'attention. De grâce, n'en parlez pas : cela paraîtrait un enfantillage de ma part et pourtant je le lui dois bien, puisqu'elle pourrait en être choquée. A son âge, avec ses malheurs et l'obligeance infinie qu'elle m'a montrée, puis-je trop faire pour lui prouver ma gratitude ou lui éviter de nouvelles mortifications ? Je m'étends sur ce sujet, parce qu'elle a des ennemis assez acharnés, pour s'efforcer de conduire tous les Anglais chez mademoiselle de l'Espinasse !

Je désire que la duchesse de Choiseul vienne à Paris pendant que vous y serez, mais je crains qu'il n'en soit rien ; elle vous plairait par-dessus tout. Elle a plus de bon sens et plus de vertu que presque aucune créature humaine. Si vous voulez voir quelques-uns des *savants*, laissez-moi vous recommander M. de Buffon ; non-seulement il est plus sensé que tous les autres, mais c'est un excellent vieillard, humain, aimable, bien élevé et sans rien de l'arrogante impertinence de tous les autres. Si le comte de Broglie [1] est à Paris, vous le verrez beaucoup chez madame Du Deffand ; ce n'est point un génie de premier ordre, mais il a de la vivacité et parfois de l'agré-

---

[1] Frère du maréchal et diplomate distingué.

ment. La cour, je le crains, sera à Fontainebleau, ce qui vous empêchera d'en voir beaucoup, à moins que vous n'y alliez. Adieu à Paris! je laisse le reste de mon papier pour l'Angleterre, si par hasard je trouve quelque chose d'intéressant à vous dire.

LXXI

AU TRÈS-HONORABLE H. S. CONWAY

Strawberry-Hill, 29 ctoobre 1774.

. . . .

Il ne faut pas vous attendre à être le premier favori de madame Du Deffand. Lady Aylesbury a fait là de tels progrès, qu'il ne vous sera pas facile de la supplanter; j'ai reçu des volumes à sa louange [1]. Vous avez une meilleure chance près de madame de Cambis, qui est fort agréable et j'espère que vous n'êtes pas assez mari anglais pour ne pas vous conformer aux mœurs de Paris, pendant que vous y êtes.

J'ai oublié d'indiquer à lady Aylesbury un ou deux des objets que je préfère, mais je ne suis pas sûr qu'elle

---

[1] « Mylady Aylesbury, écrivait madame Du Deffand, est certainement la meilleure des femmes, la plus douce et la plus tendre. Je suis trompée si elle n'aime pas passionnément son mari et si elle n'est pas parfaitement heureuse : son humeur me paraît très-égale, sa politesse noble et aisée; elle a le meilleur ton du monde : exempte de toutes prétentions, elle plaira à tous les gens de goût et ne déplaira jamais à personne; c'est de toutes les Anglaises que j'aie vues, celle que je trouve la plus aimable, sans nulle exception. »

goûte l'un de ceux-là, c'est l'église des Célestins; elle contient une foule de vieilles et de fort belles tombes : l'une est celle de François II, à qui la béatitude est promise pour avoir été l'époux de la martyre Marie Stuart; une autre est celle de la première femme de Jean, duc de Bedford, le régent de France ; il me semble que vous y êtes venu autrefois avec moi. L'autre objet est le tombeau de Richelieu à la Sorbonne, mais on conduit tout le monde le voir. L'hôtel de Carnavalet, près de la Place royale, mérite d'être vu en passant par là, même pour la façade : mais, de toutes les choses du monde la plus intéressante à voir, c'est la maison de Versailles où les tableaux du roi sont conservés, sans être suspendus. Il y a là un trésor qui dépasse toute idée, quoiqu'il soit en mauvais ordre, et que les tableaux soient empilés les uns sur les autres. M. de Guerchy m'y a mené une fois et vous pourrez certainement obtenir la permission de les voir. Au Luxembourg, il y a aussi quelques tableaux dont l'un mériterait à lui seul qu'on allât le voir : c'est le Déluge de Nicolas Poussin, qui représente l'Hiver. Les trois autres Saisons ne valent rien, mais le Déluge est la première peinture du monde en ce genre. Vous serez choqué de voir les magnifiques tableaux du Palais-Royal, transportés sur de nouvelles toiles, repeints et revernis à neuf; du moins on en avait traité ainsi une demi-douzaine des meilleurs il y a trois ans, et on ne s'arrêtait pas. Le prince de Monaco a aussi quelques tableaux, mais qui ont encore plus souffert : l'un d'eux reluit mieux qu'un miroir. J'ai peur que l'exposition de peinture, pour cette année, ne soit finie : elle est généralement fort divertissante [1].

[1] C'est-à-dire par son extrême mauvais goût. *Note de Walpole.*

Moi qui ai visité toutes les églises de Paris, je puis vous assurer qu'il y en a bien peu qui méritent d'être vues, sauf les Invalides. J'en excepte aussi Saint-Roch, où il y a un bel effet de lumière à une heure ou deux de l'après-midi, quand le soleil brille, et les Carmélites[1] pour le tableau du Guide et pour le portrait de madame de la Vallière en Madeleine. Le Val-de-Grâce vaut un instant d'attention; visitez également le trésor de Notre-Dame, la Sainte-Chapelle dans la nef de laquelle se trouvent de grands tableaux en émail, le tombeau de Condé aux grands Jésuites de la rue Saint-Antoine (s'ils ne sont pas fermés), et la petite église de Saint-Louis du Louvre, où se voit le beau monument du cardinal de Fleury, assez vaste pour être placé dans la plaine de Salisbury [2].

Il y a une chose dont quelques-uns de vous auront à se souvenir sur leur chemin en revenant. Mais non, il vaut mieux vous en aller vite à Saint-Denis; madame Du Deffand vous procurera un ordre particulier pour qu'on vous montre, ce qui ne se voit point sans cela, les effigies des rois. Elles sont rangées au-dessus du trésor, qu'on montre aussi et dans lequel se trouve la fameuse coupe antique en camaïeu[3]. La physionomie de Charles IX est si frappante et si horrible, qu'on croirait qu'il est mort le lendemain de la Saint-Barthélemi et qu'il s'est réveillé plein de ce souvenir!

[1] Les Carmélites de la rue Saint-Jacques. Le tableau du Guide représente l'Annonciation; la Madeleine, peinte par Le Brun, passe pour son chef-d'œuvre.
[2] Ce magnifique tombeau était l'œuvre de Lemoyne. Il a disparu en même temps que l'église qui le renfermait.
[3] La coupe dite de Ptolémée, donnée par Charles le Simple au trésor de l'abbaye de Saint-Denis.

Si vous aimez les émaux et les médailles précieuses, il vous faut aller voir la collection d'un monsieur d'Hennery qui demeure au coin de la rue qu'habite sir John Lambert et dont j'ai oublié le nom. Il existe, derrière la rue du Colombier, un vieillard qui possède une nombreuse, mais mauvaise collection de portraits français anciens : ils faisaient mon bonheur, mais peut-être ne feraient-ils pas le vôtre; j'étais, vous n'en doutez pas, à la recherche de tous les objets de cette espèce. Le couvent et la collection de Saint-Germain, qui sont en face de l'hôtel du Parc Royal, méritent bien aussi d'être visités.

Ah! c'est charmant! Lord Cholmondeley m'apprend, par un mot, qu'il part lundi pour Paris ; c'est lui qui se chargera de cette lettre et de l'autre. Je savais qu'il devait partir et je les avais préparées pour cela.

LXXII

A L'HONORABLE H. S. CONWAY

Strawberry-Hill, 12 novembre 1774.

J'ai reçu de vous une délicieuse lettre de quatre pages et une autre depuis. Je ne répondrai pas à la partie *militaire* (quoique je vous en sois fort obligé), parce que j'ai vingt autres sujets plus pressants à traiter avec vous. D'abord ce sont les remerciements que je vous dois pour votre excessive bonté envers ma chère vieille amie : elle est quelquefois indiscrète, mais il ne faut jamais l'être pour elle ; elle a le meilleur cœur du monde et je suis heureux que, dans un âge aussi avancé, elle ait encore assez de vivacité pour n'être pas toujours sur ses gardes [1]. Un mauvais cœur, surtout doublé d'une longue expérience, n'est que trop disposé à se noyer dans la prudence. Comme je ressemble trop à cette chère femme et que je ne me suis corrigé que de trop peu de mes défauts, je voudrais bien au moins me persuader qu'il y en a quelques-uns qui découlent d'un bon principe... mais je n'ai pas le temps de parler de moi, quoique, avec une obligeance exagérée, vous m'en fournissiez l'occasion ; je n'en profiterai pas.

. . . .

A l'exception de M. d'Hérouville, je connais tous les gens que vous me nommez. C....., d'après certaines choses qu'on m'a dites autrefois, peut fort bien avoir été un *concussionnaire*. Le duc [2], votre *protecteur*, est assez médiocre ; vous auriez été plus satisfait de sa

[1] Dans une autre lettre au général Conway du 27 novembre 1774, Walpole disait : « Je suis enchanté de ce que vous me dites sur mon amie : mon intention est certainement d'aller la voir, si j'en suis capable. Me voici trop vieux pour former des plans, surtout lorsqu'il dépend d'un despote, qu'on appelle la goutte, de les enregistrer ou de les biffer. Il y a même de la tristesse à voir madame Du Deffand, puisque ce sera probablement pour la dernière fois, et ce qui est encore plus triste, c'est qu'il faudra nous dire l'un à l'autre : *Au revoir !* dans un sens différent de celui qu'on lui donne d'ordinaire. Cependant comme ma philosophie est d'une nature assez enjouée, je crois que le mieux est de penser à la mort, mais de parler et d'agir comme si on ne devait pas mourir. Je n'aurais vraiment pas pour mon amie toute l'affection et l'attachement qu'elle mérite de moi, si je n'étais pas aussi reconnaissant que je le suis de votre amabilité pour elle. »

[2] Le duc de la Vallière, sur lequel M. Conway avait écrit, que quand on l'avait présenté à ce seigneur « sa réception avait été ce qu'on peut appeler bonne, mais un peu de *protection*. »

femme. Le bon mot du chevalier de Boufflers est excellent, et lui aussi. Il a autant de *bouffonnerie* que les Italiens, avec plus d'esprit et d'imprévu ; ses vers impromptus sont souvent merveilleux. Faites que madame Du Deffand vous montre son *Ambassade près de la princesse Christine* et ses vers sur son plus vieil oncle commençant par : *Si M. Deveau*[1], etc. Son autre oncle [2] a de l'esprit, mais il n'est pas aussi naturel. Madame de Caraman est une très-bonne espèce de femme, mais elle n'a pas le quart de l'esprit de sa sœur[3]. Madame de Mirepoix est la femme du monde agréable par excellence, quand elle le veut, mais il ne faut pas qu'il y ait un jeu de cartes dans la chambre !

L'abbé Raynal, quoiqu'il ait écrit ce beau livre *sur le commerce des deux Indes*[4], est la créature la plus ennuyeuse qu'il y ait au monde. La première fois que je me suis trouvé avec lui, c'était chez ce sot de baron d'Holbach : nous étions douze à table. J'avais peur d'ouvrir la bouche en français devant tant de monde et tant de domes-

---

[1] Voici ce couplet bien connu :

> Si monsieur Deveau
> Était un peu beau,
> Que monsieur de Beauvau,
> Fût un peu moins beau,
> Ce monsieur Deveau
> Serait un Beauvau
> Et monsieur de Beauvau
> Ne serait qu'un veau.

[2] Le chevalier de Beauvau, frère du prince et qui devint plus tard prince de Craon.

[3] Madame de Cambis.

[4] Cet ouvrage en quatre volumes in-8º qui parut en 1770 et qui fit la réputation de son auteur, est intitulé : *Histoire philosophique des établissements et du commerce des Européens dans les deux Indes*, est plein d'inexactitudes et de déclamations antireligieuses. L'abbé Raynal était né en 1713, et il est mort en 1796.

tiques ; mais, comme il commençait à me questionner à travers la table sur nos colonies, que je comprends aussi bien que le cophte, je lui fis signe que j'étais sourd. Après le dîner, il découvrit que je ne l'étais pas et il ne me l'a jamais pardonné.

Je n'avais pas vu mademoiselle Raucourt, jusqu'à ce que vous m'ayez dit que madame Du Deffand l'appelait une *démoniaque sans chaleur* ; quel portrait ! je la vois maintenant. Le Kain m'a plu quelquefois, plus souvent non. Molé est charmant dans la comédie gracieuse ou pathétique ; avec plus de force, il serait bon dans la tragédie. Préville est toujours la perfection : sa femme me plaît dans les rôles affectés, quoiqu'elle manque un peu d'animation. Il y avait une délicieuse femme qui faisait les lady Wishfort, je ne sais si elle y est toujours, — elle s'appelait, je crois, mademoiselle Drouin, — et une grosse femme, déjà sur le retour, qui jouait quelquefois les *soubrettes*. Mais vous avez manqué la Dumesnil et Caillaut ; deux pertes irréparables ! Peut-être, mais je n'en sais rien, madame Du Deffand pourrait-elle obtenir de vous faire entendre la Clairon, et pourtant la Dumesnil était infiniment préférable !

Je pourrais presque trouver dans mon cœur l'occasion de me moquer de vous, puisque vous aimez le jardin de Boutin. Savez-vous que j'en ai dressé un plan, comme de l'absurdité la plus complète que j'aie jamais vue ? Quoi ! une rivière qui se tortille à angle droit dans une gouttière en pierre, avec deux puddings aux herbes qu'on en a tirés en la creusant, et trois ou quatre plates-bandes alignées au coin d'un mur, avec des spécimens de gazon, de blé et de friche, pareils à la carte d'échantillons d'un tailleur !

Et vous aimez cela? Je le dirai à Park-place. A propos, j'avais oublié votre audience en *scène muette* [1]; oui, comme l'a dit madame de Sévigné : *Le roi de Prusse, c'est le plus grand roi du monde.* Mille affections au vieux parlement ! je n'aime pas les nouveaux.

Je suis allé plusieurs fois chez madame de Monconseil, qui est juste ce que vous dites [2] : je n'ai jamais vu mesdames de Tingry et de la Vauguyon : madame de Noailles une fois ou deux et c'est assez. Vous dites quelque chose de madame de Mallet que je n'ai pas pu lire. Votre frère et moi, par parenthèse, nous sommes d'accord, pour trouver que votre écriture n'est plus lisible. Cette dame est-elle encore vivante ? je l'ai connue autrefois. Je connais aussi madame de Blot [3] et M. de Paulmy [4], mais, pour l'amour de Dieu, qu'est-ce que le colonel Conway [5]? Ma-

---

[1] Allusion à la présentation du général Conway à Louis XVI à Fontainebleau. Voici comment il la raconte à Walpole dans une lettre datée de Paris : « Le matin de la Saint-Hubert, j'ai eu l'honneur d'être présenté au roi ; c'était un beau jour, et une excellente action. Vous pouvez être sûr que j'ai été bien reçu : les Français sont si polis et leur cour si policée ! Il est vrai que l'Empereur me parlait tous les jours ; le roi de Prusse en faisait autant régulièrement et beaucoup, mais tout cela ne peut se comparer à la réception extraordinaire de S. M. Très-Chrétienne, qui, lorsqu'on m'a présenté, n'a pas fait un pas, ni jeté un regard vers moi pour voir quel espèce d'animal on avait amené devant lui. Au lieu de cela, il a levé la tête un peu plus haut, à ce qu'il m'a semblé, et il a passé son chemin. »

[2] Madame de Monconseil était l'amie et la correspondante de lord Chesterfield dont les lettres montrent en quelle estime il tenait son esprit et ses sentiments élevés. Sa fille avait épousé le prince d'Hénin.

[3] Mademoiselle d'Hennery, femme du comte de Chavigny de Blot, attaché à la personne du duc d'Orléans

[4] Antoine Voyer d'Argenson, marquis de Paulmy, fils du comte d'Argenson, ministre de la guerre, né en 1722. Après avoir été aussi ministre de la guerre pendant un an, il eut plusieurs ambassades et mourut e 1787. Il était de l'Académie française.

[5] Un officier au service de France.

demoiselle Sanadon[1] est la *sana donna* et non mademoiselle Céladon, comme vous l'appelez. Je vous prie d'assurer de ma grande considération mon bon M. Schouwalow[2]; c'est le meilleur des êtres.

J'ai dit tout ce que je pouvais, ou du moins tout ce que je devais. Je garde le reste de mon papier pour un postscriptum, car c'est aujourd'hui samedi et ma lettre ne peut partir que mardi prochain; mais je n'ai pu tarder une minute à répondre à vos charmants volumes, qui m'intéressent tant. Je suis vraiment affligé de la figure enflée de lady Harriet[3] et je souhaite, dans leur intérêt à tous deux, que cette enflure puisse se reporter sur son père : je vous assure du reste que je n'avais aucune mauvaise intention en vous engageant à lire les vers à la *princesse Christine*, dans lesquels il est question d'une manière fort profane d'une paire de joues enflées[4]. Je n'entends rien dire de

---

[1] Mademoiselle Sanadon était la demoiselle de compagnie de madame Du Deffand.

[2] Le comte Jean Schouwalow, ambassadeur de Russie à Paris. Il avait été conseiller intime et l'un des favoris de l'impératrice Elisabeth. Madame Du Deffand écrivait de lui à Walpole, le 2 juillet 1774 : « J'irai demain à Roissy pour la seconde fois depuis que les Caraman y sont : c'est notre bon ami Schouwalow qui m'y mènera. Je le trouve un peu ennuyeux. Il n'a nulle inflexion dans la parole, nul mouvement dans l'âme; ce qu'il dit est une lecture sans ponctuation. »

[3] Lady Harriet Stanhope, mariée plus tard à lord Foley. Elle était alors à Paris avec son père, le comte de Harrington, qui était d'une maigreur extrême. (*Note de Walpole.*)

[4] Voici le couplet auquel Walpole fait allusion :

> Avec une joue enflée
> Je débarque tout honteux;
> La princesse boursouflée
> Au lieu d'une en avait deux,
> Et son Altesse sauvage
> ans doute a trouvé mauvais
> Que j'eusse sur mon visage
> La moitié de ses attraits.

madame d'Olonne[1]. Oh ! demandez à madame Du Deffand de vous montrer le charmant portrait de madame de Prie, la maîtresse du duc de Bourbon. Avez-vous vu madame de Monaco et les restes de madame de Brionne ? Comme vous ne le nommez pas, je présume que le duc de Nivernois n'est pas à Paris. Dites mille choses de ma part à M. de Guines. Vous ne verrez pas ma passion, la duchesse de Châtillon [2].

Si vous rencontrez madame de Nivernois, vous croirez voir le duc de Newcastle ressuscité. Hélas ! où est mon post-scriptum ? Adieu !

LXXIII

A LA COMTESSE D'AYLESBURY[3]

De l'autre côté de l'eau, 17 août 1775.

Interprétant vos ordres dans le sens le plus personnel, relativement aux dangers de la mer, je vous écris à l'instant même où je débarque. Je n'ai pu en réalité prendre mon essor qu'hier matin à huit heures, mais, ayant trouvé

---

[1] C'est-à-dire, de son portrait en émail par Petitot.
[2] Fille de la duchesse de la Vallière.
[3] Caroline Campbell, fille du duc d'Argyll et de la belle Mary Bellenden. Veuve en premières noces du comte d'Aylesbury, elle s'était remariée en 1747 avec Henry Seymour Conway. Comme nous l'avons déjà dit, Conway était le cousin et le meilleur ami de Walpole, qui avait reporté sur lady Aylesbury une partie de l'affection qu'il avait vouée à son mari. Le portrait de cette dame, qui se trouve dans l'édition complète des lettres de Walpole, lui donne une beauté pleine de distinction.

les routes, les chevaux, les postillons, la marée, le vent, la lune et le capitaine Fector de l'humeur la plus aimable du monde, j'ai pu m'embarquer presque aussitôt mon arrivée à Douvres et nous étions à Calais avant que le soleil ne se fût éveillé. Me voici donc encore ici pour la sixième fois de ma vie, avec l'écart insignifiant de trente-sept ans entre mon premier voyage et celui-ci ! C'est fort bien ! Ma seule excuse, c'est que je suis dans le pays des Strulbrugs[1], où l'on n'est jamais trop vieux pour être jeune et où la *béquille du père Barnabas*[2] fleurit comme la verge d'Aaron ou l'épine de Glastonbury.

Maintenant ce serait, croyez-le bien, une petite mortification pour moi, si Votre Seigneurie comptait sur une lettre de nouvelles et si elle ne se tourmentait pas la tête au sujet de ma navigation. En tout cas, vous ne me le diriez certainement pas ; je persiste donc à croire que ces bonnes nouvelles seront reçues avec transport à Parkplace et que les cloches de Henley sonneront en réjouissance. Il me faut ajourner le reste de mes aventures jusqu'au moment où elles seront arrivées, ce qui n'est pas

---

[1] Voy. le chapitre des Strulbrugs ou Immortels, dans le voyage de Gulliver à Laputa, par Swift. Voici comment, dans une lettre à la comtesse d'Ossory, du 7 juin 1785, Walpole définit le vrai Strulbrug, tel qu'il le comprend, en s'en donnant à lui-même le brevet : « C'est un homme qui a dépassé l'âge des passions et de l'ambition et pour qui l'avarice ne les a pas remplacées. Il s'assied tranquillement comme un vieux marin, qui a été ballotté par bien des tempêtes et qui regarde la foule s'agiter bruyamment, se coudoyer ou se jouer de mauvais tours ; il ressent alors tout le bien-être que donnent l'oisiveté, l'indifférence et le beau luxe de n'avoir rien à faire. Ne trouvez-vous pas que le marchand retiré, qui trouve son journal dans le *Spectator*, est un être parfaitement heureux ? Il joue avec son chat, s'en va flâner chez la mère Redcap lorsqu'il fait beau, et ne se tourmente que quand son ami le *politique* lui présage la guerre. »

[2] Allusion au refrain d'une chanson grivoise, fort en vogue à cette époque.

toujours le cas pour les voyageurs. Je ne vous envoie point de compliments de Paris, parce que je n'y suis pas encore et que je n'ai pas remis la botte de commissions dont M. Conway m'a chargé. D'après les ordres de Votre Seigneurie, j'ai acheté trois jolis petits médaillons, dans des cadres de filigranes, pour notre chère vieille amie. Ils ne vous ruineront pas, car ils n'ont pas coûté une guinée et demie, mais c'est ce que j'ai pu trouver de plus joli et de plus facile à transporter ; vous savez qu'elle ne compte pas par guinées, mais par attentions ; elle en sera donc aussi contente que si vous lui aviez envoyé une douzaine d'acres de Park-place. Comme ce sont des bas-reliefs, elle pourra les reconnaître au toucher, ce qui est beaucoup pour elle. J'aurais désiré que Diomède eût au moins une paire de... de Nankin !

Adieu, toute la chère famille ! Je pense au mois d'octobre avec une vive satisfaction et cette pensée doublera pour moi le plaisir du retour.

LXXIV

A LA COMTESSE D'OSSORY

Roye, 18 août 1775.

Le dernier article de votre lettre m'a fait sourire, madame. Si le colonel Mars s'embarquait pour l'Amérique avec le propre foudre de Jupiter, dans son portemanteau, Vénus ne pourrait pas l'exciter par une épître plus encourageante ; aussi ma gloire doit-elle rejaillir sur Votre Seigneurie ! Hélas ! je suis peiné jusqu'au fond du cœur que mon voyage soit resté jusqu'à présent si paisible et si obscur : j'en ai bien peur, Votre Seigneurie n'aura pas pour sa part le reflet d'un seul rayon. J'ai glissé jusqu'à Calais avec aussi peu d'*éclat* qu'un contrebandier ; aucune garnison ne m'a reçu sous les armes et aucun commandant ne m'a conduit en cérémonie à la citadelle. Bref, le roi de France, en ordonnant les honneurs royaux pour ma nièce[1], a oublié d'écrire un post-scriptum en ma faveur. Cette négligence est cause qu'on n'a eu aucun égard pour ma dignité d'oncle. Après tout, je n'en ai pas été fâché, la marche n'étant pas un de mes principaux mérites : dans mon meilleur temps, M. Winnington prétendait que je sautillais avec la grâce d'un vanneau. A présent, si je ne me flatte pas, ma démarche ressemble beaucoup plus à celle d'une poule d'eau.

Je suis arrivé à Douvres par une soirée d'un bleu si clair et je voyais si distinctement les côtes de France, qu'avec une paire de souliers miraculeux j'aurais certainement pu y arriver à pied en un quart d'heure ; mais je vous fais grâce de la relation de mon voyage, qui a été écrite il y a trente-sept ans et qui est imprimée[2]. Je n'ai pourtant pas vécu si longtemps pour rien, j'ai du moins appris à ne pas perdre bêtement six jours entre Calais et Paris ; mais, comme le dit M. Mason, j'étais alors un jeune étourdi et je croyais avoir largement du temps à dépenser, ce qui n'est pas tout à fait le cas à présent. Espérons que

---

[1] La duchesse de Gloucester.
[2] Voy. les *Lettres de Gray*.

mon biographe pourra donner une aussi bonne raison pour expliquer ma présence ici ; mais c'est son affaire et non pas la mienne.

LXXV

A LA COMTESSE D'AYLESBURY

Paris, 20 août 1775.

J'ai eu le mal de mer jusqu'à en mourir, j'ai été empoisonné par la saleté et la vermine, j'ai été suffoqué par la chaleur, aveuglé par la poussière et affamé par la privation de toute nourriture mangeable, et pourtant, madame, je suis ici parfaitement bien et nullement fatigué. Grâce aux parchemins ridés, qui étaient autrefois des visages et que j'ai vus par centaines, je me trouve presque aussi jeune qu'à mon premier voyage, dans le siècle dernier. En dépit de mes lubies, de ma délicatesse et de ma fainéantise, aucune de mes souffrances n'a été mortelle ; je les ai supportées aussi bien que si j'avais posé pour la philosophie, comme les *sages* de cette ville. J'ai vraiment trouvé ma chère vieille femme si bien, avec une mine tellement meilleure qu'il y a quatre ans, que j'en suis transporté de joie ; je remercie donc Votre Seigneurie et M. Conway de m'avoir expédié ici. Madame Du Deffand est accourue chez moi dès l'instant de mon arrivée et elle y est restée pendant que je changeais d'habits ;

comme elle me le disait, puisqu'elle n'y voit plus, il ne peut y avoir aucun mal à ce que je paraisse tout nu devant d'elle. Votre cadeau l'a enchantée, mais elle a été assez aimable pour être tellement plus enchantée de mon arrivée qu'elle n'y a pas pensé un seul instant. Je suis resté avec elle jusqu'à deux heures et demie du matin et j'avais une lettre d'elle sous les yeux avant de les rouvrir. Bref, son âme est immortelle et force le corps à supporter sa compagnie.

Nous sommes à la veille du mariage de madame Clotilde[1]; mais M. Turgot, au grand désespoir de lady Mary Coke, ne veut permettre d'autres dépenses qu'un seul banquet, un bal et un spectacle à Versailles : le comte de Viry donne un festin, un bal masqué et un feu d'artifice. Je pense que je ne verrai guère que ce dernier divertissement, dont j'enverrai une fusée à Votre Seigneurie dans ma prochaine lettre. Lady Mary a eu, je crois, une audience particulière de la jambe de l'ambassadeur[2], *mais en tout bien, tout honneur*, et uniquement pour satisfaire sa cérémonieuse curiosité pour une partie quelconque de la nudité royale. Je vais aller chez elle, puisqu'elle est à Versailles, et je n'ai pas le temps d'ajouter un seul mot aux vœux du très-fidèle serviteur de Votre Seigneurie.

[1] Elle épousait le prince de Piémont.
[2] Allusion à l'une des cérémonies du mariage par procuration.

LXXVI

A LA COMTESSE D'OSSORY

Paris, 23 août 1775

J'aurais un cœur de diamant, madame, si je ne devenais pas un Français accompli. Rien ne peut surpasser l'accueil que j'ai reçu. Je ne parle pas seulement de ma chère vieille amie, dont l'amabilité croît avec le siècle, mais les maréchales de Luxembourg et de Mirepoix sont arrivées à Paris tout exprès pour me voir ; la duchesse de la Vallière est venue à ma rencontre dans l'antichambre et m'a embrassé ; on m'a barbouillé de rouge, comme mon cimier *le Sarrazin*[1]. Bref, j'ai été tant embrassé sur les deux joues, que si elles avaient été aussi grandes que celles de madame de Viry[2], elles y auraient perdu leur peau : mais assez de vanité comme cela ! J'ai débarqué dans un moment de pompe et de plaisirs : madame Clotilde a été mariée lundi matin et le soir avait lieu le *banquet royal*, le plus beau coup d'œil qu'on puisse voir sur la terre ! au moins je dois le croire, puisque je ne l'ai pas vu. J'ajuste mes plaisirs à ma personne, ne voulant pas exposer mes rides au *grand jour*. La nuit dernière, je me suis glissé au *bal paré*, et comme j'ai une foule de vrais

---

[1] Les armes des Walpole, qui sont *d'or, à la fasce de sable chargée de trois croix croisettées d'or et accompagnée de deux chevrons aussi de sable*, portent pour cimier : *une tête de Sarrasin, de profil, coiffée d'un long bonnet de gueule, dont la pointe retombe en avant.*
La devise est : *Fari quœ sentiat.*

[2] Le comte de Viry, ambassadeur extraordinaire du roi de Sardaigne, avait épousé une Anglaise, miss Harriet Speed.

amis, on m'a placé sur le *banc des ambassadeurs*, juste derrière la famille royale. Le bal avait lieu dans la salle de spectacle, la plus brillante de l'univers, et où le goût l'emporte encore sur la richesse. Un mot suffira d'ailleurs pour tout ce que j'ai à vous dire : on ne pouvait avoir des yeux que pour la reine ! Les Hébés et les Flores, les Hélènes et les Grâces ne sont que des coureuses de rues à côté d'elle ! Quand elle est debout ou assise, c'est la statue de la beauté ; quand elle se meut, c'est la grâce en personne. Elle avait une robe d'argent semée de lauriers roses : peu de diamants et des plumes beaucoup moins hautes que le *Monument*. On dit qu'elle ne danse pas en mesure, mais alors c'est la mesure qui a tort ! Il y a quatre ans, je lui trouvais de la ressemblance avec une duchesse anglaise[1], dont j'ai oublié le nom depuis quelques années, c'est affreux ! mais depuis, la reine a eu le ceste de Vénus. Quant au roi, il me rappelle toujours un duc[2] dont le nom a aussi disparu de mes tablettes, et comme si la fatalité avait enchaîné ensemble ces deux familles, Madame ressemble à lady Georgiana comme deux pois. Votre Seigneurie et lord Ossory, n'ayant pu être aussi occupés que moi à regarder la reine, voudront sans doute en savoir davantage sur la cour. Je vais essayer de rappeler tous mes souvenirs. La nouvelle princesse de Piémont a un visage éclatant de fraîcheur, mais le reste est à peu près de la dimension de feu lord Holland, ce qui ne fait pas bien dans une robe à corsage roide. Madame Élisabeth est jolie et gracieuse ; Mademoiselle a une bonne figure et danse bien. Comme plusieurs des mem-

---

[1] La comtesse d'Ossory, d'abord duchesse de Grafton.
[2] Le duc de Grafton.

bres de la famille royale ont *drapé* pour la princesse de Conti, il n'y avait là que les deux frères du roi, les trois vieilles Mesdames, la princesse de Lamballe et le prince de Condé. Monsieur est très-beau, le comte d'Artois a une meilleure figure et danse mieux. Leurs physionomies se rapprochent de celles de deux autres ducs *royaux*[1].

Il n'y a eu que huit menuets et, outre la reine et les princesses, huit dames seulement y ont figuré. Je n'ai pas été aussi frappé de la danse que j'y comptais, à l'exception d'un *pas de deux* exécuté par le marquis de Noailles et madame Holstein. En fait de beautés, je n'en ai vu aucune, ou bien la reine les effaçait toutes. Après le menuet, sont venues des contredanses, très-encombrées par les longues queues des robes, les tresses encore plus longues et les paniers. Comme la chaleur était étouffante, les costumes, quoique de gaze et de soie très-légère, ne m'ont pas paru d'un goût merveilleux. Dans les intervalles de la danse, on présentait à la famille royale et aux danseurs des corbeilles de pêches, d'oranges mandarines un peu hors de saison, des biscuits, des glaces, du vin et de l'eau. Le bal n'a duré juste que deux heures. Le monarque n'a pas dansé, mais, dans les deux premiers tours de menuet, la reine elle-même ne *doit* pas lui tourner le dos ; elle a du reste exécuté tout cela avec une aisance divine. Ce soir il y a un banquet de trois cents personnes offert par le comte de Viry, et vendredi il donne un *bal masqué* à l'univers entier, dans un Colisée bâti à cet effet. Je me suis excusé pour le premier, n'étant guère curieux de voir la manière dont mangent trois cents per-

[1] Le duc de Grafton et le duc de Richmond, descendants l'un et l'autre de Charles II.

sonnes, mais j'irai un moment à l'autre *fête*, où on n'est reçu qu'en domino, excepté les danseurs qui sont en grand habit. Samedi on doit jouer, sur ce même théâtre de Versailles, *le Connétable de Bourbon*, pièce nouvelle de M. de Guibert[1] (l'auteur de *la Tactique*) gracieusement accordée à la reine, mais qui ne doit pas être profanée ailleurs qu'à Versailles et à Fontainebleau, car cela *dérogerait!* Le père de l'auteur est *un vieux militaire*, qui, pour son compte, ne condescendrait pas à entendre lire la pièce de son fils, même devant la reine[2] ! C'est le prince de Beauvau qui s'est chargé de me placer : ce sera la fin des spectacles, car M. Turgot est économe. J'en suis bien aise ; la chaleur était si forte la nuit dernière et j'ai traversé tant de corridors, que je ne voudrais pas pour tout au monde avoir souvent autant de plaisirs. Tel est, madame, le récit complet de mes voyages dans ma seconde vie : mes lettres vous distrairont de l'Angleterre. Je ne puis pas vous cacher que les Français s'étonnent un peu de nous voir sacrifier la *substance* de l'Amérique à une question de souveraineté, car ils deviennent aussi

---

[1] Jacques-Antoine Hippolyte, comte de Guibert, maréchal de camp et écrivain distingué. Il était né à Montauban en 1743 et mourut à Paris en 1790. Ce fut le dernier amant de mademoiselle de Lespinasse. Son père, lieutenant général et gouverneur des Invalides, était mort en 1786.

[2] Cette tragédie n'eut du reste aucun succès à Versailles, malgré la protection de la reine, et lorsqu'on la joua à Paris, elle fut sifflée par le public, que disposaient encore plus mal les réclames faites dans les journaux en faveur de la pièce, par l'auteur et ses amis. On fit même sur cette tragédie monotone une chanson, dont voici le premier couplet :

> *Le Connétable* me plaît fort;
> Comme on y rit, comme on y dort!
> C'est une bonne pièce,
> Eh bien,
> Qu'on joue à nos princesses;
> Vous m'entendez bien?

Anglais dans leurs idées que nous devenons Français. Je vais lire nos journaux, pour être en état de me disputer avec eux.

LXXVII

AU RÉVÉREND WILLIAM MASON[1]

Paris, 6 septembre 1775.

Je suis encore bien peu avancé dans le compte que je dois vous rendre de la propagation de la foi dans ce royaume. Mais attendez, ceci est un peu trop métaphorique; aussi de peur d'être pris pour un ex-jésuite ou pour un espion, je déclare, comme un auteur d'opéras, que je ne crois point aux dieux de l'ancienne ni de la nouvelle Rome, à l'exception de Vertumne, de Flore et de Pomone; je vais donc vous écrire ma *Provinciale* sur la conversion des Français au goût des jardins anglais. J'ai entrepris mes observations aussi méthodiquement que si j'avais à écrire un article pour l'*Encyclopédie*. J'ai mis la hache à la racine de l'arbre, en commençant par visiter l'île de

---

[1] William Mason, né en 1725, et premier chantre de la cathédrale d'York; c'était, de plus, un poëte distingué. On a de lui différents ouvrages en vers, tels que des poëmes dramatiques avec des chœurs à l'imitation des anciens, des odes philosophiques et politiques, des élégies, etc., etc. Il était intimement lié avec le poëte Gray et fut chargé après sa mort de revoir et de publier ses manuscrits. C'est surtout de cette époque que datent les relations plus intimes de Walpole avec lui, relations qui durèrent jusque vers 1784. A cette époque, un désaccord sur une question politique amena un refroidissement entre eux : l'amitié et la correspondance cessèrent à la fois. Mason mourut en 1797.

M. Watelet, qu'on appelle le *Moulin Joli*[1]. Si lui aussi, il a mis la hache à la racine et même aux branches de l'arbre, il ne s'en est servi nulle part ailleurs. Au lieu de trouver, comme j'y comptais, un moulin à vent, bâti en ivoire incrusté de pierres fausses, avec des dryades et des hamadryades récoltant des glands dans des corbeilles de gaze, j'ai vu M. Watelet retombant d'un bond dans la nature, telle qu'elle était à l'âge de cinq cents ans ; en un mot, son *île* ne diffère en rien d'un jardin à la française, dans lequel aucun mortel n'aurait mis le pied depuis le siècle dernier. C'est un *ate*[2] (je ne sais si j'épèle bien) relié à la terre ferme par deux ponts, dont le propriétaire a qualifié l'un de hollandais et l'autre de chinois, et qui se ressemblent comme deux pois ; il est découpé en allées droites et resserrées, qui forment *berceau*, et entouré par un sentier circulaire très-rude. Pour donner à cette *étoile* un air *champêtre*, on a octroyé une indulgence plénière à toutes les orties, à tous les chardons et à toutes les ronces *qui poussaient dans le jardin, et ils ont paru bons à ses yeux*[3]. Voici la recette : prenez un *ate* plein de saules, encombrez-le de menus ormeaux et de peupliers d'Italie, élaguez-les en berceaux et tailladez-les en sentiers ; laissez ensuite tout le reste aussi inculte que vous l'avez trouvé, et vous aurez un *Moulin Joli*.

[1] Claude-Henri Watelet, financier, poëte, graveur et sculpteur, né à Paris en 1718, mort en 1786 : il était de l'Académie française. Le *Moulin Joli* avait sa meunière ; elle se nommait Marguerite Lecomte et elle était depuis longtemps la maîtresse de Watelet. Les plus grandes dames ne se faisaient pas faute d'aller, dans cette agréable résidence, visiter le propriétaire et la meunière, qui était une femme spirituelle et gracieuse.

[2] Malgré toutes les recherches que nous avons pu faire, il ne nous a pas été possible de découvrir le sens de ce mot.

[3] Paroles tirées de la Genèse.

Il faut savoir que cet effort de génie est d'autant plus agaçant que la situation est charmante ; outre que l'île est au milieu de la Seine, chaque percée (tellement étroite, qu'on s'imagine regarder par le côté rapetissant d'une lorgnette, dont le point de départ est un vrai moulin à vent), chaque percée, dis-je, aboutit à un *château*, à un *clocher*, à un village, à un couvent, à la villa où Henriette-Marie a été élevée ou à l'hermitage dans lequel Bossuet s'était retiré, non pas afin de se mortifier lui-même, mais afin de mortifier Fénelon. Il est vrai que, pour atteindre ces points de vue, l'œil est obligé de franchir de vastes champs de craie, qui produiraient de l'encens plutôt que de l'herbe et qui (s'ils avaient quelques symptômes de verdure), étaleraient ces rangées de fenouil, que j'aperçois toujours ici, dès que je suis hors de Paris ; aussi ne puis-je jamais me croire à la campagne. La semaine prochaine j'irai visiter quelques autres essais anglais.

Ils nous imitent du reste pour de meilleures choses ; leur roi est dans d'excellentes dispositions : il a renvoyé le chancelier, le duc d'Aiguillon et ces malheureux qui avaient perfectionné le despotisme sous le dernier règne. M. de Maurepas[1] a rétabli l'ancien parlement, et M. Turgot, contrôleur général, a supprimé les corvées, la plus exécrable des oppressions, et chaque jour il projette ou il

---

[1] Walpole, qui se montre l'admirateur trop partial de cet homme d'esprit, aussi inconséquent que léger, cite de lui, dans une de ses lettres datée d'Angleterre, une réponse pleine d'à propos et de bon goût. C'était peu de temps après la mort de Louis XV : « Le comte d'Artois, oubliant que son frère était devenu roi, le traitait avec toute la familiarité de leur enfance. On crut nécessaire de le corriger de cette inconvenance, et M. de Maurepas fut chargé de l'avertir ; il lui dit donc que le roi finirait par s'en offenser. « Eh bien, dit le prince, s'il en est choqué, *que peut-il me faire ?* — *Vous pardonner, monseigneur !* » répliqua le ministre.

public des décrets pour le bonheur du peuple. Les Éloges de l'Académie roulent sur des maximes de vertu et de patriotisme et le roi y applaudit publiquement. Vous pouvez juger s'ils n'ont pas les yeux fixés sur tout ce que nous faisons ! Ils ne veulent pas me croire, quand je leur dis que la guerre d'Amérique est *à la mode*, car on est obligé d'employer ce mot pour leur donner l'idée d'une *majorité*. Une grande dame m'a demandé l'autre jour si je n'étais pas Bostonien, et je n'ai pas rencontré un seul Français qui ne m'ait exprimé son indignation ou qui n'ait ricané dédaigneusement de tous nos derniers actes du parlement. M. de Castries, à qui on disait que lord North avait reçu la Jarretière, se montra fort étonné : « Pourquoi? dit-il, est-ce donc pour avoir perdu l'Amérique? » Comme je n'ai pas grand'chose à dire à cet égard en faveur de ma chère patrie, j'aime mieux reporter la conversation sur Sa Grâce la duchesse de Kingston[1], dont l'histoire leur paraît aussi étrange que notre politique. Quel chef-d'œuvre que la réponse de Foote[2] !

[1] L'existence de cette femme fut tout un roman. Élisabeth Chudleigh, duchesse de Kingston, était née en 1720. Elle fut d'abord fille d'honneur de la princesse de Galles, et, après une première intrigue avec le duc de Hamilton, elle épousa secrètement le capitaine Hervey, qui devint plus tard comte de Bristol : c'était le fils de lady Hervey, la correspondante de Walpole. Élisabeth ne put vivre avec lui et le quitta pour voyager dans les cours étrangères; à son retour en Angleterre, elle fit casser son mariage et épousa le duc de Kingston, qui la laissa bientôt veuve et héritière de biens immenses. Les parents du duc accusèrent sa veuve de bigamie et la firent condamner à perdre le titre de duchesse, mais ils ne parvinrent pas à faire casser le testament de son second mari qui l'avait fait sa légataire universelle. Elle se remit alors à voyager, inspira une vive passion en Pologne au prince Radziwill et finit par mourir en France en 1788, au château de Sainte-Assise, qu'elle avait acheté. Walpole, qui avait pris violemment parti contre elle, en parle souvent avec mépris et entre dans de nombreux détails sur cette affaire de bigamie, assez embrouillée d'ailleurs.

[2] Samuel Foote, auteur dramatique qu'on avait surnommé l'Aristophane

10 septembre.

CHAPITRE II

SUR LES JARDINS ANGLO-FRANÇAIS,

que, par parenthèse, on appelle ici anglo-chinois, parce qu'à l'aide des lunettes de sir William Chambers, ils nous ont découverts, volant nos jardins aux Chinois. Je leur ferai un autre conte, quand je publierai mon dernier volume. Hier je suis allé à Auteuil voir le jardin anglais de la comtesse de Boufflers : celui-là est strictement anglais, c'est elle qui l'a créé d'après un jardinier anglais. Il contient cinquante-deux acres de terre, qui vont en montant depuis la maison jusqu'à une hauteur qui s'avance dans les champs, avec des lices, des arbres et des arbustes détachés. Le gazon est supportable, bien que grossier et d'un vert rarement en usage dans le jardin d'un *gentleman* en Angleterre; sur toute l'étendue du sommet, règne une terrasse imposante, entourée par le bois de Boulogne, où conduit une grille, ouvrant sur une longue avenue, qui se termine par une colline en pain de sucre. De la terrasse, la vue s'étend, à travers la plaine, sur une magnifique perspective, qui commence à gauche par un des châteaux du roi, se continue par un bois hors duquel se détache Passy, (au duc de Penthièvre) qui forme décoration et laisse par

moderne. Né en 1720, il avait été condisciple de Walpole et s'était marié depuis à la sœur de sir Horace Mann. Il mourut en 1777. La réponse dont il est ici question avait été faite par lui à une lettre fort impertinente de la duchesse de Kingston.

échappées une vue admirable sur des coteaux et des villas à une grande distance. Le milieu du paysage fait encore une pointe en avant : sur le premier plan sont des villages et des maisons de campagne, au-dessus desquels s'étend tout Paris, avec son horizon découpé par les tours et les dômes de Notre-Dame, de Saint-Sulpice, des Invalides, du Val-de-Grâce, etc., etc. L'extrémité de l'hémicycle formée de coteaux couverts de clochers et d'habitations de toute sorte est close par Meudon et par des forêts sur des collines plus élevées. Dans ce magnifique point de vue, il ne manque que de la verdure et de l'eau, dont on ne voit pas une goutte. En somme, on n'aura jamais ici d'aussi beaux paysages que chez nous, tant que le climat ne sera pas aussi mauvais que le nôtre.

Je crois que je resterai ici un mois de plus. Si vous m'écrivez un mot, adressez-le dans Arlington-street ; on me le renverra ou on le gardera pour mon retour.

Toujours à vous.

LXXVIII

A SIR HORACE MANN

Paris, 7 septembre 1775.

Votre lettre du 12 août m'est revenue ici d'Angleterre et je puis y répondre avec moins de réserve que de notre pays. Je comprends parfaitement, mon cher sir, la propriété du style dont vous vous servez, en qualité de ministre et je serais désolé de vous voir exposé à quelque désagrément, par suite d'une franchise inutile. Je suis trop convaincu que votre cœur et votre tête ne s'écarteront jamais des glorieux principes dans lesquels nous avons été élevés tous deux, pour vous soupçonner d'avoir adopté ceux qu'ont inoculés à tant d'Anglais les jacobites d'Écosse, auteurs de la guerre civile actuelle comme ils l'ont été de toutes les autres, depuis le règne d'Élisabeth. Vous ne vous étonnerez pas non plus de votre côté que je sois ce que j'ai toujours été, un partisan zélé de la liberté dans toutes les parties du monde et que, par conséquent, je souhaite cordialement le succès aux Américains. Ils n'ont pas fait jusqu'à présent une seule faute; le gouvernement en a fait mille, outre les deux capitales, d'abord d'avoir provoqué et ensuite d'avoir uni ensemble les colonies. Il me semble que ces dernières ont autant de cœur et de tête que nous en avons peu. La campagne me semble languissante : les ministres réservent tous leurs efforts pour le printemps et sans doute les Américains feront de même. Il est probable que la guerre sera longue; du côté de l'Angleterre elle peut être ruineuse; si cette dernière triomphe, c'en est fait de la liberté anglaise et américaine; si les colonies sont victorieuses, notre commerce est perdu ; si, en fin de compte, nous négocions, elles ne nous pardonneront jamais et nous n'en tirerons plus les mêmes avantages qu'autrefois.

Le pays où je me trouve en ce moment n'est heureusement ni en condition ni en disposition de s'en mêler : s'il en était autrement, il compléterait notre destruction, même en se contentant d'aider les colonies et je n'ose guère espérer qu'ils soient assez aveugles pour ne pas le faire. On parle ouvertement ici de notre tyrannie et de notre folie avec horreur et dédain, peut-être aussi avec étonnement ; presque tous les ministres étrangers en font autant que les ministres français. Au lieu de me sentir mortifié, comme je le suis généralement lorsqu'on attaque mon pays, c'est une consolation pour moi de voir que, bien qu'ils aient peu d'adhérents en Angleterre, mes sentiments soient partagés et confirmés par le reste du monde. Le peuple chez nous est fasciné ; que devrions-nous penser de nous-mêmes, quand les Français se montrent choqués de notre despotisme? Je vous assure que cette nation et son roi paraissent avoir embrassé les principes les plus généreux ; c'est la seule mode, je le crains, pour laquelle nous ne les imiterons pas : nos yeux s'ouvriront, mais trop tard !

Le duc et la duchesse de Gloucester sont à Venise. Rien ne peut surpasser les distinctions dont on les a comblés ici : le roi les a même invités à venir à Paris, mais l'empressement du duc à arriver dans le midi, avant la mauvaise saison, l'a empêché d'accepter cet honneur. Il n'espère pas partout la même amabilité : quant aux Anglais, ils ont laissé voir, même aux Français, à quel point ils sont esclaves, en s'abstenant de rendre leurs devoirs au duc et à la duchesse. J'ai écrit à cette dernière, sans vous nommer, pour la détourner de fixer son séjour à Rome : je crains que ce ne soit en vain. Je leur ai proposé Sienne, espérant que les bontés de l'Empereur pour le prince décideraient le grand-duc à leur être agréable ; leur résidence dans cette ville ne vous compromettrait point. Je ne crois vraiment pas que vous me soupçonniez de vous sacrifier aux intérêts de ma famille ; d'un autre côté je voudrais, dans votre propre intérêt, vous voir saisir la première occasion de leur faire votre cour indirectement. Ils sont tous deux profondément blessés des indignités qu'ils ont subies. Dans notre situation actuelle si tourmentée, il n'est pas impossible que le duc devienne un personnage important ; je sais bien que vous avez toute raison d'être mécontent de lui, je m'en souviens aussi bien que vous pouvez le faire, mais vous êtes trop prudent, en même temps que trop bon, pour ne pas pardonner à un jeune prince. J'avoue que je suis assez en peine au sujet de la duchesse. Elle a toutes les bonnes qualités de son père[1], mais aussi toute son impétuosité ; elle est beaucoup trop disposée à ressentir les affronts, bien que sa vertu et sa bonté lui rendent facile la réconciliation, mais son premier mouvement n'est pas judicieux. Je souhaite que vous cherchiez à lui être agréable autant que possible, dans les limites de vos instructions. Elle a un bon sens merveilleux, lorsque la passion ne la domine pas. En un mot, son mariage m'a causé bien des angoisses et quoique je ne l'aie jamais approuvé, je tâche, par tous les moyens de douceur, de l'empêcher de rendre sa position encore plus difficile et par-dessus tout j'évite ce qui peut l'enflammer. Voilà tout ce que je puis faire, là où je n'ai aucun ascendant : c'est un point sur lequel, malgré la meilleure volonté du monde, je ne puis me faire la moindre illusion. Cependant comme je connais ceux à qui j'ai affaire, je ne manœuvre pas trop mal ; je sais quand il faut m'incliner et quand il faut m'arrêter : je ne

[1] Sir Edward Walpole.

serais pas si souple, s'ils étaient où ils devraient être!

L'héroïne de *Doctor's Commons*, dont vous demandez des nouvelles, la duchesse de Kingston, a enfin rendu sa folie, que je connaissais depuis longtemps, aussi publique que sa honte, en entrant en lice avec un Merry-Andrew, qui n'est pas fou du tout. Foote allait la mettre sur la scène; lord Hertford, en qualité de lord chambellan, a interdit la représentation. Enivrée de ce triomphe, elle a voulu donner à l'auteur dramatique le coup mortel de sa propre main.

Pallas te, hoc vulnere Pallas immolat.

Mais comme l'arme qu'elle avait choisie est une plume d'oie, le coup est retombé sur elle. Elle a écrit dans l'*Evening-Post* une lettre qu'aurait désavouée la dernière de son espèce qui court les rues avec des socques. Billingsgate[1] sous une couronne ducale, c'était bien tentant, mais Foote, avec toute la délicatesse dont elle aurait dû lui donner l'exemple, s'est contenté de lui répondre par une satire mordante, pleine d'esprit et d'ironie. Le pape ne sera pas capable de laver la place avec toute l'eau bénite du Tibre. J'imagine qu'elle échappera au jugement, mais Foote lui a donné le *coup de grâce*.

Lord Chatham, quand j'ai quitté l'Angleterre, était languissant et en fort mauvais train: sa constitution est trop épuisée pour se débarrasser de la goutte et il en est fort abattu. Les dernières lettres ne représentent cependant pas son état comme désespéré. Il pourrait, si sa santé le lui permettait, faire encore beaucoup de bien. Quel

[1] Le marché aux poissons à Londres.

autre en serait aussi capable? je l'ignore. L'opposition est faible à tous égards. Elle a de meilleurs cœurs que les ministres, mais moins de bonnes têtes ; ce n'est pourtant pas que je sois en admiration vis-à-vis d'eux ! Le temps peut produire des hommes : il faut nous fier au livre du destin, si nous voulons nous flatter encore. Ne répondez pas à tout ceci ! dites-moi seulement que vous avez reçu ma lettre de Paris et adressez-moi ce mot en Angleterre : il est possible que je reste ici un mois de plus, mais ce n'est pas sûr.

P. S. J'avais fini ma lettre, mais celles que j'ai reçues d'Angleterre hier soir, me donnent de si importantes nouvelles, qu'il me faut ajouter un article. La czarine, ce prodige de reconnaissance, consent à prêter à l'Angleterre vingt mille Russes, pour les transporter en Amérique. Le parlement se réunira le 20 du mois prochain et votera la levée de vingt-six mille marins; quel paragraphe sanguinaire que celui-là ! Quels torrents de sang il faudra répandre pour sauver la liberté en Amérique ! mais qui pourra la sauver en Angleterre? O folle, folle Angleterre! quelle frénésie te pousse à jeter aux vents tes trésors, à ruiner la puissance de ton empire, et à sacrifier ta liberté, pour que ton roi devienne le seigneur absolu de déserts sans bornes en Amérique et, en Europe, d'une île, appauvrie, dépeuplée et par cela même tout à fait insignifiante? Quelle perspective consolante a donc devant lui un véritable Anglais? Rien, sinon que Philippe II a échoué contre les paysans de Hollande et que Louis XIV n'a pu replacer Jacques II sur le trône !

LXXIX

A L'HONORABLE H. S. CONWAY[1]

Paris, 8 septembre 1775.

Les retards de la poste m'ont sauvé quelques jours d'anxiété au sujet de l'accident de lady Aylesbury[2] et m'ont empêché de vous dire combien j'y ai pris part, quoique j'aie le ferme espoir qu'à présent il ne lui reste aucune douleur. Je ressens toutes les transes que vous avez dû éprouver de ces cruelles souffrances dans l'obscurité et à la vue de son bras : personne n'admire plus que moi ses ouvrages à l'aiguille et pourtant je me réjouis de penser que ce sont eux qui auront le plus à en souffrir : malgré cela je suis d'une impatience extrême d'avoir de ses nouvelles. Madame Du Deffand, qui, vous le savez, n'aime pas ses amis à moitié et dont l'impatience ne s'accorde jamais le temps de prendre des informations, était hors d'elle parce que je ne pouvais lui expliquer ni où ni de quelle manière l'accident était arrivé; elle voulait écrire immédiatement, bien que la poste vînt de partir. Enfin j'avais à peine eu le temps de la calmer sur les suites de cette triste affaire, qu'elle retombait dans de nouvelles émotions, à propos de ses éventails pour madame

---

[1] Une partie de cette lettre a déjà été publiée en français dans les *Lettres* de madame Du Deffand, édition de 1824, tome III, page 205.
[2] Lady Aylesbury avait versé de sa voiture, pendant la nuit, à Parkplace et s'était cassé le bras.

de Marchais, en prétendant qu'ils avaient dû verser aussi et être tous brisés. Bref, je n'ai jamais vu personne comme elle ; elle a pris jusqu'à lundi en huit des engagements pour moi, parmi lesquels se trouvent je ne sais combien de voyages à la campagne et, comme on ne la laisse jamais partir sans l'engager pour une autre fois, toutes ces parties seront autant de polypes, qui se reproduiront à l'infini. Madame de Jonsac[1], une grande amie à moi, est arrivée avant hier et madame Du Deffand l'a saisie au vol pour que je pusse la voir chez elle quatre fois avant mardi prochain : toutes parenthèses qui n'ont rien à faire avec nos autres soupers, que je ne quitte jamais, pour me coucher, avant deux ou trois heures du matin. En un mot, il me faut l'agilité d'un écureuil, jointe à la force d'un Hercule pour venir à bout de mes travaux, sans compter je ne sais combien de *démêlés* que j'ai eus à *raccommoder* et tous les *mémoires* que je présente contre *Tonton*[2], qu'on adore d'autant plus qu'il dévore plus de monde. Comme je suis la seule personne qui ose le corriger, j'ai déjà beaucoup insisté pour qu'il fût enfermé à la Bastille, tous les jours après cinq heures. L'autre soir, il s'est élancé à la figure de lady Barrymore et j'ai cru qu'il allait lui arracher les yeux, mais il s'est contenté de lui mordre le doigt : elle a eu une peur affreuse et s'est mise à fondre en larmes. Madame Du Deffand, qui a trop d'esprit pour ne pas voir chaque chose sous son vrai jour, s'apercevant qu'elle n'avait pas battu

---

[1] Sœur du président Hénault.
[2] Le chien favori de madame Du Deffand, qu'elle légua à Walpole dans son testament et pour lequel il eut jusqu'à la fin les soins les plus empressés.

Tonton, à moitié autant qu'il l'aurait mérité, s'est mise aussitôt à nous raconter l'histoire d'une dame dont le chien avait mordu un monsieur à la jambe, en emportant le morceau. Cette tendre personne toute saisie s'était écriée : « Ah ! pourvu que mon chien n'en soit pas malade ! »

Lady Barrymore a pris une maison ; elle va être saturée de conquêtes ; je n'ai jamais vu une femme exciter autant d'admiration : je doute que sa pauvre petite tête n'en tourne pas à l'envers.

Madame de Marchais [1] est charmante; c'est l'éloquence et l'amabilité en personne. Je suis comblé de pêches, de brugnons, de raisins et de poires : il semble que Pomone soit devenue amoureuse de moi. Je ne suis pas aussi épris des N..... *coq et poule ;* il mâchonne, elle glapit et aucun n'articule : c'est un tambour et un fifre auxquels je n'entends rien. Je n'ai pas vu M. d'Entragues. Décidément je me plais à Paris beaucoup plus que jamais et peut-être y resterai-je un peu plus longtemps que je ne comptais. Les Harry Grenville [2] sont arrivés; j'ai dîné avec eux chez madame de Viry, qui a fait la conquête de la France, par sa manière d'être au mariage de madame Clotilde et par les fêtes qu'elle a données. Des autres Anglais je ne sais rien, mais je regrette que les Richmond ne viennent pas.

[1] Madame de Marchais, née Laborde, avait épousé un valet de chambre du roi. Elle était fort liée avec M. d'Angivilliers, directeur des bâtiments et jardins du roi et elle l'épousa dans la suite après la mort de son mari. Cette liaison lui permettait de disposer en tous temps des plus beaux fruits et des plus belles fleurs du jardin de Versailles. Elle en usait largement dans l'intérêt de ses amis.

[2] Henry Grenville, frère de lord Temple et sa femme qui se nommait Peggy Banks.

Le docteur Bally me plaît beaucoup et le roi de Prusse également, autant du moins que peut me plaire un monarque du Nord. Quant à votre Kragen, je crois que nous devrions nous procurer une femelle de son espèce et la marier avec l'Irlande, afin de mettre au monde quelques nouvelles îles, qui pussent compenser pour nous la perte de l'Amérique : de cette dernière je n'ai aucune nouvelle. Il n'y a pas un Français qui ne nous regarde comme en démence.

Je vous ai bien souvent cherché querelle pour votre mauvaise écriture et je m'aperçois que je vous ai écrit si vite et que j'ai tellement barbouillé ma lettre que vous aurez bien de la peine à me lire : mais considérez que je n'ai pas un moment à moi. Je suis obligé de me boucher les oreilles avec du coton pour pouvoir dormir un instant! Cela n'empêche pas que mon voyage m'ait fait du bien : je me suis débarrassé d'au moins quinze ans. Voici, pour ma chère mistress Damer, une lettre de madame de Cambis[1], qui pense que vous devez en raffoler tous. Adieu !

P. S. Je vous rapporterai deux Éloges du maréchal de

---

[1] Gabrielle-Charlotte-Françoise de Chimay, mariée à Jacques-François, vicomte de Cambis, colonel d'un régiment d'infanterie de son nom. Elle était sœur de la comtesse de Caraman. Walpole parle souvent de madame de Cambis comme d'une femme extrêmement agréable, et madame Du Deffand cite son portrait fait par la duchesse de la Vallière et qui est fort joli : « Non, non, madame, je ne ferai point votre portrait, vous avez une manière d'être si noble, si fine, si piquante, si délicate, si séduisante; votre gentillesse et vos grâces changent si souvent pour n'en être que plus aimables, que l'on ne peut saisir aucun de vos traits, ni au physique, ni au moral. »

On trouve dans les Mémoires de Lauzun sur madame de Cambis le récit d'une aventure qui ne ferait pas grand honneur à sa vertu, mais rien ne nous oblige à croire l'auteur sur parole.

Catinat[1], non pas *parce que* je les admire, mais *parce que* je l'admire, *parce qu'*il vous ressemble beaucoup.

LXXX

A LA COMTESSE D'OSSORY

Paris, 12 septembre 1775.

On dit donc que c'est moi, madame, qui vous ai inspiré une passion pour lord Ossory ! Ma parole d'honneur, je n'aurais jamais soupçonné que je pusse être le dieu de l'amour ; impossible de me découvrir aucune ressemblance avec lui, à moins que le Sage n'ait eu raison quand son diable sur *deux bâtons* s'est reconnu pour Cupidon en personne.

Néanmoins, comme le fait en lui même était bon et qu'il a rendu deux personnes plus heureuses que le fils de Vénus n'a l'habitude de le faire, je ne me défendrai pas d'en prendre la responsabilité. Je me propose pourtant de ne pas être aussi *commode* une autre fois et je suis décidé à laisser les gambades d'Asmodée à ceux qui ont du goût pour une pareille profession.

De ce qu'il y avait dans la lettre qui a tant diverti lord Ossory, je ne me rappelle pas plus que l'homme dans la lune, dont la mémoire ne dure qu'un mois. Je sais, ma-

---

[1] L'un était de M. de Guibert, et l'autre de La Harpe.

dame, malgré votre extrême indulgence, que je me laisse maintenant beaucoup trop aller dans mes lettres ; elles sont devenues si nombreuses, qu'elles méritent d'avoir le sort d'une collection qu'on a trouvée l'hiver dernier chez M. de Pont de Veyle, où il y en avait seize mille, venant d'une seule dame, et la correspondance n'avait duré que onze ans! De peur de mettre le feu à la maison, si on les jetait dans la cheminée, les exécuteurs testamentaires en ont bourré le four. On a connu ici des gens qui s'écrivaient quatre fois par jour ; on m'a parlé d'un couple qui ne se quittait jamais et dont l'amoureux, forcené pour écrire, mettait un paravent entre eux deux, écrivait à madame de l'autre côté et lui jetait les lettres par-dessus.

Vous comprenez que je n'avais pas reçu celle de Votre Seigneurie, lorsque mon épître est partie hier et que j'ignorais que vous eussiez dormi en songe avec le duc de Monmouth, qui, lorsqu'il perdit la tête, n'avait jamais rêvé que vous dussiez la remplacer par celle de son cousin[1], c'est là une tête que je n'ai certainement jamais recommandée ni vantée à personne.

[1] Allusion au duc de Grafton, premier mari de lady Ossory, et dont l'aïeul, comme le duc de Monmouth décapité sous Jacques II, était fils naturel de Charles II.

LXXXI

A LA MÊME

Paris, le 16 septembre 1775.

J'ai été interrompu l'autre jour, madame, et je n'ai pas eu un moment depuis pour finir ma réponse, car ne rentrant que le matin, je ne me lève que le soir. M. Crawford est arrivé — *quoiqu'il* eût promis de venir — pour se faire pardonner de n'avoir pas tenu un seul de ses engagements. Sur son chemin, il est allé pour voir les du Châtelet, mais dans une province où ils ne demeurent pas ; il a déjà changé de logement ici et il ne se plait pas dans celui qu'il a pris. Quand il est passé par Bruxelles, sir *quelque chose* Gordon, notre ministre, venait de crever d'un coup de fusil les deux yeux au fils du duc d'Aremberg, mais des lettres nous ont annoncé depuis qu'il en avait recouvré un.

Je vous prie, madame, d'assurer la duchesse de Marlborough que je suis extrêmement flatté de son invitation et que je m'y rendrai certainement. Je n'en aurai pas l'occasion aussitôt que je l'aurais voulu, ayant promis de rester ici jusqu'au dix du mois prochain ; c'est une promesse dont je me repens déjà, parce que le temps, avec une inconstance tout'anglaise, est passé en un clin d'œil d'une chaleur excessive à un froid cruel et à des déluges de pluie.

La charmante reine est passée de mode ; aussi ne

suis-je plus amoureux d'elle. Comme je n'ai pas vu une autre figure qui fût plus belle qu'une sirène sculptée à la proue d'un vaisseau, mon cœur est toujours vacant... en France, et vous pourrez l'avoir encore, madame, si vous renoncez à rêver au duc de Monmouth ou à n'importe qui de la race du roi Charles. Si vous voyiez combien le roi de France ressemble à l'un d'eux et quelles horribles grimaces il fait, je suis sûr que toute *ma puissance de description* ne parviendrait pas à vous réconcilier avec lui. Monsieur est fort beau, mais pour une raison ou une autre, je doute qu'on devienne jamais amoureux de lui. Le comte d'Artois n'est pas aussi régulièrement beau, mais il a une plus belle taille et ayant déjà fait revivre la maison de Bourbon[1], il se donne une véritable peine pour réconcilier les dames avec la famille. Le duc d'Orléans, qui n'a plus la chance de devenir roi, est en mauvaise santé. Madame de Boufflers nous a dit l'autre soir à souper, *qu'à sa garde-robe il était passé de la graisse !* Je n'avais jamais jusque là entendu parler d'un pareil accident et j'ai été fort aise de voir que c'était le seul dont ce pauvre Crawford, qui était présent, ne pût avoir la fantaisie de se plaindre.

Lady Anne, en comparant son père à maître Corbeau, me remit en mémoire un assez bon conte, mais si vieux que vous le savez sans doute : il s'agit d'une petite fille à qui on dit de réciter ses prières en français et qui y mêlant la Fontaine, commença ainsi : « *Notre père, sur un arbre perché.* » Cette histoire est peut-être bien surannée, mais je n'ai rien de plus neuf, sinon que je suis tenté

---

[1] Louis-Antoine, duc d'Angoulême, était né à Versailles, cette même année 1775.

de rester pour la vente de Mariette, qui, dit-on, doit avoir lieu au mois de novembre. Je n'ai pas eu un mot de nouvelles d'Angleterre depuis que je suis ici, mes rares correspondants étant à la campagne, comme Votre Seigneurie.

Grâce à Dieu, vous ne pourrez pas vanter cette lettre, madame ; j'espère qu'elle est assez bête pour passer avec impunité ; quelle belle occasion j'aurais là si je voulais me torturer l'esprit pour rester dans un rôle ! Mais personne ne me prendra jamais à cela.

21 septembre.

Lord Duncannon n'est pas parti ! ma lettre est restée là et elle sent déjà le moisi, mais comme j'ai une occasion pour l'envoyer demain et que je n'ai pas le temps d'en écrire une autre, il faut qu'elle parte *avancée* comme elle l'est.

LXXXII

A GEORGE SELWYN, ESQ.

Paris, 16 septembre 1775.

Madame Du Deffand aurait été bien plus satisfaite de votre message que je lui ai communiqué immédiatement, si elle avait eu plus de foi en lui : et pourtant, lorsque

Crawford et moi nous allons si souvent chez elle, comment peut-elle douter de sa puissance d'attraction? Elle mérite encore plus que jamais, si c'est possible, qu'on lui rende visite! Je suis si loin de rougir de venir ici à mon âge, que je me trouve plus de sagesse qu'à l'un des mages, quand je me mets en route pour adorer cette étoile de l'Orient. Ladite étoile et moi nous sommes allés hier soir à l'Opéra, et en revenant de chez madame de la Vallière, à une heure du matin, elle voulait se faire mener à travers la ville, parce qu'il était trop tôt pour se coucher! Assurément vous et moi nous avons consacré notre déclin à des occupations bien différentes : vous soignez une petite fille de quatre ans et je me débauche avec une vieille femme de quatre-vingts! *N'importe!* je connais quantité de sages qui se donnent toutes les peines du monde, pour passer leur temps beaucoup moins agréablement.

Nous subissons tous les deux une bien cruelle mortification; n'êtes-vous pas de mon avis? Une arrière-petite-fille de madame de Sévigné [1] prétend, car ce n'est pas certain, qu'elle a été mise à mal par le vieux Richelieu, et la moitié du monde croit que si elle est coupable, c'est de mensonge. Les mémoires de part et d'autre sont

---

[1] Julie de Villeneuve de Vence, présidente de Saint-Vincent, arrière-petite-fille de madame de Grignan. Ce fut un procès d'autant plus scandaleux qu'il s'y mêlait une question d'argent. Les Mémoires de Bachaumont rapportent à ce sujet une assez bonne réponse faite par la dame au séducteur hors d'âge (le maréchal allait alors avoir quatre-vingts ans.) « A la confrontation, M. de Richelieu, s'obstinant à nier qu'il eût jamais fait de billet de cent mille écus, lui dit avec amertume : « Mais, madame, regardez donc votre figure, cela se payerait-il une somme aussi exorbitante? — Je n'ai pas cette présomption, répliqua la présidente, mais vous, monsieur le maréchal, considérez la vôtre et voyez s'il faut moins que cela pour la faire passer? » Tome II, page 70.

presque aussi volumineux que ceux de M. de Guines [1] et on en annonce encore bien d'autres.

Vous aurez quelques portraits gravés de la famille royale. En fait de mode pour les habits, les meubles et les curiosités, je n'ai rien vu de nouveau. Les plumes tendent à disparaître et elles ne sont plus guère portées que par les *filles* et par les étrangères. A l'Opéra, hier soir, j'ai reconnu une Anglaise au déluge de plumes qui l'ombrageaient et à son absence de rouge, tant nos compatriotes tiennent à faire étalage de leurs vertus !

Je ne vous parle pas des règlements ni des réformes de M. Turgot, parce que vous ne vous souciez guère plus de sa *patrie* que de la vôtre, mais je veux vous dire un bon mot de madame Du Deffand. M. Turgot ayant ébauché bien des réformes et les ayant rétractées, elle a dit : « *Dans le bon vieux temps, on reculait pour mieux sauter, au lieu que M. Turgot saute pour mieux reculer.* »

Il y a beaucoup d'Anglais ici et il en viendra encore bien d'autres, mais je ne suis pas à Paris pour faire des connaissances de cette espèce. Madame Du Deffand a comblé ses vides et me fournit assez de nouveautés françaises. Vous seriez enchanté de l'une d'entre elles, madame de Marchais [2] ; elle n'est pas parfaitement jeune,

---

[1] Le comte de Guines, ambassadeur de France en Angleterre, avait été rappelé à cause d'un procès motivé par les accusations de son secrétaire nommé Tort. Ce dernier, au courant de toutes les affaires, avait spéculé sur les fonds anglais en connaissance de cause. Poursuivi pour ce fait, il prétendit n'avoir agi que d'après les ordres de l'ambassadeur, qui eut toutes les peines du monde à s'en disculper. Il obtint enfin gain de cause, par le crédit de la reine, ainsi que le titre de duc qu'il sollicitait depuis longtemps.

[2] Nous pouvons mettre en pendant le croquis que madame Du Deffand nous a donné d'elle : « Ne voudriez-vous point avoir son portrait, vêtue comme elle était hier, en Polonaise, galonnée d'argent, toute prête à danser sur la corde? Oh! c'est une bonne femme, mais bien ridicule et l'on en

elle a la figure d'un colporteur juif, sa personne a quatre pieds de haut, sa tête en a à peu près six, et sa *coiffure* dix. Son front, son menton et son cou sont plus blancs que ceux d'un meunier et elle porte plus de guirlandes de fleurs naturelles que toutes les *figurantes* de l'Opéra ; son éloquence est encore plus abondante et ses *attentions exubérantes*. Elle parle des volumes, elle écrit des in-folios, en *billets* bien entendu ; elle préside l'*Académie*, elle inspire des passions et elle n'a pas assez de temps pour guérir le quart des blessures qu'elle fait ! Elle a une maison dans une coquille de noix, qui est plus pleine d'inventions qu'un conte de fée : son lit est au milieu de la chambre, parce qu'il n'y a pas un autre endroit, où il puisse tenir et il est entouré d'une telle perspective de glaces, que, de la première antichambre, vous pouvez voir tout ce qui s'y passe. Vous verrez tout cela, si vous venez au printemps, ce que vous ne ferez pas à moins d'emmener *Mimie et Raton* et un ou deux des enfants de lord Carlisle : ce ne sera pas du reste sans danger, car madame Du Deffand a un chien favori, qui leur dévorera le nez et qui a failli l'autre soir arracher un œil à lady Barrymore.

Adieu ! je vous verrai, vers le milieu d'octobre, le 21.

Votre, etc.

---

est amoureux, cela est ineffable ! Je la mettrai sur un écran, comme on y met l'Afrique et l'Amérique, et au bas de sa figure : *Esquisse du goût du règne de Louis XVI.* » — *Correspondance complète* de madame Du Deffand. T. II, p. 514.

LXXXIII

A LA COMTESSE D'OSSORY

Avez-vous lu les deux Éloges[1]?—Ah! mon Dieu, le petit Cossé est mort, c'est une désolation!—M. de Clermont qui vient de perdre sa femme! — Hé bien! madame, et M. Chambonneau qui doit reprendre la sienne; mais c'est affreux! — A propos, on dit qu'on vient de nommer deux dames à madame Élisabeth: Si je le sais!—Bon; ne voilà-t-il pas que je viens de me faire écrire chez madame de Roncherolles! — Soupez-vous par hasard chez madame de la Reynière[2]?

Telle est, madame, la quintessence de l'état actuel de Paris, le 9 septembre 1775, à midi moins un quart, et si vous recevez ma lettre d'ici à huit jours, vous pourrez vous vanter d'avoir les nouvelles les plus fraîches et les plus à la mode de ce qui s'est dit à huit heures et demie, dans l'une des premières maisons de cette capitale. Ce n'est pas que Votre Seigneurie ait beaucoup de droits à ma ponctualité, car voilà aujourd'hui trois semaines que je suis ici et vous ne vous êtes pas plus occupée de moi que si j'étais en Sibérie, ou que je fusse hors de mode, au lieu d'y être en plein. Rappelez-vous, madame,

---

[1] Ceux du maréchal de Catinat.

[2] Née de Jarente et sœur de l'évêque d'Orléans. Madame Du Deffand écrivait à W. lpole, le 25 octobre 1775 : « Je soupai hier chez madame de la Reynière, à qui je dis que vous la trouviez la plus belle femme de France; en conséquence, elle vous croit l'homme du plus grand mérite; elle est au désespoir de votre départ... »

Tout cet alinéa est en français dans le texte original.

que je ne suis plus sous votre juridiction et que *mon cœur est assailli comme Cythère assiégée* [1], le sujet du présent opéra. Mon Dieu! comme je pourrais être fat si je voulais! Madame de Boufflers m'a dit hier au soir que j'avais fait la *conquête* de sa belle-fille la comtesse Amélie [2] : je vais ce soir prendre le thé avec elle sous un *bosquet de plumes* dans le jardin anglais de sa mère à Auteuil, et je dois souper à Saint-Ouen avec madame Necker, qui, au dire de tous, a montré plus de condescendance pour moi, que pour aucun *bel esprit ou philosophe*, depuis le temps de David Hume. Il est vrai que je me suis fait du tort en parlant avec un peu d'irrévérence de M. Thomas et en riant, lorsqu'elle m'a dit que Bossuet et les écrivains de l'époque de Louis XIV n'avaient fait que creuser les canaux de l'éloquence, dont les auteurs du temps présent avaient fait un bassin parfait [3]. J'ai toujours le

---

[1] Un des opéras de Gluck.

[2] C'était la duchesse de Lauzun, qui devint duchesse de Biron en 1788, après la mort du maréchal, oncle de son mari. J.-J. Rousseau a dit d'elle : « Amélie de Boufflers a une figure, une douceur, une timidité de vierge : rien de plus aimable et de plus intéressant que sa figure : rien de plus tendre et de plus chaste que les sentiments qu'elle inspire. »

[3] On retrouve dans cette étrange appréciation les deux défauts que Sainte-Beuve reproche à cette femme, d'ailleurs si pleine d'intelligence et d'instruction : l'incertitude du goût et la manie des comparaisons, souvent mal appliquées. « En matière de goût, dit-il, madame Necker, peu sûre d'elle-même et ne jugeant que par réflexion, ainsi qu'il est ordinaire aux personnes qui ont passé leur jeunesse hors de Paris, crut en y arrivant, qu'il n'y avait sur ce point qu'à prendre des leçons, comme pour tout le reste... » et plus loin, il ajoute : « A tout moment reviennent sous sa plume des comparaisons, qui, loin d'expliquer sa pensée déjà obscure et énigmatique par elle-même, ont pour effet de l'obscurcir davantage : le peu de rayon qu'on y entrevoyait s'évanouit. » *Causeries du lundi*, t. IV, p. 195 et 196.

« Madame Necker professait pour Thomas, rhéteur boursouflé et écrivain plus que médiocre, un véritable culte, dit le duc de Lévis, et les amis de cette dame, quel que fût leur rang, étaient réduits à l'humble condition de ses adorateurs. *Souvenirs e. portraits*, p. 87.

talent de renverser le seau de ma fortune par quelque indiscrétion ! Mais vraiment ce sont des gens charmants, que je ne puis me résoudre à quitter encore. En Angleterre, je m'imaginais approcher terriblement de soixante ans, mais c'est si anglais de vieillir ! Les Français sont des *Strulbrugs* perfectionnés ; passé quatre-vingt-dix ans, on n'a plus ni caducité, ni maladie et l'on s'élance dans une nouvelle carrière. Madame Du Deffand et moi nous sommes partis, dimanche dernier, à sept heures du soir ; nous avons fait quinze milles pour aller à un bal et nous en sommes revenus après souper. Une autre nuit, en me ramenant chez moi, comme il n'était qu'une heure du matin, elle a donné l'ordre à son cocher de faire le tour des quais et d'aller doucement, tant il était de bonne heure !

Croyez-vous, madame, que j'aurai la goutte en revenant chez moi, quand je me sens aussi jeune que Nestor, au moment où sonnait son second siècle ? Ces braves gens poussent l'illusion de la vie jusqu'au dernier moment ! Un gentilhomme se mourait : sa femme envoya chercher le notaire pour qu'il pût faire son testament ; lorsqu'il fut terminé, de peur que le pauvre homme ne voulût y ajouter un codicille pour des legs d'affection, on s'installa à souper auprès de son lit. Le notaire, *tout plein d'attentions*, se versa une rasade et s'écria : « Madame, *à la santé de notre aimable agonisant !* »

Dites, je vous en prie, madame, à lord Ossory qu'il ne reconnaîtrait pas Paris, tant il a gagné en monuments et en belle architecture. L'hôtel de la Monnaie sur le quai est fort beau, l'École-Militaire serait magnifique, si les colonnes étaient aussi courtes qu'elles sont longues ;

je n'ai pas encore eu le temps de voir l'École de chirurgie, qu'on dit aussi très-remarquable, ni le portail de Sainte-Geneviève, ni l'hôtel du Châtelet, ni la *petite maison* de la princesse de Monaco. Il y a vingt nouvelles rues qui sont charmantes, avec des arcades et des jardins. L'hôtel de madame de Mirepoix, où j'ai soupé hier soir, est délicieux ; il est situé sur le vieux boulevard, dont les arbres ombragent les fenêtres, avec la perspective d'une rue en face[1]. La *salle à manger* est toute en stuc merveilleusement poli et imitant le marbre blanc, avec des panneaux de *vert antique*. Le grand *cabinet* est rond, tout blanc, or et glaces, avec des rideaux en festons de soie *flambée* et éclairé par quatre branches de lis en *or moulu;* chacune de ces branches est aussi déliée et aussi gracieuse que celle que le Guide a mise à la main de l'ange dans la *Salutation* aux Carmélites, qu'on vient, hélas ! de repeindre, comme on est en train de le faire pour tout le cloître de la Chartreuse. Pendant le souper, toutes les fenêtres étaient ouvertes, et la musique des *gardes du roi* jouait pour notre agrément, tandis que Votre Seigneurie, je le présume, se penchait sur son feu. Il a toujours fait très-chaud depuis que je suis ici, mais à partir de ces cinq derniers jours, c'est la zone torride et les éclairs sont aussi bon marché que la poudre à canon.

Nous attendons M. Crawford. Je vous en prie, ne l'envoyez pas chercher au parlement. Vous pouvez me donner les nouvelles que vous avez, j'ai la prétention de m'en soucier, autant qu'on se préoccupe *des nouvelles de pro*

---

[1] L'entrée de l'hôtel était dans la rue Bergère, au faubourg Montmartre.

vince. Je deviens impertinent, madame, mais au fond c'est parce que je vous en veux un peu de n'avoir pas entendu parler de vous.

LXXXIV

A LA MÊME

Paris, 3 octobre 1775.

Faites couper des branches de palmier, madame, pour joncher mon chemin, car j'arrive. Le tentateur m'a enlevé sur une montagne : il m'a montré toute la collection des gravures et des dessins de Mariette, qui doivent être vendus au mois de novembre et il m'a offert de choisir parmi ces richesses, si je voulais rester. J'ai résisté[1] et je mets ma continence bien au-dessus de celle de Scipion, car il pouvait avoir cinquante autres femmes, mais où trouver un autre cabinet plein de Raphaëls, de Cor-

---

[1] Walpole se vante et sa vertu ne sut pas tenir contre la tentation. Il laissa en partant plusieurs commissions pour cette vente, bien capable du reste d'exciter la convoitise des amateurs d'alors. Le catalogue, qui forme un vol. in-8° de 418 pages, renferme en trois séries 1,491 numéros : tableaux, terres cuites, bronzes, estampes en feuilles et en recueils, etc., etc. Voici comment Walpole annonçait à lady Ossory, le 20 décembre 1775, le résultat de ses enchères par procuration : « Je suis grandement préoccupé de la vente de Mariette, où j'ai eu la bonne chance de me ruiner. J'ai madame d'Olonne (nous avons déjà parlé de ce portrait), qui, au dire de madame Du Deffand, me coûte plus cher que de son vivant elle n'a coûté à aucun de ses amants. Item : un petit buste en terre cuite de la femme de Nicolas Poussin exécuté par lui-même et un livre de portraits du temps de François Ier et de Henri II, ayant appartenu à Brantôme qui en a écrit les noms. Parmi eux se trouve celui de Diane de Valentinois. Ce qu'il y a d'assez curieux, c'est que madame d'Olonne est aussi *en Diane.* Quelques jours

règes, de Parmesans et de Michel-Anges? De plus, la vertu était de *bon ton* dans toutes les *ruelles* de Rome et ce n'était pas *savoir vivre* que d'avoir les sentiments d'un homme ; ma continence est unique dans son genre : quel autre que moi sait réprimer une passion quelconque ou résister à une tentation? Trois monarques n'ont-ils pas bondi sur la Pologne, dès que le diable la leur a désignée d'un trait de feu? Est-ce *chez nous* que j'ai appris le désintéressement? Mais je serai juste et j'avouerai que peut-être je me suis gâté ici. *C'est le règne* de la vertu et je me sauve de peur qu'on ne me croie francisé, si je reviens avec quelques principes. MM. Turgot et de Malesherbes forment tous les jours de nouveaux plans pour modérer la monarchie et adoucir le sort du peuple : non-seulement le roi les écoute, mais il les encourage. Les *philosophes* disent à qui veut l'entendre que notre époque est éclairée, mais ne répétez pas cela, madame! On se moquerait de moi en Angleterre, où nous sommes plus sages et où nous avons adopté toutes les idées que les Français sont assez sots pour abandonner.

Les choses ne sont pourtant pas parfaitement fixées ici, à ce qu'il me semble : il y a deux partis en présence et si l'un des deux triomphait, *dame Vertu* pourrait bien retourner à ses haillons. La charmante reine s'emploie activement à réinstaller M. de Choiseul, et dans ce cas,

---

avant la vente, le roi de France avait offert 300,000 livres de toute la collection; on les a refusées et la vente n'a pas produit autant, quoique le commissaire-priseur, qui m'écrit, me dise que tout a été vendu le triple de sa valeur. Imaginez, madame, avec quelle impatience j'attends l'arrivée de mes vieilles concubines ! »

Walpole se trompe en disant que la vente était restée au-dessous de 300,000 livres. Elle en avait produit 350,000.

madame la Gloire brillerait de tout son *éclat*. Si Monsieur avec Madame, qui est une rusée Italienne, prenaient de l'ascendant, la princesse de Marsan, l'ancienne gouvernante de Monsieur, ramènerait les jésuites, la persécution, l'Église et le diable sait quoi ! tout enfin, sauf une madame du Barry, qui devra attendre le règne du comte d'Artois, tant qu'il ne se passera pas de vilaines affaires dans ce pays-ci.

Je vais ce soir à la Comédie italienne avec madame de Mirepoix, pour voir une nouvelle pièce, intitulée : *la Réduction de Paris*[1]. Je n'ai pas d'idée de ce que cela peut être, mais j'aurai le temps de vous le dire, avant de fermer ma lettre. Ma chère vieille femme a été dangereusement malade, ce qui m'a tenu enfermé plus de dix jours. Je l'ai menée hier sur le nouveau boulevard[2] prendre l'air pour la première fois, et j'ai eu toutes les peines du monde à l'empêcher d'aller souper ce soir à la campagne.

Ce pauvre M. Crawford est dans son lit avec la goutte, mais je crois que ce ne sera pas long, car, en dépit de tous mes bons conseils, il a mandé un empirique fort en vogue, qui lui a appliqué un emplâtre sur le pied et lui a enlevé la douleur en une nuit. Il avait consulté le vieux duc de Brancas qui en était perclus et qui lui a assuré qu'il se trouvait déjà en état de danser un menuet. N'ayant aucune envie de danser, je n'aurai pas recours à ce charlatan, quand même il ne tuerait pas Crawford. A vrai dire, c'est et ce sera toujours un être si malheureux, que, si je

---

[1] Drame en trois actes de M. de Rosoy, musique de M. Bianchi.
[2] On appelait alors nouveau boulevard, celui qui s'étendait du Jardin des Plantes à la barrière d'Italie.

n'avais pas autant d'affection pour lui, je me ferais scrupule de le dissuader de quoi que ce soit ; mais il a une si réelle valeur et tant de bon sens que je le prêche toute la journée, sans attendre du reste aucun fruit de mes sermons. Madame Du Deffand prétend qu'on ne peut jamais être que ce qu'on est en naissant ; c'est là un grand affront pour moi qui ai la prétention de m'être excessivement amélioré. Elle est tellement l'esclave de sa thèse qu'elle dit et fait tout ce qui lui passe par la tête : j'ai employé le vert et le sec pour l'empêcher de me chuchoter à l'oreille en société, et j'ai si bien réussi qu'avant hier soir, croyant que c'était moi qui me trouvais son voisin, elle s'est mise à parler bas à l'évêque de Mirepoix sur le compte d'une dame de la compagnie, qui était assise tout à côté d'elle et qui remarqua sa méprise. Vous ne le croirez peut-être pas, madame, mais on me considère ici comme une merveille de prudence et de discrétion. Si ! vous le croirez, car je me rappelle que Votre Seigneurie m'a reproché quelquefois ces qualités. Si je les possède, il m'est prouvé que je ne suis plus tel que j'étais né ; les relations peu sûres corrigent les *mauvaises* habitudes.

Je vais maintenant vous citer l'Écriture sainte, en vous racontant une histoire de madame Du Deffand. Un digne et vieux gentilhomme, qui était malade, se faisait lire la Bible par son laquais. Malheureusement cet homme ne savait pas lire ou du moins il lisait mal ; aussi voilà la première phrase qu'il prononça : « *Dieu apparut à Abimélech en singe. — Comment donc, butor, que dis-tu là ? — Mais, monsieur, je dis que Dieu apparut à Abimélech en singe. — Dieu apparut en singe ! — Eh bien, oui, monsieur, est-ce que Dieu ne peut pas prendre telle forme qu'il lui plaît?* » Je vous en prie, madame, faites remarquer à lady Anne combien la vraie piété peut tirer d'édification de la bouche d'un pauvre laquais.

J'ai bien encore un autre conte très-moral à l'usage de lady Anne, mais il est trop long pour une lettre. J'espère la trouver en danger d'avoir un frère. Vous savez que je suis tellement furieux contre sa sœur, que je ne sais même pas son nom et que je la regarde à la manière d'un laquais d'ici, qu'on avait envoyé savoir des nouvelles d'une dame, qui venait d'accoucher : on lui demanda au retour de quel sexe était l'enfant : « *Je ne sais pas,* répondit-il ; *je sais que ce n'est pas un garçon.* »

P. S. — Grande nouvelle! quoiqu'elle ne soit pas encore mûre. M. de Choiseul est arrivé subitement à Paris; on dit qu'il repart samedi, mais ses amis paraissent pleins d'espoir, et, comme la reine a fait récemment quelques actes d'autorité, que madame de Marsan s'est retirée sans pension, le pacte de famille... mais peut-être Votre Seigneurie aimera-t-elle mieux entendre parler de *la Réduction de Paris?* C'est un opéra-comique, mais à peu près aussi lugubre que George Barnvelt : Henri IV ne fait que réciter des maximes et des sentences ; à la première scène paraît une dame, le casque en tête, avec une lance, un bouclier et une jambe nue. J'en avais conclu que c'était Jeanne d'Arc, mais il a été prouvé que c'était une dame de Châtillon, qui chante un air pour persuader à Sa Majesté de faire passer tout le monde au fil de l'épée, et le *brave* La Noue en chante un autre sur la *Loi fondamentale*. Bref, la nation s'est précipitée la tête la première dans un tel salmigondis de philosophie en musique et d'éloquence, accommodée à toutes les sauces, que toutes les productions d'ici sont des monstres de pédanterie. Je n'ai pas encore rencontré une seule page qui méritât de vous être rapportée. L'Académie de Marseille a donné pour son prochain sujet : l'*Éloge de madame de Sévigné*. Combien cette chère âme frémirait si elle le savait! Adieu! madame, et adieu! Paris.

LXXXV

A L'HONORABLE H. S. CONWAY[1]

Paris, 6 octobre 1775.

Voici quelque chose comme un mois que je ne vous ai écrit, mais depuis ce temps là, j'ai été bien agité et je le suis encore. Madame Du Deffand a été si malade que, le jour où elle s'est trouvée prise, je ne croyais pas qu'elle pût aller jusqu'à la nuit. Sa *faiblesse herculéenne*, qui n'avait pu résister aux fraises et à la crème après souper, a surmonté tous *les hauts* et *les bas* qui ont suivi cet excès : mais son impatience de courir et d'agir a provoqué une espèce de rechute, accompagnée de vertiges, de sorte que je ne suis pas tout à fait rassuré sur son compte. On ne lui permet aucune nourriture pour se refaire et elle mourra d'inanition, si on ne la soutient pas. Elle ne peut soulever sa tête de l'oreiller, sans avoir des *étourdissements*, et pourtant son esprit galope plus vite

---

[1] Cette lettre a déjà paru en partie dans les *Lettres* de madame Du Deffand, t. III, p. 208. Édition de 1824.

que tout autre et ses reparties vont le même train. Elle a ce soir un grand souper pour le duc de Choiseul et elle s'est mise hier à ce sujet dans une telle colère contre son cuisinier, que Tonton est entré dans une rage effroyable et que *mesdames de Saint-Joseph* ont cru que le diable ou les philosophes emportaient leur couvent! Comme je l'ai à peine quittée, je ne me trouve avoir rien à vous dire. Si elle va bien, comme je l'espère, je partirai le 12; mais je ne puis l'abandonner, tant qu'il y aura le moindre danger, quoiqu'il y en ait beaucoup pour moi à rester plus longtemps. J'ai passé de si mauvaises heures avec ma *malade*, que j'ai eu quelques alarmes de goutte : le mauvais temps, de pires auberges et un voyage en plein hiver ne me conviendraient nullement.

Les éventails sont arrivés au bon moment; on les lui a ouverts immédiatement sur son lit. Elle a tâté tous les montures et on lui a fait la description de chaque feuille. Elle était pleine de satisfaction et de reconnaissance et elle m'a adjuré de lui rendre toute justice près de lady Aylesbury et de Mrs. Damer.

Je ne sais de ma *chère patrie* que ce que j'ai lu dans le *London Chronicle* : il m'apprend que les habitants des villes de commerce sollicitent *des lettres de noblesse*, c'est-à-dire qu'en priant le roi de supprimer le commerce, ils pourront tous vivre en *gentlemen*. Ici l'agriculture, l'économie, les réformes, la philosophie sont de *bon ton*, même à la cour. Les deux nations semblent avoir fait un chassé-croisé, mais comme les gens qui copient prennent le mauvais avec le bon, aussi bien que le bon avec le mauvais, il y a eu ici hier une grande course de chevaux dans la plaine des Sablons, entre le comte d'Artois, le duc de Chartres, M. de Conflans[1] et le duc de Lauzun[2]. Ce dernier a gagné par l'habileté d'un petit jockey anglais, qui est tellement à la mode à présent, que je ne sais si l'Académie ne le donnera pas pour sujet d'un *Éloge*.

Le duc de Choiseul est ici, je vous l'ai dit, et comme il a ajourné son départ pour la seconde fois, *cela fait beaucoup de bruit*. Je ne serais nullement surpris, s'il reprenait les *rênes*, il a déjà pour lui la *reine;* pardonnez-moi ce jeu de mots! MM. Turgot et de Malesherbes sont certainement ébranlés, mais je ne vous en dirai pas davantage avant de vous voir, quoique cette lettre vous soit portée par une main *particulière;* mais elle est si *particulière*, que je ne la connais pas du tout : c'est celle d'un marchand anglais qui loge dans cet hôtel et que je n'ai même pas vu. Qui sait? ce sera peut-être moi qui vous apporterai des nouvelles de ma lettre. Je me flatte que le bras de lady Aylesbury a repris toute sa force et son adresse ordinaire.

[1] « Le marquis de Conflans, fils du maréchal d'Armentières, est le seul homme singulier que j'aie vu en France, où la folie est assez commune, mais où la singularité est rare. Il ne disait rien, ne faisait rien comme un autre et cependant il n'était jamais ridicule. » Duc de Lévis, *Souvenirs et portraits.*

[2] « Le jockey du duc de Lauzun a gagné très-lestement le prix, ou, pour mieux dire, la poule, qui n'était que de 25 louis par tête de coureur. Le cheval vainqueur est bas-normand : la course a commencé vers une heure ; elle a été vive et n'a pas duré plus de six minutes, quoique le terrain parcouru fût très-considérable, puisque c'était trois fois le tour de la plaine des Sablons. On avait élevé dans le milieu un belvédère pour la reine, qui était belle comme le jour, et le jour était charmant. Elle a pris le plus grand plaisir à ce spectacle, s'est fait présenter le petit Anglais qui montait le cheval victorieux, a félicité le duc de Lauzun et consolé les vaincus avec une grâce infinie. En un mot, elle n'a manqué à rien de ce qu'il faut faire pour être parfaitement aimable. Toute la cour et toute la ville se sont trouvées à cette course comme de raison. » *Correspondance secrète* t. II, p. 183.

Madame Du Deffand dit que je vous aime plus que tout au monde. Si c'est vrai, j'espère que vous n'aurez pas moins de pénétration qu'elle; dans le cas où vous ne l'auriez pas ou que ce ne soit pas vrai, à quoi me serviraient les protestations? aussi je laisse la question en suspens. Adieu!

Madame Du Deffand était tout à fait bien hier. C'est à près d'une heure du matin que j'ai laissé le duc de Choiseul, la duchesse de Gramont, le prince et la princesse de Beauvau, la princesse de Poix[1], la maréchale de Luxembourg, la duchesse de Lauzun, les ducs de Gontaut[2] et de Chabot, et Caraccioli[3], rangés autour de sa *chaise longue*, et je vous assure qu'elle ne jouait pas là un rôle de personnage muet. Je n'ai pas encore appris comment elle a dormi, mais il faut que j'envoie ma lettre à l'instant; il faut aussi que je m'habille pour dîner avec M. de Malesherbes chez madame de Villegagnon. J'aurai un terrible besoin de repos, après toute cette vie de société; oui, mon intention est d'aller désormais fort peu dans le monde, parce que je n'admire nullement la méthode française de brûler en public la chandelle jusqu'au bout. Dites à

---

[1] Fille du prince de Beauvau.
[2] Le duc de Gontaut, frère du maréchal de Biron et père du duc de Lauzun. Il avait épousé, en 1744, Antoinette-Eustochie Crozat du Châtel, sœur de la duchesse de Choiseul.
[3] Le marquis Caraccioli était ambassadeur de Naples à Paris, après l'avoir été à Londres. « On n'a jamais été plus animé et plus brillant que cet Italien : il avait de l'esprit comme quatre, faisait des gestes comme huit et du bruit comme vingt. Il plaisait beaucoup à Paris et dans la société, où il était fort aimé. Lorsqu'il fut nommé à la vice-royauté de Sicile, le roi Louis XVI, dont il prit congé, lui dit : « Monsieur l'ambassadeur, je vous fais mon compliment : vous allez occuper une des plus belles places de l'Europe. — Ah! sire, répondit tristement Caraccioli, la plus belle place de l'Europe est celle que je quitte : c'est la place Vendôme. » Duc de Lévis, *Souvenirs et portraits*

Mrs. Damer que la mode est maintenant de relever *le toupet* en une touffe de cheveux, qui se détache en hauteur comme la crête d'un cacatoës; ce *toupet* s'appelle la *physionomie*; pourquoi? je n'en sais rien.

Mon laquais revient de Saint-Joseph et dit que Marie de Vichy [1] a passé une très-bonne nuit et qu'elle est tout à fait bien. *Philippe* [2] *! que ma chaise soit prête pour jeudi* [3].

LXXXVI

A SIR HORACE MANN

Paris, 10 octobre 1775.

Je suis encore ici, mais sous voiles. Votre réponse m'a été renvoyée d'Angleterre, parce que je suis resté à flâner ici plus longtemps que je ne voulais et, à vrai dire, par suite d'une indisposition d'esprit. Je n'ai aucune impatience de me retrouver dans un pays frénétique, qui se saigne lui-même des quatre veines. Le délire dure toujours, entretenu, je le pense, par les charlatans qui l'ont

[1] Madame Du Deffand.
[2] Le valet de chambre de Walpole.
[3] Walpole partit le 12, et le soir même, madame Du Deffand lui écrivait ce billet touchant : « Adieu ! ce mot est bien triste; souvenez-vous que vous laissez ici la personne dont vous êtes le plus aimé et dont le bonheur et le malheur consistent dans ce que vous pensez pour elle. Donnez-moi de vos nouvelles le plus tôt qu'il sera possible. Je me porte bien, j'ai un peu dormi, ma nuit n'est pas finie : je serai très-exacte au régime et j'aurai soin de moi, puisque vous vous y intéressez. » Cette séparation fut la dernière, on sait qu'elle mourut en septembre 1780.

occasionné. Est-il croyable que cinq ou six des grandes villes de commerce aient présenté des adresses contre les Américains? Je ne doute pas que ces adresses n'aient été mises en avant par ces nigauds de gentilshommes campagnards, leurs membres du parlement, et achetées aux aldermen ; mais n'est-il pas surprenant que des marchands et des manufacturiers n'aient pas jeté de pareils outils dans l'abreuvoir? Quand l'orage retombera-t-il sur ceux qui l'ont causé? C'est ce que j'ignore, mais ce sera probablement terrible, quoique tardif. Redeviendrons-nous jamais ce que nous avons été? D'autres puissances qui restent tranquilles et sages, en nous laissant faire le plongeon par-dessus les oreilles, s'alarmeront peut-être de ce qu'on leur écrit d'Angleterre, que nous allons acheter vingt mille assassins russes au prix de la Géorgie ; combien doit être cher le jeu que nous jouons, puisque pour le soutenir nous risquons de laisser s'établir une nouvelle puissance maritime et s'agrandir ce trône envahissant qui menace la moitié de l'Europe ! Tout cela pour le plaisir d'enchaîner nos propres frères ! Quelle hideuse politique ! Si les Américains, comme le disent nos journaux, sont sur le point de prendre le Canada[1], je présume que la France ne restera pas longtemps neutre, pouvant renouer son commerce de fourrures avec les Canadiens ou obtenir le Canada des Américains : ce que nous pouvons perdre est incalculable! Notre cour a mis tout son enjeu sur le despotisme et la nation qui doit y perdre, quel que soit le côté victorieux, a pris parti contre les Américains, qui

---

[1] Il s'agit ici de l'expédition dirigée contre le Canada par les généraux américains Montgommery et Arnold, et qui, après avoir pris Ticonderoga et Montréal, échoua devant Québec.

combattent pour elle aussi bien que pour eux-mêmes !
Quelles ténèbres d'Égypte !

Ce pays-ci est bien plus heureux ; il est gouverné par
des hommes qui veulent le bien et le font, sous un prince
qui n'a pas encore commis une faute et qui sera aussi
heureux que son peuple, s'il emploie toujours de pareils
hommes. MM. Turgot et de Malesherbes sont des philosophes dans toute l'acception du mot, c'est-à-dire des
législateurs, mais comme leurs plans ont pour but l'uti-
lité publique, vous pouvez être sûr qu'ils ne satisferont
pas les intérêts individuels. Les Français sont légers et
volages, et les ambitieux, qui n'ont pas d'autre arme
contre les honnêtes gens que le ridicule, l'emploient
déjà pour faire rire une nation frivole aux dépens de ses
bienfaiteurs. S'il est de mode d'en rire, les lois de la
mode seront mieux suivies que celle du bon sens.

Un grand emploi vient de devenir vacant : le maréchal de Muy, *secrétaire d'État pour la guerre*, est mort
hier après avoir été taillé la veille pour la pierre.
L'opération a duré trente-cinq siècles, c'est-à-dire trente-
cinq minutes !

Notre parlement se réunit le 26 et je suppose qu'il se
conduira d'une manière aussi infâme que l'année dernière : il ne peut pas faire pis et difficilement aussi mal,
car maintenant il n'agit plus inconsidérément. Plaisanter en votant la guerre civile, c'est le *comble* de l'infamie ! J'espère qu'il présentera de flatteuses adresses sur
nos malheurs et qu'il lèvera des taxes sur ceux qui en ont
admis la nécessité. Si la présente génération devait être
seule punie pour avoir demandé le joug, ce serait pitoyable, mais elle l'aurait déjà sur le cou ! Ne vous étonnez pas

de mon indignation ni de ce que je m'y laisse aller. D'ici, je puis écrire en toute liberté ; d'Angleterre, où il est possible que je trouve l'inquisition, ce ne serait pas prudent : mais jugez de notre situation, lorsqu'un Anglais, pour dire ce qu'il pense, est obligé de venir en France ! J'y reviendrai donc, à moins que les temps ne changent ; j'aimerais mieux vivre dans un pays où le chancelier Maupeou est exilé, que là où il est *chief justice*[1] !

Je ne sais rien de Leurs Altesses Royales le duc et la duchesse de Gloucester; je n'ai point entendu parler d'eux, depuis leur passage par Strasbourg. J'ai écrit deux fois à Venise ; s'ils m'avaient cru en Angleterre et s'ils m'y avaient répondu, j'aurais reçu leurs lettres ici, comme la vôtre, à moins qu'elles n'aient été arrêtées. Je ne puis vous donner aucun conseil, sinon d'être prudent et convenable, comme vous l'êtes toujours ; si vous recevez des ordres, il faut vous y soumettre. Si vous n'en avez pas, vous pourriez montrer quelques attentions, mais sans aller trop loin. Même avec des ordres, vous pourriez témoigner un certain intérêt, mais à votre place je ne me compromettrais pas en écrivant. Mon entraînement peut tourner contre moi-même, mais il ne me fera jamais oublier l'intérêt de mes amis. Adieu !

[1] Allusion à lord Mansfield. William Murray, lord Mansfield, était un des plus éminents jurisconsultes de l'Angleterre. « Comme magistrat, il eut toute la probité compatible avec une âme faible, un caractère timide, un esprit subtil. Un Écossais et un légiste pouvaient difficilement se recommander alors par ces doctrines chères aux amis de la liberté. Par principes, Murray est un tyran, disait Horace Walpole. Il resta du moins fidèle aux principes de la loi anglaise, autant que le lui permit cette flexibilité sophistique que de grandes intelligences contractent quelquefois dans la pratique exclusive de la jurisprudence. » Ch. de Rémusat, *l'Angleterre au dix-huitième siècle*, tome II, page 181.

LXXXVII

A LA COMTESSE D'OSSORY

Arlington-street, 17 octobre 1775.

Oui, princesse, malgré les destins et la chance,
Me voici près de vous revenu de la France [1].

Je n'affirmerai pas, madame, que ces deux vers soient exactement tirés d'une pièce du théâtre français, mais ils ressemblent tellement au *début* d'une foule de leurs tragédies, qu'ils ne me seraient pas venus en tête si je ne me les étais pas rappelés. Qu'ils soient de Racine ou non, ils répondent si bien à ma pensée, que je n'ai pu m'empêcher de les employer, et Votre Seigneurie croira à la sincérité de mes sentiments, quoiqu'ils soient exprimés en vers. Je ne vous citerai pas Virgile, pour rendre les péripéties de mon voyage, car j'ai été beaucoup plus *jactatus terris* que *alto* : les routes étaient affreusement dures et la mer si douce qu'il m'a fallu quinze heures pour passer de Calais à Douvres, le vent s'étant renfermé dans une neutralité absolue. Je suis pourtant ici et comme le dit ma devise : toujours à vous, etc.

[1] Princess, in spite of fortune, fate and chance,
I'm once again return'd to you from France.

FIN.

TABLE DES MATIÈRES

INTRODUCTION. . . . . ⅰ

PREMIER VOYAGE (ANNÉE 1739)

I.	Lettre à Richard West, Esq. Paris 21 avril.	1
II.	— Au même, Paris, sans date.	6
III.	— Au même, Reims, 18 juin.	9
IV.	— Au même, Reims, 20 juillet.	11

DEUXIÈME VOYAGE (ANNÉES 1765 ET 1766)

V.	Lettre à l'honorable H. S. Conway, Amiens, 17 septembre 1765.	15
VI.	— A lady Hervey, Paris, 14 septembre.	20
VII.	— Au révérend William Cole, Paris, 18 septembre..	25
VIII.	— A la comtesse de Suffolk, Paris, 20 septembre...	26
IX.	— A George Montagu, Paris, 22 septembre.	29
X.	— A sir Horace Mann, Paris, 26 septembre.	35
XI.	— A lady Hervey, Paris, 3 octobre.	37
XII.	— A John Chute, Esq. Paris, 3 octobre.	41
XIII.	— A l'honorable H. S. Conway, Paris, 6 octobre. . .	45
XIV.	— A lady Hervey, Paris, 13 octobre.	51
XV.	— A George Montagu, Paris, 16 octobre.	54
XVI.	— A la comtesse de Suffolk, Paris, 16 octobre. . . .	56
XVII.	— A sir Horace Mann, Paris, 16 octobre.	59
XVIII.	— A Thomas Brand, Esq. Paris, 19 octobre.	61
XIX.	— A l'honorable H. S. Conway, Paris, 28 octobre. .	64
XX.	— A sir Horace Mann, Paris, 2 novembre.	66
XXI.	— Au même, Paris, 13 novembre.	70

TABLE DES MATIÈRES.

XXII.	Lettre A Thomas Gray, Paris, 19 novembre.	74
XXIII.	— A Grosvenor Bedford, Esq. Paris, 20 novembre. .	79
XXIV.	— A lady Hervey, Paris, 21 novembre.	80
XXV.	— A George Montagu, Paris, 21 novembre.	85
XXVI.	— A lady Hervey, Paris, 28 novembre.	86
XXVII.	— A l'honorable H. S. Conway, Paris, 29 novembre.	90
XXVIII.	— A sir Horace Mann, Paris, 30 novembre.	93
XXIX.	— A George Selwyn, Paris, 2 décembre.	96
XXX.	— A l'honorable H. S. Conway, Paris, 5 décembre. .	100
XXXI.	— A la comtesse de Suffolk, Paris, 5 décembre. . . .	103
XXXII.	— A lady Hervey, Paris, 2 janvier 1766.	106
XXXIII.	— A sir Horace Mann, Paris, 5 janvier.	109
XXXIV.	— A John Chute, Esq. Paris, 7 janvier.	113
XXXV.	— A lady Hervey, Paris, 11 janvier.	117
XXXVI.	— A l'honorable H. S. Conway, Paris, 12 janvier. .	121
XXXVII.	— A Thomas Gray, Paris, 25 janvier.	125
XXXVIII.	— A lady Hervey, Paris, 3 février.	137
XXXIX.	— A George Montagu, Paris, 4 février.	139
XL.	— A sir Horace Mann, Paris, 9 février.	141
XLI.	— A George Montagu, Paris, 23 février.	145
XLII.	— Au révérend William Cole, Paris, 28 février. . .	146
XLIII.	— A sir Horace Mann, Paris, 29 février.	148
XLIV.	— A George Montagu, Paris, 3 mars.	153
XLV.	— A James Crawford, Paris, 6 mars.	155
XLVI.	— A lady Hervey, Paris, 10 mars.	161
XLVII.	— A George Montagu, Paris, 12 mars.	164
XLVIII.	— Au même, Paris, 21 mars.	165
XLIX.	— A sir Horace Mann, Paris, 21 mars.	167
L.	— A George Montagu, Paris, 3 avril.	170
LI.	— A l'honorable H. S. Conway, Paris, 6 avril. . . .	172
LII.	— Au même, Paris, 8 avril.	175
LIII.	— A sir Horace Mann, Calais, 20 avril.	178
	Extrait des Mémoires d'Horace Walpole sur le règne de George III (année 1766).	181

TROISIÈME VOYAGE (ANNÉE 1767)

LIV.	Lettre à l'honorable H. S. Conway, Paris, 9 septembre. .	190
LV.	— A sir Horace Mann, Paris, 27 septembre.	192

QUATRIÈME VOYAGE (ANNÉE 1769)

LVI.	Lettre à George Montagu, Calais, 18 août.	197
LVII.	— A John Chute, Paris, 30 août.	199

LVIII.	Lettre A George Montagu, Paris, 7 septembre.	202
LIX.	— Au comte de Strafford, Paris, 8 septembre.	206
LX.	— A George Montagu, Paris, 17 septembre.	209
LXI.	— A sir Horace Mann, Calais, 8 octobre.	216

CINQUIÈME VOYAGE (ANNÉE 1771)

LXII.	Lettre à John Chute, Amiens, 9 juillet.	223
LXIII.	— A l'honorable H. S. Conway, Paris, 30 juillet.	225
LXIV.	— A John Chute, Paris, 5 août.	229
LXV.	— A la comtesse d'Ossory, Paris, 11 août.	233
LXVI.	— A l'honorable H. S. Conway, Paris, 11 août.	238
LXVII.	— Au révérend William Cole, Paris, 12 août.	239
LXVIII.	— Au comte de Strafford, Paris, 25 août.	241
LXIX.	— A Mrs Abington, Paris, 1er septembre.	244
	Extrait des Mémoires d'Horace Walpole sur le règne de George III (année 1771).	245

SIXIÈME VOYAGE (ANNÉE 1775)

LXX.	Lettre à l'honorable H. S. Conway, Strawberry-Hill, 28 septembre, 1774.	260
LXXI.	— Au même, Strawberry-Hill, 29 octobre 1774.	265
LXXII.	— Au même, Strawberry-Hill, 12 novembre 1774.	268
LXXIII.	— A la comtesse d'Aylesbury, de l'autre côté de l'eau, 17 août 1775.	274
LXXIV.	— A la comtesse d'Ossory, Roye, 18 août.	276
LXXV.	— A la comtesse d'Aylesbury, Paris, 20 août.	278
LXXVI.	— A la même, Paris, 23 août.	280
LXXVII.	— Au révérend William Mason, Paris, 6 septembre.	284
LXXVIII.	— A sir Horace Mann, Paris, 7 septembre.	289
LXXIX.	— A l'honorable H. S. Conway, Paris, 18 septembre.	295
LXXX.	— A la comtesse d'Ossory, Paris, 12 septembre.	290
LXXXI.	— A la même, Paris, 16 septembre.	301
LXXXII.	— A George Selwyn, Paris, 16 septembre.	303
LXXXIII.	— A la comtesse d'Ossory, Paris.	307
LXXXIV.	— A la même, 3 octobre.	311
LXXXV.	— A l'honorable H. S. Conway, Paris, 6 octobre.	316
LXXXVI.	— A sir Horace Mann, Paris, 10 octobre.	320
LXXXVII.	— A la comtesse d'Ossory, Arlington-street, 17 octobre.	324

www.ingramcontent.com/pod-product-compliance
Lightning Source LLC
Chambersburg PA
CBHW050422170426
43201CB00008B/508